평생 필요한
비즈니스 스킬
Business skill

평생 필요한
비즈니스 스킬

저자_이성용

1판 1쇄 발행_2010. 10. 27.
1판 8쇄 발행_2023. 10. 4.

발행처_김영사
발행인_고세규

등록번호_제406-2003-036호
등록일자_1979. 5. 17.

경기도 파주시 문발로 197(문발동) 우편번호 10881
마케팅부 031)955-3100, 편집부 031)955-3200, 팩스 031)955-3111

값은 뒤표지에 있습니다.
ISBN 978-89-349-4184-2 03320

홈페이지_ www.gimmyoung.com   블로그_blog.naver.com/gybook
인스타그램_instagram.com/gimmyoung 이메일_bestbook@gimmyoung.com

좋은 독자가 좋은 책을 만듭니다.
김영사는 독자 여러분의 의견에 항상 귀 기울이고 있습니다.

현장에서 반드시 통하는
12가지 전략적 스킬을 만나다!

평생 필요한
비즈니스 스킬

이성용 지음

Business skill

김영사

"아빠, 어떻게 하면 성공할 수 있나요?"

어느 날 셋째 아들 호준이가 나에게 불쑥 던진 질문이다. 호기심이 왕성한 나이인 아홉 살 호준이는 한 해가 다르게 표현력도 정확해지고 사물의 옳고 그름을 구분하는 것도 제법 매서워졌다. 이뿐만 아니다. 비싼 것과 싼 것, 성공과 실패, 부자와 가난한 사람 등을 비교하면서 때론 조숙하다고 느낄 정도로 자신의 생각이나 질문을 말하기도 해 나를 쩔쩔매게 만든다. 아마도 제 또래의 다른 아이들도 그러할 것이다. 그렇지만 느닷없이 성공의 방법을 물으니 나로서는 다소 당황스러울 수밖에 없다.

이런 질문을 받은 대부분의 부모들은 "열심히 공부하고, 부모님 말씀 잘 듣고, 좋은 친구 사귀는 것"이라고 대답을 할 것이다. 그러나 아이들은 고개를 갸웃거리며 무슨 뚱딴지 같은 소리냐는 표정을 짓는다. 사실 도덕책에서나 나오는 이런 말들이 성공에 대한 아이의 궁금증을 해소해주기엔 턱없이 부족하단 것을 알지만, 어른들도 아직 성공의 해답을 찾지 못해 헤매고 있는 상황에서 아이에게 명쾌한 답을 해주기는 힘든 일이다.

아직 코흘리개라 할 수 있는 아이들의 입에서도 이처럼 '성공'이란 단어가 오르내리는 마당에 갓 비즈니스 세계에 입문한 사회초년 병들의 마음은 오죽할까. 이들은 사내 강연을 맡은 강사나 상사에게 "오늘날과 같이 복잡하고 불확실한 세계에서 어떻게 하면 성공할 수 있는가?"라는 질문을 종종 던지기도 한다. 단어와 표현력이 다를 뿐, 아홉 살 호준이가 하는 질문과 별반 다를 게 없다. 심지어 그들이 듣는 대답도 부모들의 상투적인 답변과 매우 유사하다. "열심히 해라, 원하는 것을 하면 된다, 최선을 다해라" 등등 지극히 추상적인 말들이 전부인 경우가 많다. 물론 이것은 가장 논리적이고 안전한 대답일 수 있겠지만, 지극히 책임회피적인 말이기도 하다. 조언하는 입장에서의 책임감이나 멘토링 등은 찾아볼 수 없기 때문이다.

나는 젊은 예비 CEO의 지도와 멘토링을 부탁받는 경우가 많다. 이들은 나에게서 훌륭한 CEO가 되기 위해 일종의 경영학 과외수업을 받는다. 대부분의 예비 CEO들은 성실하고 뚜렷한 목표를 가지고 있으며 열심히 일을 하고 있다. 또 여타의 사람들과 비슷한 윤리의식과 가치관을 가지고 살아가고 있다. 게다가 이들은 꿈과 목표가 뚜렷하고 야망 또한 크다. 그럼에도 이들은 멘토링에 목말라하고 있다. 역할 모델의 부재와 미래를 위한 개발, 그리고 그들이 모방해야 하는 비즈니스 스킬의 부재 때문이다.

물론 현재 기업을 성공적으로 이끌고 있는 유명 CEO들을 모방하면서 간단히 배우면 되지 않느냐는 반문도 있다. 하지만 안타깝게도 지금의 CEO들이 보여주는 스킬은 최고가 아닐 수 있으며, 심지어는 구시대적이고 현대 경영에 적합하지 않을 수도 있다. 한마디로 과거의 신화이다. 따라서 젊은 예비 CEO들은 미래 경영환경에 적합한 비즈니스 스킬의 멘토링에 목말라 하고 있다. 그래서 나의 멘토링 수업의 핵심 주제 역시 이에 관한 것이 될 수밖에 없다.

이러한 목마름은 비단 예비 CEO들에만 국한되지 않는다. 취업을 했어도 지금껏 비즈니스 스킬을 경험하고 모방할 수 있는 멘토들이 많지 않아 느끼게 되는 목마름을 많은 사람들이 경험하고 있다. 그래서 이 책이 그들을 해갈시켜주는 진정한 멘토링의 원천이 되었으면 한다.

나는 경영 컨설팅을 전문으로 하는 컨설턴트다. 한국에서 어린시절을 보냈지만 이후 성장기와 커리어의 많은 부분을 미국과 유럽에서 보냈고 30대 중반 이후에 한국에 돌아온 이후로 아시아 지역에서 일을 하고 있다. 지금은 '베인 앤드 컴퍼니'라는 글로벌 전략 컨설팅 기업에 근무하고 있다.

베인 앤드 컴퍼니는 매우 명망 있는 기업으로 세계 전역에 사무소가 있고, 소위 아이비리그 MBA 출신만을 채용한다. 그래서 세계적으로 하버드 MBA를 가장 많이 채용하는 기업으로 꼽혔던 적도 있다. 다행히도 나는 이렇게 글로벌을 무대로 출중한 인재들이 모인 회사에서 한국인으로서는 최초로 글로벌 경영이사회 멤버에 선임되어 커리어의 정점에 도달할 수 있었다.

글로벌 경영이사회는 베인 앤드 컴퍼니의 최고 의사결정기구로 시니어 파트너들이 4년 임기로 선출된다. 이제 막 커리어를 시작하는 젊은이들에게 나는 성공의 상징으로 보일 수 있다. 그러나 정말 중요한 것은 내가 많은 이들, 특히 기업 임원들에게 컨설팅을 제공하고 문제를 해결함으로써 이 자리까지 올라왔다는 것이다.

얼마나 많은 컨설팅을 하며 사람들을 만났는지 궁금해서 지난 20년간 만났거나 함께 일한 적이 있는 기업 임원들의 수를 세어 보니 대략 3만 명 이상이었다. 지금까지 1,000개 이상 기업들과 프로젝트를 진행하거나 만남을 하면서 임원들에게서 내가 느낀 한 가지가 있다. 그것은 바로 탁월한 사람은 다른 이들과 차별화되는 스킬을 가졌다는 것이다. 나는 이 스킬을 '평생 필요한 비즈니스 스킬'이라고 부른다. 이 스킬은 어떤 상황이나 환경에도 적용되는 기술, 또는 조직에서 성공하기 위한 영구적인 기초 비즈니스 스킬이다. 그런데 대부분의 사람들은 비즈니스 스킬을 선천적으로 타고나는 자질이라고 여기는 것이다. 하지만 비즈니스 스킬은 후천적인 학습을 통해 연마되는 기술이다.

〈싸움의 기술〉이란 영화를 보면, 선천적인 자질의 한계를 극복할 수 있는 후천적인 학습의 효과를 엿볼 수 있다. 매번 급우들에게 괴롭힘을 당하는 한 소년은 싸움의 고수를 찾아가 배움을 청한다. 고수인 백윤식은 진정한 고수가 되기 위해서는 화려한 기술이 아닌, 기초가 튼튼해야 함을 강조하며 가장 기초적인 기술부터 가르쳐준다.

이 영화에서처럼 학습이나 훈련의 기회가 없으면 결코 고수가 될 수 없다. 물론 처음부터 차근차근 기술을 다져나가야 하는 인내의 시간이 다소 지루하게 느껴질 수도 있겠지만, 그 과정은 고수가 되기 위해 피해갈 수는 없는 시간이다.

나는 이 책을 쓰면서 상황분석과 유용한 시사점을 제공하기 위해 노력했다. 때문에 각 장은 현실적이고 실행 가능한 액션 아이템으로 마무리된다. 컨설팅 세계에서는 이를 '월요일 액션 플랜'이라고 부른다. 즉, 다음 월요일 아침부터 실제로 이행할 수 있는 액션들이다. 제아무리 유용한 지식이라 해도 실제적인 이행이 따르지 않는다면 사람들은 옛 습관이나 일상으로 쉽게 돌아간다. 모쪼록 책의 본문과 액션 플랜이 독자들에게 유용한 내용이 되기를 바란다.

마지막으로 책의 지면을 빌어 많은 분들에게 감사의 말을 전하고 싶다. 앞서 말했듯 이 책은 성공한 임원들과 비즈니스 리더들을 관찰한 기록이다. 따라서 대부분의 내용은 나의 직접적인 경험과 일차적 조사 결과이다. 하지만 구슬이 서 말이라도 꿰어야 보배라는 말이 있듯이 이 책은 여러 사람들의 숨은 노력으로 탄생했다. 먼저, 이 책의 기획을 가능하게 해준 베인 앤드 컴퍼니 마케팅팀과 번역팀에 감사를 표한다. 또한 이 내용을 보다 쉽게 독자들에게 전달하도록 도움을 준 김영사의 진정한 전문가들에게도 감사한다. 그리고 지난 25년간 나와 함께 일한 미국, 아시아, 유럽 고객들에게 감사한다. 이들이야말로 이 책의 진정한 영웅이며 나는 그들 커리어의 작은 연설자일 뿐이다. 마지막으로 항상 내 존재의 이유를 깨닫게 해주는 생명과도 같은 나의 세 아들, 승준, 영준 그리고 호준이에게 이 책을 바친다.

베인 앤드 컴퍼니 아시아 대표 **이성용**

5 section
긍정이 충만한 삶

Business Skills
You Need for Your Life

1
SECTION

당신의 인생에
꼭 필요한 비즈니스 스킬

Business skill

결정적 계기를 살려라

누구나 배울 수 있다. 단, 일찍 시작하라

훈련, 훈련, 또 훈련밖에 없다

비즈니스의 분명한 목적이 의지를 이끈다

비즈니스 지수의 4가지

Business skill

1
성공하는 사람의 비즈니스 스킬
BUSINESS SKILLS FOR SUCCESS

20년 동안 만난 3만 명의 성공한 임직원이 갖는 흥미로운 공통점 3가지는 바로 성공해야 하는 결정적 계기를 찾는 것과 일찍 시작할 것, 그에 따른 노력이다. 이 세 가지가 비즈니스 스킬의 출발점이다.

"한 가지 기술만 확실히 익히면 먹고사는 데 전혀 지장이 없다."

나이 드신 어른들이 젊은이들에게 종종 하는 말이다. 그렇다면 정말 특별한 기술 한 가지만 있으면 앞으로의 인생은 걱정하지 않아도 될까? 물론이다. 남들이 쉽게 모방할 수 없는 기술을 가지고 있다면 불확실한 미래를 지탱하는 커다란 힘이 될 것은 자명하다.

비즈니스 분야에서도 자신만의 경쟁력을 보여줄 수 있는 기술이 있다면 얼마나 좋을까. 하루가 멀다 하고 벌어지는 치열한 경쟁의 틈바구니에서 자신을 도드라지게 할 수 있는 기술만 있다면 생존은 물론이고 성공의 열매를 거머쥘 수도 있을 테니 말이다. 실제로 뛰어난 비즈니스 성과를 보여줬던 인물들 모두가 이러한 경쟁력의 기술, 이른바 비즈니스 스킬을 갖추고 있었다. 그들은 비즈니스에 대한 열정적인 태도와 탁월한 비즈니스 지능, 리더십, 풍부한 네트워크 등으로 설명할 수 있는 비즈니스 스킬로 한 시대를 풍미했다.

그런데 자격증이든 비즈니스든 간에 그 기술 한 가지를 익히는 게 말처럼 쉽지 않다는 게 문제라면 문제다. 무작정 골방에 들어가 각종 기술서적을 펼쳐놓고 끙끙댄다고 해서 자격증을 쉽게 딸 수는 없다. 비즈니스 스킬 역시 책과 세미나만 열심히 참여한다고 해서 획득되는 것이 아니다. 성공을 위한 습관처럼 일상에서의 비즈니스 스킬을 발견하고 모방과 재창조를 통해 자신을 한 단계 업그레이드할 수 있는 방법을 찾아야만 가능하다. 그리고 그 방법은 골방이 아니라 비즈니스 현장에서 찾을 수 있다.

성공한 비즈니스 리더의 대부분은 업종이나 규모에 상관없이 이러한 비즈니스 스킬을 제대로 구사할 줄 아는 인물들이다. 만약 비즈니스 분야에서도 '명예의 전당'이 있다면 이들의 성공 사례들이 능히 등재되고도 남음이다. 그만큼 현장에서 성공적으로 구현된 비즈니스 스킬은 소중한 가치를 담고 있다는 의미다.

경영 교과서나 강단이 아닌 다양한 비즈니스 환경과 현장에서 나온 지식과 지혜는 곧 지적인 자산이라 할 수 있다. 최근 들어 기업이나 개인이 찾고자 하는 것도 이러한 실천 활동으로 구축한 지적 자산이다. 그리고 상상과 창의력, 그리고 혁신이라는 가치가 이러한 지적 자산에 담겨져 있다. 그렇기 때문에 지적 자산은 현대 경영에 있어

전통적인 자본이나 노동의 개념 못지않게 필수불가결한 요소로 받아들여지고 있다.

나는 그동안 수많은 비즈니스 현장을 돌아다니며 컨설팅을 하는 동안 다양한 비즈니스 사례와 지적 자산을 접할 수 있었다. 또한 3만여 명에 가까운 각 기업의 임원들을 만나다 보니 업종이나 업체의 숫자만큼이나 무궁무진한 성공담과 실패담을 들을 수 있었다. 이 과정에서 상당히 흥미로운 공통점 세 가지를 발견할 수 있었다. 이 세 가지는 여러 지적 자산이 전하는 가치를 현장에서 구현할 수 있는 비즈니스 스킬의 출발점이라 할 수 있다.

결정적 계기를 살려라

성공한 임원들의 공통된 첫 번째 특징은 바로 그들의 인생을 완전히 바꾸어버린 구체적인 계기가 있었다는 것이다. 이들은 자신의 커리어 중, 어느 시점에서 일어났던 하나의 혹은 일련의 사건들을 꼽으며 인생이 완전히 바뀌었다고 말한다. 특정 사건을 겪으면서 새로운 사고방식과 행동을 받아들이게 됐고, 결국 자신의 인생 또한 바뀌었노라 하며 그 순간을 떠올린다. 이것이 바로 인생의 '결정적 계기(Defining moment)'이다.

결정적 계기는 비단 개인의 인생뿐만 아니라 여러 분야에서도 발생한다. 스포츠나 정치, 경제 등 웬만한 분야에서 결정적 계기는 발견할 수 있다. 그 계기는 성공과 실패를 가름하는 순간이지만 쉽게 알아차릴 수 없는 경우가 많다. 즉, 승패가 결정되는 그 순간이 결정적인 계기인 것이 아니라 그 장면이 나올 수 있었던 배경이나 순간이 바로 결정적인 계기라 할 수 있다. 결정적인 계기는 부지불식간에 발생하기 때문에 그것을 미처 인지하지 못하는 사람들도 많다. 예를 들어 축구시합을 한번 보자. 대부분의 사람들은 현재의 점수에만 온통 신경을 쓰고 있다. 그러나 팀의 승패가 갈리게 된 시점을 파악한다면 최종 결과가 나오기도 전에 이미 승부의 추가 어디로 기울었는지 알 수 있다.

소위 승부처라 할 수 있는 그 순간은 게임의 주도권을 뺏는 페널티 킥이나 허를 찌르는 패스 혹은 단순한 상대팀의 실수나 파울이 될 수도 있다. 지극히 사소해 보이는 그 순간이 게임의 주도권을 뺏거나 빼앗기는 결정적인 계기가 된다. 이와 같이 결정적인 계기는 승부의 결과가 아니라 과정에서 발생하는 찰나와 같은 순간이다.

일상적인 생활에 비교했을 때도 역시나 똑같은 이치를 보여준다. 사실 우리 모두에게는 결정적인 계기가 있다. 결정적인 계기를 경험한 그 순간은 뇌에 영구적으로 각인되어 죽을 때까지 함께 한다. 반기문 UN 사무총장의 경우, 초등학생 시절 그의 학교를 방문한 외무부장관의 연설을 통해 '나도 저분처럼 외교관이 되었으면 좋겠다'라는 생각을 품게 되었고, 이를 이루기 위해 학습에 더욱 매진했다. 이후 그는 고등학생 시절, 전국 영어 말하기 대회에서 1등을 수상하고 미국에 갈 기회를 얻어 케네디 대통령과 대화를 나누게 된다. 꿈을 묻는 케네디에게 그는 "저는 외교관이 되는 것이 꿈입니다"라고 대답했고, 이후로 외교관의 꿈을 이루기 위해 그 누구보다도 열심히 노력했다. 그리고 그는 마침내 제8대 UN 사무총장의 자리에 오르게 된다.

이처럼 특정인과의 만남, 어디선가 들은 유명인사의 연설이나 초년의 고생이 그 순간일 수 있고, 기억에 남는 여행, 특정 장면을 목격한 순간, 또는 성공적이거나 고통스러운 실패의 경험이 될 수도 있다. 어찌 됐든 이때 얻은 교훈은 매우 강력한 힘을 발휘하여 이후의 인생을 지배하는 결정적인 계기가 되는 것이다.

자신의 진로가 결정될 때나, 스스로 역량과 경쟁력이 갑작스레 강화되어 탄탄한 길에 들어선 경험을 한 사람이라면 더더욱 결정적인 계기를 만났을 것이다. 나 역시 결정적인 계기를 맞이했던 순간이 있었다. 김우중 전 대우그룹의 회장이 한창 전성기를 구가했을 때 그를 하버드 캠퍼스에서 만난 일이 바로 그것이다. 그때가 1990년 여름이었으니 벌써 20년 전의 일인데도 여전히 기억이 생생할 정도로 나에겐 뜻 깊은 순간이었다.

김우중 전 회장이 강의를 하고 난 뒤에 함께 한 점심식사는 의례적인 자리가 아니었다. 그 한 시간 동안 내 인생의 가치관이 바뀌는 것을 느낄 수 있었을 정도로 나에겐 중요한 자리였다. 김 전 회장은 집요하고 날카로운 면모를 보였고, 그의 '할 수 있다'라는 정신은 나의 영혼을 울렸다. 전율에 가까운 그때의 경험이 나로 하여금 글로벌 무대에서의 높다란 장벽을 기꺼이 넘어서고 말겠다는 결심을 하게 했는지 모른다. 그 후부터 매번 위기나 어려움에 부딪히면 좌절보다 극복의 결심을 가졌던 것도 김우중 전 회장과의 만남이란 결정적인 계기 덕분이었다.

결정적인 계기는 이런 만남뿐만 아니라 읽었던 책이나 자신이 참석했던 세미나, 혹은 종교적인 경험이 될 수도 있다. 그러나 분명한 것은, 당신이 개발하는 스킬은 바로 이러한 결정적인 계기에 의해 만들어지고 또 계속 발전한다는 것이다. 앞서 말한 것처럼 결정적인 계기는 누구에게나 있다. 중요한 것은 그것을 깨닫느냐, 아니면 모르고 지나치느냐이다. 그리고 이것은 스스로 일궈내는 것이지, 누군가 대신해줄 수는 없다. 그러니 지금이라도 잠시 지난 경험을 돌이켜보며 결정적인 계기를 회상해보면 어떨까? 더욱이 현재에 대한 불만이나 뭔가 새로운 돌파구를 마련하고자 한다면 회상을 통해 무엇을 놓쳤는지 다시 되짚어보고, 성공의 열쇠가 될 그 순간이 언제였는지 생각해보라.

누구나 배울 수 있다. 단, 일찍 시작하라

성공한 임원들은 과연 타고난 자질이 뛰어나 지금의 성과를 가졌을까? 만약 그렇다면 타고난 자질이 뛰어나지 못한 사람들의 운명은 너무나 가혹하다. 자질이 뛰어나지 않으니 아무리 열심히 해도 성공을 바랄 수 없다는 뜻이 되기 때문이다. 노력해봤자 괜한 헛품만 파는 꼴이니 도전의 미학은 아예 찾아보기 힘들지 싶다. 그러나 다행히도 이런 운명론적 결정은 비즈니스 세계에서 통하지 않는다.

내가 본 성공한 임원들의 공통적인 특징은 모두 커리어를 통해 비즈니스 스킬을 학습했다는 것이다. 미리부터 성공의 운을 가지고 태어났다는 사람은 단 한 명도 없었다. 모두가 사회초년병 때부터 성공과 실패를 번갈아 겪으면서 환경에 적응했던 덕분에 지금의 위치에 올라설 수 있었다.

인간은 생각보다 탁월한 적응능력이 있고, 절박하고 배고플수록 적응지수는 높아지게 된다. 이 지수는 난해한 과학적 연구처럼 책만 본다고 해서 얻을 수 있는 게 아니다. 누구나 다 현장에서 경험하며 학습하는 동안 적응지수를 획득해간다. 그렇기 때문에 성공한 임원들은 적응을 통한 '반복학습'을 강조한다.

반복학습은 '조기교육'을 통해 시작된다. 일찍 시작할수록 선입견이나 자신만의 고집을 부리지 않게 돼 훨씬 단시간에 스킬을 습득할 수 있으니 가급적 일찍 배우는 것이 낫다. 또한 일찍 학습을 시작하면 그만큼 반복하여 학습할 수 있는 기회가 더 많아져 성공의 길을 좀 더 탄탄히 다질 수 있다. 골프 황제인 타이거 우즈를 보라. 그는 실력과 재능을 모두 갖춘 인재로 알려졌지만, 5세 때부터 골프를 시작한 조기교육과 반복학습의 당사자였다. 30대가 되었을 즈음엔 벌써 30년의 경력을 갖춘 베테랑 중의 베테랑이 된 것이다. 간단히 말해서 30년 동안 골프채를 휘둘렀다면 아무리 타고난 재능이 없더라도 나름 실력을 갖추지 않겠는가? 이렇듯 절대적인 시간의 차이가 조기에 스포츠를 시작한 선수들에게는 경쟁우위로 작용한다.

'누구나 배울 수 있다. 단, 일찍 시작하라(Everyone is trainable, but do it early)!'는 스킬은 스포츠에만 국한되는 것이 아니라 비즈니스 분야에도 적용된다. 아니 웬만한 분야에서 이 스킬은 대체로 적용되고 있음을 알 수 있다. 일찍 시작하는 것과 관련해서 재미있는 연구결과가 있다.

언젠가 인간행동을 관찰하여 특정 재능과 유전자와의 연계를 연구하는 과학자를 만난 적이 있다. 이 과학자의 논제는 '특정 인사들이 자신의 분야에 월등한 우위를 점하는 이유가 무엇인가?'였다. 그는 '왜 많은 한국 여성 골프선수들이 두각을 나타내고 있는지, 왜 많은 유태인들이 은행가로 진출했는지, 왜 흑인들은 농구를 잘하는지' 등을 연구하고, 워런 버핏이 투자에 능한 이유나 마이클 조던이 농구에 탁월한 이유 등 특정 개인의 연구도 함께 진행하면서 DNA와 염색체 조합을 관찰하는 대규모 연구를 수행했다. 과연 이 연구의 결과는 어떻게 나왔을까?

이 학자가 얻은 유일한 결론은 탁월한 재능을 보이는 연구대상 모두가 일찍 시작했다는 것이다. 우등한 유전자가 존재한다는 이론과 소문의 증명 따윈 없었다. 그 학자는 일찍 시작할수록 실수할 수 있는 기회가 많아지기 때문에 좀 더 가파른 학습곡선을 그릴 수 있었다고 설명한다. 우등 유전자 이론을 기대했던 사람들에겐 실망이겠지만, 이 연구결과는 적응력이 남들보다 뛰어나서라기보다 연습할 수 있는 시간이 더 많아서 성공할 수 있었다는 것을 여실히 보여주고 있다. 한마디로 우등 유전자가 아니라 조기교육과 반복학습의 효과라는 것이다.

인종의 우월성과 같은 생물학적 특성 혹은 타고난 천성 등으로 사람을 판단한다는 것은 정말 우스운 일이다. 1936년 베를린 올림픽에서 히틀러는 독일인이 여타 인종보다 우월하다고 주장했으나 금메달 4관왕이라는 위업을 달성한 미국의 흑인 선수인 제시 오언스에게 큰 코를 다쳤다. 어디 그뿐인가. 우리나라의 손기정 선수도 마라톤에서 금메달을 땄다. 인종우월론, 우등 유전자 이론으로는 도저히 설명되지 않는 일이 벌어진 것이다.

이처럼 절대적인 우위란 없다. 그러니 일찍 시작해서 시행착오를 빨리 겪는 것이 낫다. 불확실성이 지배하는 요즘 세상에서 자신의 특성이 무엇인지를 빨리 알아내고 이를 비즈니스 스킬로 개발하는 시간을 충분히 확보하는 것만큼이나 확실한 투자는 없다.

훈련, 훈련, 또 훈련밖에 없다

나는 오랫동안 노래가사를 잘 외우지 못했다. 멜로디는 곧잘 따라 흥얼거렸어도 가사는 쉽게 기억나지 않는 나로서는 일요일 아침에 방송되는 한 TV 프로그램에서 악보 없이 노래를 몇 곡씩이나 부르는 사람들이 놀랍기만 할 뿐이었다.

'대체 이유가 뭘까?'

암기력에 문제가 있다고 생각하기엔 내가 숫자를 너무 잘 외운다는 사실 때문에 받아들이기 어려웠다. 별다른 노력이 없어도 숫자가 외워질 정도로 뭔가 암기하는 것은 자신 있었다. 결국 나는 의사와 이 문제를 상담하게 됐다. 의사가 말하기를, 유전적 차이도 있겠지만 무엇보다 집중하지 못하는 것이 문제라며 가사를 외우는데 더 집중하고 시간도 할애하라는 것이었다.

집중하고 시간을 할애하라니! 겨우 이게 다인가 하는 생각이 들 정도로 허탈했다. 어쨌든 의사의 권유대로 나는 몇 시간을 집중했고, 그 결과 가사를 제대로 외울 수 있게 됐다. 어렵지 않은 해결책을 두고 괜히 정신적인 문제가 있는 게 아닌가 하고 고민했던 게 부끄러울 정도로 간단한 방법이었다.

이런 경험 때문인지 '어떤 사람들이 특정 스킬을 습득하는데 어려움을 겪는 이유가 무엇인가?'라는 질문에 대해 내 답변은 실로 간단하다. 특정 스킬을 개발하고 발전시키려면 노래가사를 집중해서 열심히 외우는 것과 같은 강제적인 훈련이 필요하다. 결국 연습과 집중이다. '훈련, 훈련, 또 훈련밖에 없다(Practice, practice and more practice)!'는 지극히 평범한 이치야말로 특정한 스킬을 습득할 때 최상의 방법인 것이다.

이 스킬이 부족하다고 해서 삶이 급격히 무너지거나 지장이 생기는 것은 아니다. 내가 노래가사를 암기하지 못하더라도 살아가는 것에 지장은 없듯 말이다. 그러나 가수가 되고 싶다면 이야기는 달라진다. 훌륭한 사업가가 되기 위해서도 마찬가지이다. 비즈니스 스킬이 꼭 필요한 사람은 그 스킬을 습득하기 위해 혼신의 노력을 다해야 한다.

"훌륭한 투자가는 훌륭한 학생이다. 이것은 아주 단순한 진리라 하겠다. 나는 매일 몇 시간을 들여 〈월스트리트저널〉, 〈포브스〉, 〈비즈니스위크〉, 〈포천〉, 〈뉴욕타임스〉 등 경제신문을 읽는다. 책과 잡지는 말할 것도 없다"라고 하며 무엇을 보거나 읽든, 매일 공부하라는 도널드 트럼프의 주장은 성공의 반열에 들어선 이들조차 공부와 훈련을 게을리 하지 않는다는 것을 잘 보여주고 있다.

그러나 스스로 훈련을 한다는 게 말처럼 쉽지만은 않다. 작심삼일이란 말이 괜히 생겼겠는가. 자신의 훈련 각오가 흐트러질 조짐이 보이는 것을 뻔히 알면서도 적당한 타협하고 마는 경험쯤은 누구나 다 한 번씩 해봤을 것이다. 그럴 땐 강제적인 메커니즘을 동원해서라도 일상적인 습관으로 자리 잡게끔 해야 한다. 한동안 나는 개인 운동 트레이너가 왜 필요한지 이해할 수 없었다. 그러나 트레이너에게 돈을 지불하면 추가적인 동기부여와 함께 강제적인 훈련이 이루어진다는 것을 깨달았다. 트레이너가 옆에 서서 지켜보고 있는 것만으로도 운동의 양이나 질이 달라진다.

이렇듯 반복하여 훈련하는 것과 강제적인 메커니즘을 통해서라도 꾸준히 하는 훈련은 결국 빛을 보게 된다. 나와 함께 골프를 즐기는 친구 중에는 운동실력이 너무 없어서 운동을 배우려면 보통 사람들보다 3배의 시간과 노력을 들여야 평균 수준에 도달하는 이가 있었다. 심지어 달리기를 할 때도 개인 레슨을 받으며 할 정도로 운동감각이나 실력이 형편없었다. 그저 뛰기만 하면 될 것을 자세가 안 나온다고 해서 레슨까지 받을 정도라니 쉽게 이해할 수 없다. 그런 친구가 언젠가 10Km를 뛰겠다는 야심찬 목표를 밝혔을 때도 주위에서 불가능에 가깝다며 조소했다.

그러나 그 친구의 운동에 대한 도전은 멈춤이 없었다. 한번은 그 친구가 40대 중반에 골프를 배우겠다고 나섰다. 도대체 운동신경도 없는 친구가 그 나이에 골프를 입문하면 대체 언제 필드에 나갈지 상상조차 되지 않았다. 나를 비롯한 친구들은 그가 필드에 나오기까지 얼마나 걸릴까 하며 내기까지 했다. 실제로 그가 필드에 나와 우리랑 골프를 함께 치기까지는 2년이라는 제법 긴 시간이 걸렸다.

비록 필드에 나왔지만 여전히 운동실력이 미흡한 그 친구는 쉽게 놀림감이 됐다. 그러나 그 놀림이 자극이 됐는지 몇 달 후에는 상황이 역전되었다. 우리를 능가하는 솜씨로 공을 더욱 멀리, 그리고 정확하게 날려 보내기 시작하더니, 어느 날은 300야드 이상 공을 날린 적도 있었다. 이를 지켜본 우리로서는 믿기지가 않아 "도대체 어떻게 했기에 일취월장 할 수 있었나?" 하고 캐물었으나 그 친구는 쉽게 비법을 공개하지 않았다. 혹자는 골프에 미쳐 집을 팔고 타이거 우즈의 스윙 코치인 부치 하먼과 같이 살며 강습을 받았다는 둥, LPGA 선수를 여자 친구로 사귀었다는 둥 별별 루머가 돌아도 끝끝내 함구했다.

당사자가 입을 닫고 있으니 이런 황당한 소문이 돌았던 것이지만, 나중에 알고 보니 역시나 끊임없는 연습의 결과였다. 한순간에 골프 천재로 변신할 수 있는 비법이란 없었던 것이다. 그는 회사에 무급

휴가를 내고 매일같이 낮에 10시간, 밤에 3시간씩 드라이브와 퍼팅 연습을 했다고 한다. 또 스윙 코치가 하루에 한 시간씩 자세를 봐주고 격일로 필드에 나가 전날에 배운 것을 복습하는 등 훈련을 거듭하며 자신을 갈고 닦았다. 이런 변화는 한마디로 극적인 것이었다. 이 친구의 훈련 과정은 프로 골퍼가 되기 위해 노력하는 과정에 못지않은 것이었다. 정말 꾸준한 연습 앞에 장사 없다는 말을 몸소 보여준 셈이다.

비즈니스 스킬을 갖추기 위한 3가지 공통점은 이처럼 특별한 이론이나 새로운 방법론은 아니다. 그래서인지 이 스킬이 있는 사람과 없는 사람의 차이는 쉽게 발견할 수 없을지도 모른다. 그러나 이 3가지를 통해 스킬을 습득하기 위한 노력을 하느냐 안 하느냐에 따른 결과의 차이는 엄청나다.

미국의 메이저리그 야구를 한번 보자. 타자가 한 게임에서 타석에 들어서는 횟수는 평균 4회이다. 3게임을 연속으로 출전하면 대략 12번 정도 타석에 서게 되는 셈이다. 이중에서 3번의 안타를 치면 타율이 0.250이고, 4번의 안타를 치면 0.333이 된다. 이 두 가지 경우의 차이는 불과 0.08, 즉 8푼에 불과하다. 12번의 타격 기회에서 3번을 치나 4번을 치나 무슨 차이가 있을까 하고 반문할 수도 있겠지만 실제로는 엄청난 결과의 차이를 낳는다. 미국의 메이저리그에서 평균 타율이 0.333, 즉 3할3푼3리인 선수의 연봉은 무려 250만 달러에 달하는 반면에 0.250, 즉 2할5푼을 치는 선수는 23만 달러 정도를 받는다. 타율 8푼의 차이에 무려 10배의 연봉 차이가 난다!

단 한 개의 타격이 이처럼 큰 결과의 차이를 낳는다면 까짓것 한 개 더 치면 될 거라고 하지만 이 한 개의 차이, 2할대의 타율이 3할대로 올라서는 것은 결코 쉽지 않다. 대부분의 선수들이 3할의 문턱을 넘지 못하고 은퇴하는 경우가 부지기수이다.

0.08의 차이를 극복할 수 있는 것은 3할의 타격이 가능할 수 있는 타격의 깨달음을 얻는다는 결정적 계기와 남보다 일찍 깨달은 만큼 부단한 노력이 깃든 반복훈련뿐인 선수생활을 통해서 가능해진다. 비즈니스 스킬도 이와 같다. 제대로 습득하면 미세한 차이라 하더라도 커다란 힘을 발휘하며 성공의 과실을 맺을 수 있다. 이 차이는 승진하는가, 하지 못하는가의 차이이자 구직이냐, 아니냐의 차이일 수 있다. 또는 임원으로 퇴직하느냐 아니면 부장으로 퇴직하느냐의 차이, 커리어의 정점에 도달하느냐, 중간에 포기하느냐의 차이가 되기도 한다.

어떤 야구선수에게도 3할대의 성적을 올릴 확률은 있다. 그러나 대부분의 선수들이 2할대의 타율을 친다. 딱 1개의 안타 때문에 말이다. 비즈니스 스킬도 마찬가지다. 누구나 성공의 확률은 가지고 있다. 같은 학교를 다니고 같은 시간을 일하는 두 친구 중에서 한 명은 승승장구하지만 다른 한 명은 여전히 박봉과 낮은 직급에 머무는 차이도 이와 똑같다. 한 개의 안타를 더 치려면 결정적인 계기를 만나고, 가급적 빨리 스킬을 연마하며, 꾸준한 자기 계발을 해야만 한다. 안타 한 개의 차이가 연봉의 10배를 결정한다. 비즈니스 세계에서는 평범한 인생과 성공한 인생의 갈림길을 가름하는 차이가 된다.

비즈니스에서 성공하기 위한 비결은 대체 뭘까? 비즈니스 코칭과 훈련을 받을 수 있는 곳은 어딜까? 정말 그런 학교나 학원이 있다면 다니고 싶은 사람이 한둘이 아닐 것이다. 하지만 안타깝게도 비즈니스 세계는 야생의 정글과도 같아서 강단이나 이론만으로는 절대 생존의 해답을 얻을 수 없다. 즉, 제아무리 이론이 넘치는 똑똑한 사람이라도 실제 비즈니스 세계에 몸담아 보지 않고서는 현장에서 사용되는 고급 비즈니스 스킬을 체득할 리가 만무하다.

학교 다닐 때 했던 IQ 테스트를 보자. IQ가 100이면 평균이니 115 이상이면 꽤 똑똑한 셈이다. 이렇게 똑똑한 학생들의 성적표는 왜 만점이 아닐까? 흔히 하는 말처럼 '머리는 좋지만 공부를 안 해서'일까? 가장 그럴듯한 이유로 들리지만 말 그대로 핑계일 뿐이다. 예술적 재능은 있는데 노력을 안 해서 그렇다는 둥, 운동신경은 뛰어난데 연습이 부족하다는 말은 그저 핑계에 불과하다. 그런데 그 핑계에 사실은 해답이 숨어 있다. 지능도 높고 재능도 있지만 노력을 안 하니 결과가 신통찮을 수밖에 없는 것이다.

결국 무엇을 하든 노력을 해야만 기대한 만큼의 성과를 얻을 수 있다. 그런데 노력이라는 것은 누군가 옆에서 채찍질을 한다고 해서 저절로 나오는 것이 아니다. 자신의 의지 없이는 절대 발휘되지 않는 것이 노력이다. 비즈니스 역시 직접 그 세계에 몸담아 보지 않고서는 성공에 대한 의지가 나올 수 없다. 그러니 이론만 넘치는 사람들은 재주만 뛰어날 뿐 의지가 없어 비즈니스 스킬을 체득할 수 없는 것이다.

그런데 비즈니스 세계에서 내 안의 의지를 끌어내기 위해서는 무엇이 필요할까? 그것은 바로 목적이다. 비즈니스의 목적을 분명히 하지 않고서는 열심히 하려는 의지가 나올 수 없다. 자신이 도달해야 할 곳이 명확하게 눈에 보여야 비로소 사람은 한 걸음 한 걸음 그곳을 향해 나아가게 된다.

그렇다면 비즈니스의 가장 기본적인 목적은 무엇일까? 비즈니스란 결국 돈과 부의 창출을 위한 행위이다. 즉, 돈과 부의 창출이 비즈니스의 목적인 것이다. 물론 그 과정에서, 혹은 결과로 창의적이고 기발한 아이디어 창출, 뛰어난 기술력 획득, 고개만족, 직원만족, 사회적 책임 등이 이루어질 수 있다. 하지만 결국엔 비즈니스를 통해 돈을 벌고 부를 창출해야만 이 모든 것을 순탄하게 이룰 수 있다.

관념적인 가치만을 주장하는 사람들 중에는 돈이 중요하지 않은 척 해도 현대 자본주의 사회에서는 돈이 모든 분쟁의 한 가운데에 있다는 것을 부정하지는 않는다. 친구의 배신이나 파탄에 이르는 결혼 생활 등 일상에서도 돈은 마냥 무시할 수는 없지 않은가. 또 전쟁이나 학살과 같은 비극은 어떤가? 이쯤 되면 돈은 행복의 수단이 아니라 안타깝지만 우리 존재의 목적이기도 하다.

그렇다고 해서 돈의 노예가 된 수전노를 미화하자는 게 아니다. 꿈을 꾸기만 한다고 해서 비전이 이루어지지 않는 것처럼 뭔가 하기 위해서는 돈이 필수불가결한 경우가 많다. 그러니 돈에 대해 구태여 비하를 하지는 말자는 뜻이다. 비즈니스의 빛과 그늘을 구분하여 지혜

로우면서도 현실적인 솔루션을 제시하는 것이 더 중요하다.

현실 경제에 대해 선비인 양 거리를 두기보다는 오히려 가깝게 접하며 냉철하게 생각해야 한다. 꿈을 이루기 위해 여러 가지 좋은 가치관을 갖는 것도 중요하지만 현실에서 부딪쳐야 하는 돈과 경제개념 역시 중요한 것임을 간과해서는 안 된다. 이를 위해 현실 경제의 롤 모델이 될 수 있는 인물, 예컨대 빌 게이츠나 스티브 잡스와 같은 위대한 비즈니스 리더들을 보며 꿈을 키워 나가야 한다. 또한 비즈니스의 가장 기본적인 목적을 분명히 하고 이를 이루기 위해서 의지를 불태워야 한다. 이러한 의지를 목적으로 이르게 해주는 것이 바로 비즈니스 마인드와 스킬이다.

비즈니스 지수의 4가지

한때 사람을 평가하기 위한 기준으로 IQ가 각광받은 적이 있다. 머리가 좋으면 뭐든지 잘한다는 착각이 한동안 통용되면서 IQ 지수가 곧 사람의 능력을 나타내는 것이 됐다. 그러나 요즘은 다중지능이나 EQ의 개념이 새롭게 등장하면서 IQ 만능의 환상을 깨트리고 있다. 비즈니스 분야에서도 IQ가 높은 똑똑한 사람만이 인정받는 시대는 지났다. 아직도 IQ 운운하는 사람이 있다면 그야말로 세상물정 모르고 거친 야생의 비즈니스 세계를 이해하지 못하는 책상물림일 것이다.

비즈니스 세계에는 몇 가지 필수 스킬이 있다. 나는 이를 비즈니스 지수인 BQ, 즉 Business Quotient라고 부른다. 사람들은 저마다 BQ를 가지고 있다. 술고래인 사람이 밥 먹는 것과는 상관없이 '술 배'를 따로 가지고 있다고 하는 것처럼, 이른바 '돈 버는 머리'인 BQ도 분명히 따로 있다. 그러나 IQ가 높다고 해서 무조건 공부를 잘하지 않는 것처럼 BQ가 뛰어나다고 해서 비즈니스를 잘하는 것은 아니다. 성공이나 돈을 벌겠다는 목적이 뚜렷하지 않으면 말짱 도루묵이다.

대다수의 사람들은 '돈 버는 방법'을 찾으려고 혈안이 되어 있다. 하지만 아이러니 하게도 이들의 대부분이 그 해답을 찾지 못하고 있다. 결국 욕구만 있다고 해서 돈을 벌 수 있는 것은 아니란 말이다. 돈을 벌기 위해서는 비즈니스 스킬과 마인드가 있어야만 가능하다. 어디 그뿐인가. 돈을 지키는 데도 비즈니스 스킬과 마인드는 필수적이다. 성공한 1세대 재벌 오너들의 최대 걱정은 자신의 비즈니스 제국을 물려받은 자식들이 제국의 성장이나 유지를 할 수 있는 능력이 없다는 것이다. 실제로 창업주가 일으킨 기업이 자식 대에 가서 파산하는 경우가 종종 있다. 오죽하면 '부자는 망해도 삼대는 간다'는 속담이 '부자는 삼대를 못 간다'로 바뀌었을까. 그런데 요즘 세태를 보면 이 속담이 딱 들어맞는다는 생각이 든다. 비즈니스 세계에서 삼대 이상 번성한 기업을 찾아보기란 매우 어렵다. 후세들이 비즈니스 스킬을 전혀 배우지 못했거나 이를 배우기 위한 동기부여가 없었던 탓이 매우 크다. 그렇다 보니 결과적으로 BQ가 수준이하인 경우가 많아 기업의 영속성을 지켜내지 못하고 무너져버렸다.

개인의 비즈니스 지수인 BQ는 '척 보면 안다'는 말처럼 첫인상만으로도 대충 짐작이 된다. 나는 누군가를 처음 만나면 세 가지를 본다. 첫째는 외모로서, 내 눈에 그가 어떻게 보이는가이다. 둘째는 태도이다. 상대방이 풍기는 느낌과 기운으로 판단한다. 마지막으로 능력을 본다. 그의 업적과 이에 못지않게 더 중요한 성장 잠재력을 보려고 한다. 어떤 기업체의 임원은 이 세 가지를 두고 "꼬라지, 싸가지, 싹"이라고 말했는데, 참으로 적절한 표현이다.

BQ는 한 개인이 성공적인 비즈니스를 수행할 수 있는 기본적인 능력과 자질을 뜻하는데, 이를 다시 세부적으로 구분하면 다음의 네 가지 지수로 설명된다.

비즈니스 태도 지수(BAQ, Business Attitude Quotient)를 비롯하여 비즈니스 지능 지수(BIQ, Business Intelligence Quotient), 비즈니스 리더십 지수(BLQ, Business Leadership Quotient), 비즈니스 네트워크 지수(BNQ, Business Network Quotient)가 바로 그것이다. 이 네 가지 지수로 이루어진 비즈니스 지수(BQ)는 비즈니스 수행의 척도이자 역량을 나타내는 지수이기도 하다.

비즈니스 지수(BQ)

비즈니스 태도 지수 (BAQ)	비즈니스 지능 지수 (BIQ)	비즈니스 리더십 지수 (BLQ)	비즈니스 네트워크 지수 (BNQ)

[비즈니스 지수]

● 비즈니스 태도 지수 : BAQ

비즈니스 태도 지수인 BAQ는 BQ중에서도 가장 기본적인 지수이다. 이는 현재에 안주하지 않고 비즈니스를 창출하고자 하는 의지를 나타내는 중요한 잣대이다. BAQ가 높다는 것은 자신의 삶과 비즈니스에 대해 건설적이고 긍정적인 태도를 가지는 것을 뜻한다. 누구나 다 자신의 삶이 좀 더 좋아지고 비즈니스도 성과가 충분히 나오기를 기대하기 때문에 대부분 BAQ가 높다고 생각할 것이다. 그런데 실제로 이 지수가 높은 사람은 찾기 어렵다. 기대만으로는 뭔들 하지 못할까. 중요한 것은 비즈니스 태도를 일상에서 지속적으로 유지할 수 있어야 한다는 것이다. 그렇지 않고서는 늘 주문만 외우며 언젠가는 이루어지겠지 하며 대책 없는 낙관주의자가 되기 십상이다.

비즈니스 태도 지수는 정신적인 태도를 뜻하는 '기업가 정신'과 '비즈니스 마인드'가 있다. 기업가 정신은 요즘 들어 한국 사회에서 더욱 절실히 필요로 하는 기업가의 특성과 자질, 최고가 되기 위한 자기 최면 사례 등을 포함하고 있다. 비즈니스 마인드는 비즈니스의 리더가 갖추어야 할 마인드로, 이를 통해 구멍가게의 주인과 비즈니스 리더를 구분할 수 있다. 약간의 머리와 운만 있으면 누구나 장사꾼이 될 수 있다는 말처럼 한국에는 장사꾼이 차고 넘친다. 그러나 구멍가게를 벗어나 진정한 비즈니스 리더로 발전하는 사람은 극히 드물다. 왜냐하면 비즈니스 리더가 되기 위해서는 개인적인 부의 축적 이상의 야심과 열정이 필요하기 때문이다. 요즘 젊은 사람들의 주목을 받고 있는 빌 게이츠와 스티브 잡스가 글로벌 비즈니스 리더가 된 이유도 바로 이 차이로부터 기인한다.

● 비즈니스 지능 지수 : BIQ

비즈니스 지능 지수인 BIQ는 우리가 흔히 알고 있는 IQ와는 다르다. 단순히 두뇌의 지능을 뜻하는 게 아니라 행동과 커뮤니케이션이 강조된 지수이다. 그래서 교과서적인 지식보다 상식과 응용, 그리고 남들에게 비쳐지는 모습을 중요하게 여긴다. 비즈니스 세계에서 가장 중요하지만 오해의 소지가 많은 3대 스킬이 이 범주에 속하는데, 커뮤니케이션, 영업, 분석이 바로 그것이다. 이 세 가지만이라도 완벽하게 습득한다면 비즈니스 지능 지수의 90%를 달성했다고도 볼 수 있다.

커뮤니케이션 스킬은 두말할 것 없이 가장 중요한 스킬이다. BIQ란 비즈니스 파트너, 경쟁업체, 고객에게 얼마나 똑똑해 보이는지에 대한 것이다. 실제 IQ가 아니라 상대방이 생각하는 IQ이기 때문에 커뮤니케이션은 필수적인 연결고리이다. 그러나 원활한 커뮤니케이션을 위해 굳이 위대한 웅변가나 언어의 마술사가 될 필요는 없다. 단지 자기조율과 인지, 그리고 꾸준한 연습을 통해 자신의 장점을 극대화하고, 상대방이 경청하고 있는지를 면밀히 확인하면 된다.

영업 스킬은 비즈니스 세계에서 살아남기 위한 생존의 기술이다. 제품과 서비스를 영업하기에 앞서 자신을 포장하고 상대방에게 매력적으로 어필할 수 있어야 한다. 그런데 의외로 자신을 포장하고 어필하는 것에 약한 사람들이 많다. 몇 년 전에 집필한 《세일즈는 과학이다》에서도 몇 가지 핵심 요소를 설명하면서 영업 스킬을 개선하는 방법을 조명한 적이 있다. 자신의 존재감을 드러내는 것에 유독 낯가림이 심한 문화라서 그런지 몰라도 우리나라에서 이 부분은 여전히 취약하다.

분석 스킬은 다른 말로 상식 스킬이라고 부르는 기술이다. 고등학교와 대학교를 다니며 어려운 학문을 공부했지만 이 지식들이 비즈니스 세계에서는 대체로 사용하지 않는 경우가 많다. 나 역시 그토록 밤을 지새우며 공부했던 수학과 물리, 화학 이론이 비즈니스에서 사용되는 경우는 극히 드물었던 것 같다. 물론 각각의 유용성이 있겠지만, 현대 비즈니스 세계에서는 대단한 과학이론이 필요하지 않다. 단, 상식은 요구된다. 남들보다 뒤처지지 않기 위해서는 상식적인 사고와 지식으로 환경을 분석할 줄 알아야 한다. 더 나아가 다른 이들보다 앞서고 성공하기 위해서는 틀을 벗어난 창의적인 사고가 필요하다. 대단한 과학적 지식을 갖춘 이들 중 일상적인 상식 스킬을 갖추지 못한 경우가 많다. 그래서 가끔 궤변이나 사회 부적응자의 한탄으로 들릴 때가 있다. 이 얼마나 안타까운 일인가!

● **비즈니스 리더십 지수 : BLQ**

비즈니스 리더십 지수인 BLQ는 말 그대로 리더십에 대한 것이다. 리더십이 타고나는 것이라고 주장하는 사람들도 있다. 나 역시 타고난 자질로서의 리더십에 대해 부분적으로는 동의한다. 그러나 리더십 또한 배우고 익히며 수련하는 스킬이라 할 수 있다. 타고난 자질로서의 리더십은 대체로 카리스마와 같은 기질을 뜻하지만, 엄밀히 말하면 리더십은 공동의 비전과 목표를 향해 집단을 이끄는 능력을 말한다. 그래서 요즘에는 타고난 강력한 카리스마보다는 노련하게 연마된 부드러운 카리스마, 즉 섬김의 리더십, 수평적 리더십 등이 주목받는 게 아닐까 한다.

오늘날 비즈니스 세계는 과거보다 훨씬 복잡하고 다양하다. 경영진과 근로자가 분리되어 있던 예전의 모델은 이제 정치적으로나 현실적으로나 맞지 않다. 구성원들에게 동기를 부여하고 협력과 존중을 우선시하는 리더십이야말로 21세기 비즈니스 스킬인 것이다. 따라서 BLQ는 리더십 스킬과 더불어 여러 유형의 리더십 성격을 분석하여 자신에게 맞는 리더십을 찾는 것을 뜻한다.

리더십 스킬은 새로운 시대의 역할 모델을 찾는 게 중요하다. 영웅전에서나 나올 법한 리더의 이야기를 닮으려고 해서는 안 된다. 정교한 비즈니스 리더십을 익히기 위해서는 자신이 원하는 것이 아닌, 자신이 잘하는 것을 충분히 활용해야만 한다. 취약점을 개선하고 완전히 변모하는 것보다 강점을 발전시키는 편이 더 성공 확률이 높지 않겠는가.

누구나 성장기가 다르기 때문에 어떤 리더십 스킬은 현재가 아니라 유년기에 형성되기도 한다. 그래서 부모는 자녀가 적어도 한 가지 정도는 남들보다 잘하도록 개발해 주어야 한다. 나는 단순히 '열심히 공부하면 좋은 대학에 갈 수 있다'는 전형적인 일반론에 반대한다. 이것이 바로 한국 교육의 함정이고 아이비리그대학에 합격하지 못하는 이유이자 취약한 리더십의 사회를 만드는 요인이다. 리더십 또한 남들과 차별화되는 특수성이 있어야 한다. 비즈니스 세계에서도 자신의 강점과 니즈를 빛낼 수 있어야 한다. 그러기 위해서는 자신의 강점과 남의 눈에 비친 자신의 모습에 대한 내적 성찰이 필요하다.

리더십 성격은 모든 사람이 각각 다르게 태어났다는 사실에서 출발한다. 물론 카리스마 넘치는 이들이 멋져 보이고 모방 대상이 되긴 하지만, 사실 대부분의 사람들에게는 영화 주인공과 같은 카리스마가 없으며 그렇게 될 수도 없다. 따라서 전형적인 리더십 모델은 모든 독자들에게 해답이 아닐 수도 있다. 그렇다면 결국 각자에게 가장 잘 맞는 리더십 성격을 찾아야 한다.

● 비즈니스 네트워크 지수 : BNQ

비즈니스 네트워크 지수, 즉 BNQ는 주변 사람들의 강점을 활용할 수 있는 능력이다. 현대 비즈니스 사회에서는 독야청청으로 성공할 가능성은 거의 없다. 능력의 문제가 아니라 주변 사람들이 어떻게든 끌어내리려 하기 때문이다. 사뭇 비정하게 들릴지도 모르지만 이게 현실이다. 좋은 아이디어가 채택되지 않고, 좋은 사람들이 해고되며, 무능력한 사람들이 승진하고, 뛰어난 사람들이 우승하지 못하는 것도 마찬가지의 이유이다. 언뜻 보면 이상하고 이해할 수 없어 보여도 BNQ 관점에서 보면 하나 같이 고개가 끄덕여진다. 그래서 네트워크가 중요하다. 네트워크를 단순히 학연, 지연 따위로 치부할 게 아니라 자신의 약점을 보완하고 강점을 최대한 발휘할 수 있는 공정한 경쟁의 수단으로 간주해야 한다.

네트워크는 1차적으로 상사, 부하직원, 동료들과의 관계인 내부 네트워크가 있다. 대부분의 사람들은 이 네트워크가 기본적으로 갖추어져 있다고 당연하게 생각한다. 그리고 대부분 외부와의 관계 형성에 주목한다. 하지만 이미 갖추어졌다고 여기고 있는 내부 네트워크야말로 다분히 형식적인 관계로만 머무는 경우가 많다. 그리고 그 관계를 들여다보면 오히려 자신의 경쟁력을 갉아먹을 정도로 위태로울 때도 있다. 주변을 제대로 관리하지 못하면서 외부와의 적극적인 네트워크 확장을 한들 무슨 소용이 있을까. 자신이 발 딛고 서있는 곳부터 서서히 무너져버리는 마당에 외부의 네트워크를 맺는다고 하면 대뜸 '집안 단속부터 하라'는 소리밖에 듣지 못할 것이다.

내부 네트워크의 구축과 관리는 상사와의 수직적 네트워크를 완성한 후에 수평적 네트워크 확장, 네트워킹 기술, 개인의 브랜드와 평판을 좋게 하는 스킬을 획득해야 한다. 우선 상사를 관리하는 것은 지극히 현실적인 고객만족의 시작이다. 고객은 비단 제품이나 서비스를 구매하는 외부의 손님뿐만 아니라 내부의 상사도 고객이라 할 수 있다. 나의 아이디어와 기획이 가장 먼저 설득되어야 할 대상이라서 그렇다. 나를 해고할 수 있는 존재도 바로 상사이다. 예스맨으로 아부를 통해 상사에게 잘 보이는 것이 아니라 능동적으로 상사를 관리할 수 있는 스킬을 가지고 있어야만 승승장구의 기반이 갖춰지는 것이다.

동료를 관리하는 것은 결코 쉽지 않은 네트워크 기술이다. 자신이 훌륭한 팀원으로 보여야 함과 동시에 나머지 팀원들과 차별화되어야 하기 때문이다. 왕따는 우리 모두가 피하고 싶은 전염병 같은 존재이지만, 그렇다고 아무런 개성 없는 '바닐라'와 같은 존재가 되는 것도 오늘날 팀 환경에서 정답은 아니다. 그렇다면 어떻게 팀에 훌륭히 기여하면서 동시에 당신만의 가치를 인정받을 수 있을까? 이는 팀으로 구성된 조직에서 성공하기 위한 가장 필수 스킬이다.

그리고 네트워킹 스킬은 인간관계를 구축하고 개발하는 기술이다. 무조건 발바닥에 땀나게 뛰어다녀야 네트워킹을 잘하는 것은 아니지만 어느 정도의 노력은 필요하다. 내 주변에는 친구, 선배, 동료의 소개로 취업을 하거나 새로운 프로젝트를 확보 또는 커리어를 갖게 되는 경우가 많다. 순전히 우연으로 기회를 잡는 경우는 극히 드물다. 따라서 오늘날 비즈니스 세계에서 네트워킹은 선택의 문제가 아니라 생존의 문제인 것이다.

나의 평판을 관리하고 개인 이미지 구축하기는 현대 비즈니스 세계에서 가장 중요한 네트워킹 스킬일 수도 있다. 나의 평판은 나를 잘 모르는 이들에 의해 만들어지는 경우가 대부분이다. 누군가와 오랜 기간 좋은 관계로 함께 일하고, 그가 나에 대해 올바르고 긍정적인 이미지를 가져주면 좋겠지만, 안타깝게도 대부분의 이미지는 첫인상으로 결정된다. '내가 무엇을 아는가가 중요한 게 아니라, 고객이 내가 무엇을 안다고 생각하는가가 더 중요하다'는 말도 있지 않은가? 당신의 평판은 저절로 혹은 수동적으로 생기지 않는다. 그야말로 적극적인 작업이 필요하다. 비즈니스 세계에서는 최대한 적을 만들지 말아야 한다. 최악의 경우를 생각해보자. 전 직장의 상사와 좋지 않게 퇴사한 후 불이익이 다음 직장에서 나타나는 경우이다. 더 끔찍한 경우도 있다. 전 상사 밑으로 복귀해야 하는데 이미 연결이 끊어지고 난 후이다. 물론 모든 사람들과 친구가 될 수는 없다. 그러나 그 관계를 어떻게 관리할 것인가, 나아가 당신의 평판을 어떻게 확인, 감지할 것인가는 아주 중요한 문제이다.

Business
Attitude Quotient

2
SECTION

비즈니스
태도 지수

Business skill

기업가 정신 함양
장사꾼 마인드? 비즈니스 마인드!
커뮤니케이션 스킬
세일즈 스킬
비즈니스 분석 스킬

Business skill

2
기업가 정신 함양
AN ENTREPRENEURIAL SPRIT

> 기업은 현실에 안주하여 붕어빵과 같은 스펙을 쌓은 인재보다는 미래를 내다보며 진취적으로 전진해나가는 건설적 태도를 지닌 인재를 구한다. 형식적인 학위나 자격증을 위한 자격증은 종잇조각에 불과하다.

IT 강국이라 자부하는 한국에 내로라하는 글로벌 IT 기업이 없는 이유는 무엇일까. 기술적으로 부족함이 없는 한국의 스마트폰이 외국의 아이폰에 밀린 이유는 무엇일까. 이는 지난 10년간 몇몇 재벌을 제외한 대다수의 한국 기업들이 빛을 발하지 못한 이유와도 동일하다. 바로 '기업가 정신'의 부재 때문이다.

기업가 정신이란, 비즈니스맨의 정신적인 태도와 감정적인 준비상태를 의미한다. 즉, 어떠한 어려움과 역경도 이겨내고 당당히 전진해나갈 수 있는 도전정신, 현실에 안주하기보다는 미래를 내다보며 진취적으로 전진해나가는 건설적 태도를 일컫는다.

우리나라에서 기업가 정신을 쉽게 찾아 볼 수 없다는 것은 겉으로 드러난 경제발전의 양상과는 달리 내실을 기할 수 있는 역량이 부족하다는 뜻이다. 또 이것은, 지금까지는 경제발전의 성공을 이루었지만 앞날에 대한 확신은 가질 수 없다는 의미이기도 하다. 벌써부터 우리나라의 미래와 관련해서 불안한 조짐은 보이고 있다. 아니, 지난 1997년 외환위기 이후부터 온실 속의 화초와 같은 '안정'은 더 이상 기대할 수 없었다.

실력이나 기술에서는 절대 밀리지 않지만 결정적인 무언가가 부족해 두각을 드러내지 못하거나 뒤처진다면 지금 당장 자신의 기업가 정신을 점검해 볼 필요가 있다. 설령 남들보다 앞서 달린다 해도 절대 긴장을 늦추어서는 안 된다. 대제국을 건설한 칭기즈칸조차도 "나의 후손들이 비단옷을 입고 벽돌집에 사는 날 내 제국이 망할 것이다"라는 말로 그 후손들에게 현실에 안주하는 삶을 경고했다. 그는 제아무리 현실이 만족스러워도 스스로 그 울타리 안에서 안주하는 순간 도태되기 시작함을 알고 있었던 것이다.

내가 땀을 닦으며 쉬는 동안에도 남들은 죽을힘을 다해 계속 달린다. 필사의 노력을 다할 때라야 비로소 경쟁과 적자생존의 원리가 지배하는 비즈니스 정글에서 살아남을 수 있다.

비즈니스 세계에서 자주 등장하는 성공 신화 중 하나가 바로 '개천에서 용 난' 이야기다. 신화의 주인공은, 비록 가난한 집안에서 태어났으나 근면성실함과 자기희생을 통해 자타가 공인하는 큰 성공을 거둔 자수성가형 인물이다. 하지만 이제 이런 '용'들은 예전처럼 자주 찾아볼 수 없다. 그 이유는 무엇인가?

용이 되는 과정도 힘들지만, 될 확률도 그다지 높지 않기 때문이다. 사람들은 더 이상 위험을 감수하면서까지 용이 되기를 원하지 않는다. 특히 안전하다고 여겨지는 길이 눈앞에 뻔히 보이는 상황이라면 더더욱 그렇다. 모두가 개척자이기를 거부하고, 안전을 제일로 여기며 앞사람의 뒤통수를 바라보고 따라가기에 바쁘다. 어쩌면 그들은 그 길의 끝에 '성공'이 있다고 믿기보다는 적어도 실패는 하지 않는다는 강한 믿음으로 그 길을 가고 있을지도 모른다.

이들은 소위 엘리트 코스라 말하는 명문고, 명문대를 거치고 각종 자격증을 취득하여 스펙 쌓기에 열중한다. 취업을 위해, 혹은 실직할 경우를 대비해 학위를 따고 자격증을 따 안전망을 설치해 놓는 것이다. 하지만 그들의 기대와는 달리 각종 스펙은 결코 그들의 안전망이 되어주지 못한다. 앞서거니 뒤서거니 하며 그들과 함께 시류에 합류한 동료들 역시 이미 그만한 스펙은 갖추었기 때문이다.

물론 스펙을 쌓는 것 자체가 나쁘다고만 할 수는 없다. 좋은 대학에서 양질의 교육을 받고 뛰어난 기업에서 역량을 키우는 것이 어찌 안 좋은 것이라고 할 수 있겠는가. 더군다나 높은 실업률과 직장에서 다반사로 일어나는 실직과 같은 불안한 환경에 대비하여 학위를 가지고 자격증을 따서 개인의 안전망을 만들어놓는 것을 탓할 수만은 없다. 그러나 다분히 형식적인 학위나 '자격증을 위한 자격증' 따위가 자신의 역량이나 존재감을 제대로 보여주지 못한다는 것을 알아야만 한다. 특히 한국이라는 좁은 울타리를 벗어나면 학위 증명서나 자격증 따윈 한낱 종이 쪼가리에 불과하다.

실제로 국내의 명문 대학을 졸업하고 해외의 유명 MBA 스쿨에 지원하는 사람들의 이력서를 보면 스펙 쌓기가 얼마나 부질없는 것인지 잘 알 수 있다. 그들의 이력서는 흥미롭게도 대부분 판박이나 다름없다. 응시자의 이름만 지워버리면 마치 한 사람이 여러 이력서를 쓴 것으로 보이니 말이다. 더군다나 스펙은 지원자의 성격이나 성향을 나타내는 소중한 정보를 제공하지 않는다는 맹점이 있다. 그래서 평가를 할 때 스펙보다 개인의 인성이나 자질을 파악할 수 있는 질문을 던진다. 예를 들어 '인생에서 가장 어려웠던 시간은 언제인가?' 하는 질문이 그런 경우이다. 그런데 이에 대한 답을 보면 더욱 가관이다. 그들이 겪어야 했던 고통을 과소평가하는 것은 결코 아니지만, 제3자의 입장에서 봤을 때는 헛웃음이 나올 때가 너무나 많다. 실제로 인생에서 어려움을 겪어보기는 했는지 의심이 들 정도로 절박함이 보이지 않는 일들도 허다하다.

반면, 대학을 입학하기 전에 1년 정도를 중동의 난민 캠프에서 봉사활동을 한 지원자나 평화봉사단의 일원으로 아프리카에 3년 동안 파견되어 현지 부족이 현대 문명을 수용할 수 있도록 도운 지원자들의 경우 이들과는 너무나 대조적인 모습을 보여준다. 내로라하는 학력이나 자격증은 없을지언정 그들은 넓은 세상을 가슴에 담아낸 경험만으로도 충분히 토익 점수나 자격증의 가치를 뛰어넘는 경쟁력을 갖추었다고 할 수 있다. 높은 수능 점수를 받아 대학에 진학하고 회사 인턴십을 거쳐 미국에서 단기간 어학코스를 밟은 전형적인 '20세기 한국형 인재'와는 완전히 급이 다르기 때문이다.

급변하는 21세기 비즈니스 환경에서 기업은 더 이상 붕어빵 찍어내듯 쏟아져 나오는 틀에 박힌 인재를 원하지 않는다. 기업은 기발하고 창의적인 발상으로 끊임없이 도전하는 진취적인 인재를 원한다. 오늘날 피카소가 '피카소'로 기억되는 이유 또한 여기에 있다. 피카소는 어린 시절부터 그림에 재능을 보였고, 그 사회가 요구하는 그림을 너무나도 훌륭히 소화해 냈다. 하지만 그는 무언가 부족하다는 생각을 떨칠 수 없었다. 왜냐하면 자신처럼 주어진 틀 안에서 그림을 잘 그리는 화가는 전 세대에도 있었고, 분명 후 세대에도 나올 것이기 때문이다.

자신을 보호하고 있다고 여겨지던 틀이 실상은 자신을 가두고 있었음을 깨달은 피카소는 그 틀을 벗어나기로 결심하고, 마침내 모든 것을 버리고 파리의 뒷골목으로 들어간다. 그리고 그곳에서 추상적인 자신만의 독특한 화풍을 창조해냈고, 그 결과 그는 화가를 넘어 '피카소'로 우리에게 기억되고 있다.

그런데 우리는 어떤가. 한국의 많은 젊은이들이 제2의 피카소가 되기를 지레 포기하고, 너도나도 김대리, 이대리가 되기 위해 스펙 쌓기에 열중하고 있다. 스펙에 대한 이런 지나친 맹신이 얼마나 헛된 것인지, 한때 한국에 강하게 불었던 '박사 붐'의 서글픈 실상만 봐도 잘 알 수 있다. 당시 부모들은 너도 나도 자식을 박사로 만들고 싶어 안달을 했다. 물론 요즘도 여전히 한국에서 '박사'는 교육의 최고봉이자 절정으로 인식되고 있다. 그러니 일단 박사 학위만 딸 수 있다면 전공 분야조차 중요한 것이 아니었다. 하지만 지금 이들의 현실은 어떤가. 이들의 대부분은 지금 최저임금을 받는 시간강사로 불안한 미래와 싸우고 있다. 오죽하면 시간강사의 처지를 비관하며 자살을 하고, 이 때문에 열악한 시간강사의 처우 개선이 심각한 사회문제로 대두될 정도일까.

박사 학위를 딸 정도라면 분명 우수한 재능을 가지고 있다고 봐야 한다. 다만 그 재능을 스펙 쌓기에만 너무 열중하는 바람에 심각한 병폐를 낳고 있는 것이다. 게다가 이들은 자신의 전공 분야 말고는 역량과 개성을 발휘할 기회나 실력조차 가지지 못하고 있어 '고학력 사회 부적응자'라는 우스갯소리가 나올 만큼 사회적 문제가 되고 있다. 그렇다보니 사회가 필요로 하는 인력과 개인이 가지고 있는 역량의 불균형은 이미 심각해질 대로 심각해졌다는 것이 기업 현장의 목소리이다.

물론 이들 중 일부는 임금의 수준과는 별개로 학문탐구에 열정을 가진 사람도 있을 것이다. 하지만 대부분은 우수한 재능을 가지고 있으나 스펙 쌓기에 너무 열중한 나머지 국가에서 필요로 하는 것 이상으로 스펙을 키워 오히려 실패한 비극의 주인공으로 전락하고 말았다. 게다가 더욱 비관적인 것은 이들처럼 안전 지향적인 사고방식과 스펙 쌓기에 열중하는 사람들 대부분이 이미 유년기부터 도전을 회피하는 태도를 보인다는 것이다. 즉, 오랫동안 그들은 새로운 것에 대한 도전과 모험의 감수, 그리고 남들과 다른 저만의 차별화된 경쟁력을 얻기 위한 노력보다는 안전만을 추구하며 그에 맞는 스펙을 쌓는 것에 열중한 나머지, 그것이 올바른 것이라 착각하고 있다. 그렇게 배우고 자란 사람이 어떻게 야생의 정글과도 같은 글로벌 경쟁에서 살아남을 수 있겠는가.

만약 그들이 현실에 안주하지 않고 그 열정을 자신이 진정으로 꿈꾸던 분야, 남들이 만들어놓은 길이 아니라 자신만의 비즈니스를 창출하는 데에 투자했더라면 어땠을까. 안전한 아스팔트가 아닌, 진창에 빠질 리스크를 감수하고서라도 새로운 길을 개척하며 갔더라면 어땠을까. 아마도 그들은 지금쯤 제2의 빌 게이츠가 되고 스티브 잡스가 되고, 피카소가 되지 않았을까.

남을 앞서기 위해서는 남들과 다른 것을 두려워하지 말고 리스크를 감내해야 한다. 남들과 똑같은 스펙을 쌓는 것은 미리부터 게임을 포기하는 것이나 마찬가지다. 어떻게든 남들과 같아지겠다고 아등바등할 뿐, 치열한 경쟁에서 이기겠다는 의욕조차 없다는 고백과도 같다. 그러나 이미 국내 기업에서도 별 다른 차이를 구분할 수 없는 스펙의 기준을 내세우기보다 인성이나 자질, 도전의식과 창의성을 파악하려는 시도가 확대되고 있는 추세임을 알아야 한다.

21세기가 요구하는 바람직한 비즈니스 리더가 되기 위해서는 스펙에 얽매여 흔해빠진 인력이 되기보다는 나만의 독창성을 찾고, 유일성을 갖추는 것이 무엇보다 중요하다. 물론 이것은 말처럼 쉬운 일은 아니다. 그래서 필요한 것이 역할 모델이다.

삶과 비즈니스에 대해 건설적이고 긍정적인 태도를 갖춘 우수한 비즈니스 리더가 되기 위해서는 우선 역할 모델을 통해 그들의 비즈니스 태도와 비전을 엿보는 것도 좋다. 모방과 존경의 대상으로 삼을 수 있는 역할 모델을 정하고 나도 그에 못지않은 삶을 살기 위해 노력하는 것이다.

그런데 한 가지 안타까운 점은, 우리나라의 인물 중에서는 이런 역할 모델을 찾기가 쉽지 않다는 것이다. 이것은 앞서 말했듯 기업가 정신이 부족한 국내의 비즈니스 현실과 맞닿은 것이라고 볼 수 있다. 언젠가 나는 최고경영진 MBA를 강의하며, "자신의 역할 모델이 될 만한 한국인은 누구인가?"를 질문해 보았다. 그런데 그분들이 대답하는 인물들은 거의 김구 선생, 박정희 전 대통령, 김수환 추기경, 법정 스님, 이병철 회장, 정주영 회장 등 대부분 특정인물에 제한되어 있었고, 그마저도 모두 합쳐 열 명을 채 넘기지 못했다. 이런 현상은 국내 유수의 대학 MBA 과정에서도 별반 다르지 않았다. 게다가 더욱 흥미로운 것은 이 질문의 답변자가 100%가 아니라 70% 정도 밖에 되지 않는다는 점이다. 나머지 30%는 아예 국내에서 역할 모델로 꼽을 만한 인물이 없다는 것이다. 특히 비즈니스 세계로 시야를 좁혀서 보면 최근 인물 중에서는 안철수 카이스트 교수를 제외하곤 아예 없다고 보는 게 맞다.

이런 응답 결과는 매우 충격적이었다. 아무리 21세기가 국경의 의미가 사라진 글로벌 시대라고 해도 한국이라는 지형 안에서 비즈니스를 하려면 당연히 한국적인 역할 모델을 찾는 것이 가장 좋다. 그런데 명색이 G20 회원국이라는 나라에 비즈니스 역할 모델이 없다는 게 말이 되는가! 이는 그만큼 한국의 비즈니스 세계가 큰 문제점을 내포하고 있는 것이라 보면 된다.

이런 열악한 비즈니스 환경을 개선하기 위해서라도 역할 모델은 반드시 필요하다. 나는 어렸을 때 가상의 세계에 존재할 것 같은 인물들의 세계 정복기와 발명의 역사를 다룬 위인전에 빠져 살았다. 당시는 책에 등장하는 위인들 대부분이 장군, 정치가, 과학자여서 비즈니스 분야에서의 역할 모델이 부재했지만, 그럼에도 수많은 위인들을 통해 그들의 긍정적 사고와 진취적 사고 등을 배울 수 있었다.

오늘날의 젊은이들도 미래의 등대가 될 역할 모델이 필요하다. 이를 위해서 굳이 과거로, 혹은 위인전으로 눈을 돌려야 하는 것은 아니다. 역할 모델은 죽은 사람이어도 살아 있는 사람이어도 상관없다. 나이나 국적도 상관없다. 자신의 분야에서 성공한 인물, 큰 업적을 이룬 인물, 끊임없이 도전하는 인물, 도덕적으로 올바른 삶을 살아 남들의 모범이 되는 인물 등 내 안의 열정을 끌어내어 이끌어줄 인물이면 누구든 상관없다.

더군다나 역할 모델은 굳이 하늘의 별처럼 멀리서 우러러 볼만한 인물일 필요도 없다. 내가 모시는 상사나 동료, 친한 친구도 역할 모델이 될 수도 있다. 현재 다니는 직장, 생활 반경에서 멀리 눈 돌릴 필요가 없다는 말이다. 가까이 있는 사람이 더 큰 영향을 미칠 가능성이 높다. 이들이 어떠한 방식으로 의사결정을 내리는지를 가까이에서 직접 보고 배울 수 있기 때문이다. 반면, 위인전이나 기사로 접하는 인물에 대해서는 대부분 의사결정의 결과만 알 수 있을 뿐이다. 특정 개인의 성과나 업적에 대한 이야기에 지나치게 치중한 나머지, 세부적인 사항이나 핵심 요소가 간과되는 경우가 많다. 때문에 가까이에 역할 모델을 두고 그들의 장점을 벤치마킹하면 된다.

이들을 가까이에서 관찰하고 배우게 되면 실시간으로 역할 모델 거울 효과를 볼 수 있다. 갓난아기들이 엄마의 행동과 움직임을 모방하면서 학습하는 것과 별반 다르지 않다. 피겨 여왕 김연아 선수는 어린 시절부터 미셸 콴을 역할 모델로 삼고 피겨스케이터의 꿈을 키웠다. 하지만 이것은 막연한 동경으로만 그친 것이 아니라, 하루에도 수십 번씩 그녀의 경기가 담긴 비디오테이프를 되돌려보면서 스케이팅 동작은 물론이고 손동작, 얼굴 표정 하나하나까지 분석했다. 비록 가까이 있는 인물은 아닐지라도 영상으로라도 늘 가까이에 두며 그녀를 벤치마킹 한 것이다. 그 결과 오늘날의 김연아는 자신의 역할 모델이었던 미셸 콴을 뛰어넘는 최고의 피겨스케이터가 되었다.

이러한 역할 모델 모방하기는 비즈니스 리더가 되기 위한 역량 중 하나인 비즈니스 태도 지수, 즉 BAQ를 개발하는 데 큰 도움이 된다.

역할 모델을 내면화하는 과정을 거쳐 BAQ를 자신의 일부로 만드는 것이다. 즉, 역할 모델을 모방하는 동안 우리의 정신적인 상태와 태도, 그리고 행동까지 같이 발달하게 되는 것이다. 과학자들의 연구에 의하면, 동물도 유년기 어미의 행동을 모방하는 과정에서 사고방식과 행동을 어느 정도 정립해 나간다고 한다. 하물며 동물보다 지능도 높고 학습 능력도 뛰어난 인간이 주위의 인물을 모방하며 정신과 태도, 행동이 함께 변화하는 것은 당연한 일이다.

이런 이유로, 정신수양만을 주제로 한 일회성 강의는 시간 낭비다. 태도가 행동양식이나 의사결정 프로세스에 어떠한 영향을 미치는지 비교분석해 볼 수 있는 앞뒤 정황이 없기 때문이다. 따라서 BAQ를 명확하게 파악하고 체득하기 위해서는 비즈니스 상황의 한 가운데에 있어야 한다.

이렇게 현장에서 배우는 역할 모델 모방은 특정 개인이 추구하는 원칙이나 정신적인 태도 등 수많은 것을 가르쳐준다. 특히 비즈니스 리더의 최종 목표인 경영과 관련해서도 다음과 같은 핵심적인 내용을 배울 수 있다.

● 인력 보상 방법
공평한 보상 체계를 도입할 것인가? 아니면 성과보수를 채택할 것인가?

● 저효율 인력 관리 방법
많은 비용이 들더라도 최대한 훈련을 시킬 것인가? 아니면 더 좋은 인력을 채용할 것인가?

● 고객 관리 방법

기존 고객에게 추가로 판매하는가? 아니면 신규 고객을 획득하는가?

● 사업 확장 방법

신제품 및 서비스를 지속적으로 출시하는가? 아니면 다른 회사를 인수하는가?

● 신제품 생산 방법

백지에서 신제품을 개발하는가? 경쟁사로부터 모방하거나 특허를 구매하는가?

사실 리스트를 나열하려면 끝도 없다. 그리고 해당 질문에 대한 답은 사업이 처한 상황에 따라 달라질 수 있다. 그래서 이런 수많은 질문에서 나오는 무수한 상황별 해답을 찾기란 쉽지 않다. 이때 비슷한 상황과 과제 앞에서 역할 모델은 어떠한 태도를 통해 결정적인 역할을 했는지 직접 보고 배울 수만 있다면 위대한 글로벌 비즈니스 리더의 가르침 못지않은 가치를 얻을 수 있다.

역할 모델은 위대한 인물이든 책 속의 인물이든, 아니면 주변의 선후배, 동료이든 간에 상관없다. 내가 가르침을 받아야겠다는 스스로의 동기부여가 충분하다면 그 대상은 얼마든지 찾을 수 있다.

나의 역할 모델이 누구인지, 나는 그들로부터 무엇을 배우고자 했는지를 생각해보라. 만약 역할 모델이 쉽게 떠오르지 않는다면 지금이라도 찾으면 된다. 늦지 않았다. 시작이 반이라고 하지 않는가.

옳은 것을 바르게 행하라

기업의 평균 수명이 줄어들고 있다. 맥킨지의 분석에 의하면, 1935년 당시에는 90년이던 기업 평균 수명이 1955년에는 45년으로, 1975년에는 30년으로 줄어들었다고 한다. 그로부터 30년이 훌쩍 지난 지금, 기업의 수명은 더욱 짧아졌다. 특히 우리나라는 기업의 평균 수명이 10년이라는 말이 나올 정도다.

그럼에도 불구하고 오랜 세월 동안 건재한 기업들도 분명히 있다. 물론 그들 역시 IMF 외환위기를 비롯한 여러 위기의 상황에서 결코 자유롭지는 못했다. 하지만 이들 중에는 위기의 상황일수록 더더욱 원칙과 기본을 지키는 정도(正道)경영을 강조한 기업들이 있다. 이윤을 추구하되, 고객만족을 목표의 최우선에 두고 이를 위해 제품과 서비스의 질적 향상에 더욱 심혈을 기울였다. 게다가 이렇게 얻어진 이윤은 다시 신제품 개발과 고객서비스, 직원들의 재교육과 복지를 위해 재투자되었다. 이러한 선순환 구조덕분에 이들은 고객은 물론 직원들까지 만족하는 기업으로 성장하게 된 것이다.

제아무리 기업의 생리가 '이윤' 추구에 있다지만, 윤리적인 선을 굿고 사업 원칙을 지켜 비즈니스를 이끌어나가는 '상도'를 무시하고 서는 이윤은 한낱 모래성에 불과하다. 특정한 원칙하에 회사를 경영하지 않으면 유혹과 근시안적인 요구에 쉽게 흔들려 결국에는 지도 없이 목적지로 향하는 꼴이 되어 난파되기 십상이다. 설령 그들이 일시적으로는 승승장구할지도 모르지만, 결국에는 얼마 가지 못해 정체하거나 퇴보하게 된다. 비즈니스 세계는 그들이 짐작하는 것보다 훨씬 더 냉혹하고, 고객은 그들보다 몇 배는 더 현명하기 때문이다.

혹자는 한국에서 비즈니스를 성공적으로 하기 위해서는 눈치경영의 기술을 연마해야 한다고 비아냥거리기도 한다. 냉혹한 비즈니스 정글에서 살아남기 위해 힘을 키우거나 실력을 연마하는 것이 아닌, 눈치를 키워야 한다는 것이다. 하지만 하루하루를 눈치껏 임기응변으로 대처하고, 오늘 누구와 일하느냐에 따라 계획이 180도 바뀌는 불안한 상황은, 여기저기서 날아오는 총알을 당장은 피할 수 있을지 모르겠으나 결국에는 확률 게임의 희생자가 되어 몸을 가누지 못할 것이다.

반면, 상도가 기업 문화로 정착되어 조직의 곳곳에 자리 잡고 있고, 이를 지속적으로 강화해나가는 기업은 위대한 기업으로 승승장구해 나간다. 《논어》에 나오는 '일이관지(一以貫之)'처럼, 그들은 호황이든 불황이든, 심지어 기업의 존폐를 위협받는 위기의 상황에서조차 애초에 정립한 원칙을 지키며, 모든 일을 흔들림 없이 일관되게 해결해 나가기 때문이다.

상도는 비단 합법성이나 도덕성에 기준을 둔 윤리경영에만 국한되지는 않는다. 상도는 윤리경영을 넘어 고객과 직원, 협력업체, 심지어는 경쟁사까지도 존중심을 가지고 대하려는 마음가짐이다. 때문에 상도경영은 장기적 시각으로 볼 때 존경받고 신뢰받는 비즈니스 리더가 되는 유일한 방법이기도 하다.

150년의 역사를 가진 아메리칸 익스프레스가 초우량 기업으로서의 실력을 유지해온 배경 역시 원칙을 중요시하는 상도경영 덕분이다. 아메리칸 익스프레스는 제1차 세계대전 당시, 전쟁이라는 대공황 속에서도 여행자수표를 현금으로 바꿔주는 약속을 저버리지 않았다. 이뿐만 아니다. 1933년 미국의 심각한 금융 위기 속에서 미국 정부는 4일 동안 은행 문을 닫게 하여 예금 인출을 막는 특단의 조치를 취했다. 하지만 아메리칸 익스프레스는 무슨 일이 있어도 고객과의 약속을 지키는 것이 우선이라는 원칙을 지키기 위해 고객의 예금 인출 요구에 응했다.

한편, 상도의 상실로 인해 사업 운영에 차질이 빚어지고, 심지어는 회사가 문을 닫는 경우도 있다. 미국에서 발생한 최대의 환경 재난으로 기억되는 엑손 밸디즈 기름 유출 사건으로 인해 20년이 지난 지금까지 엑손이 '반(反) 환경기업'이라는 굴레에서 벗어나지 못하고 있는 것만 보더라도 기업에게 있어 상도를 지키는 일이 얼마나 중요한지 잘 알 수 있다. 당시 엑손이 기름을 유출하여 환경을 파괴한 것도 큰 문제가 되었지만 정작 사람들을 경악하게 만든 것은 사고에 대응하는 그들의 자세였다. 1989년 알래스카 해안에 대규모 기름 누출 사고가 발생한 뒤 당시 엑손의 회장이었던 로렌스 롤 회장은 6일 동안 언론의 접촉을 피했다. 물론 뒤늦게 사태의 심각성을 깨달은 그는 언론을 통해 공식적인 사과를 하고, 정부와 함께 복구를 위한 노력에 힘을 기울였지만 손상된 회사의 이미지를 회복하기에는 역부족이었다. 고객은 사상 최대의 기름 유출 사고를 내고도 사과는커녕 침묵으로 일관했던 엑손의 비상식적인 초기대응에 실망한 나머지 아예 등을 돌렸던 것이다.

이 외에도 상도를 지키지 않는 경영으로 고객으로부터 외면 받은 기업은 한두 개가 아니다. 2002년 일본 최대의 식품회사였던 유키지루시(雪印) 식품은 호주산 쇠고기를 일본산으로 둔갑시켜 판매된 사실이 발각되었음에도 불구하고 이를 소비자에게 은폐하려다 결국 몰락의 길로 접어들고 말았다.

상도를 지키지 않는 경영으로 특정 산업 자체가 통째로 붕괴한 경우도 있다. 아이디어나 기술력이 뛰어난 신생 벤처기업에 자금을 지원해 주식시장에 상장할 수 있도록 도와 이윤을 추구하는 데에 그 목적이 있는 벤처 캐피털의 경우, 그 본연의 목적을 저버리고 돈을 좇다 몰락을 길로 접어드는 경우가 허다했다. 길이 아닌 길로 가니 나락이 기다리고 있는 것은 어찌 보면 아주 당연한 결과이다.

벤처 캐피털은 젊은 세대의 발전과 비전의 자양분이 된다는 긍정적인 측면도 있다. 하지만 적지 않은 벤처 캐피털들이 사채업자와 손을 잡거나 주가를 조작하는 등 비윤리적이고 불법적인 행동을 일삼았고, 그로인해 지금은 거의 빈사상태에 빠져있다. 게다가 벤처 캐피털의 이런 파행적 경영은 벤처 기업마저도 정도에서 벗어난 길을 걸게 만들었다. 무조건 상장부터 하고 보자, 수익만 내고 보자는 식의 목표 외엔 원칙이 부재했던 그들이 우수한 기술이나 제품의 개발을 위해 노력했을 리 만무하다. 결국 내실 없이 외형에만 치중하며, 모로 가도 서울만 가면 된다는 식의 원칙 아닌 원칙은 재무적인 관점뿐만 아니라 평판의 관점에서도 악영향을 미쳐 급기야는 벤처산업 자체의 붕괴현상까지 벌어진 것이다.

원칙의 부재 앞에서 오래토록 버텨낼 기업은 결코 없음을 잘 보여주는 사례는 또 있다. 바로 '사채업'이라 알려진 소액 대출 산업이다. 그들은 살인적인 금리로 돈을 빌려주고 제때 돈을 상환하지 않으면 잔혹한 행위도 마다하지 않는다. 물론, 일부는 일반 대중에게 힘이 되기 위한 순수한 마음으로 사업을 하고 있긴 하다. 하지만 여전히 우리 사회는 사채업에 대해 부정적인 이미지가 강하다. 비록 그들이 불법까지 저지르지 않는다손 치더라도 상도에 관한 한 꼴찌를 면할 수 없을 정도로 원칙이 부재한 것은 자명한 사실이지 않은가.

비즈니스 리더가 되기 위해서는 무슨 일이 있어도 양보할 수 없는 사업 원칙을 먼저 정립해야 한다. 물론 그 원칙은 상도에서 벗어난 것이어서는 절대 안 된다. 내가 취하는 사업적 태도가 그대로 부메랑이 되어 나에게, 그리고 나의 비즈니스에 돌아오기 때문이다. 고객은 좀 더 값싼 제품을 사기 위해 비윤리적이고 상도에 어긋나는 기업의 제품을 집어들만큼 어리석지 않다. 고객은 옳은 것을 바르게 행하는 기업을 가려낼 수 있을 만큼 충분히 현명하다는 점을 명심해야 한다.

빨리 가고 싶다면 비포장도로도 불사하며 오로지 지름길로 가면 그만이다. 하지만 안전하게 달리고 싶다면 고속도로를 타고, 통행료도 꼬박꼬박 지불하면서 휴게소에서 쉬기도 해야 한다. 속도 제한을 지키는 것은 물론이고 다른 운전자에게 피해를 주지 않도록 교통 법규도 잘 지켜야 한다. 그래야 안전하게 멀리까지 갈 수 있다.

무에서 유를 창조하라

전쟁으로 온 나라가 폐허가 된 나라가 불과 반세기도 지나지 않아 세계에서 손꼽히는 경제대국으로 성장했다. 세계 60여 개국이 개발도상국이란 이름으로 이와 같은 시도를 했으나 모두 실패했고 결국 경기 침체와 정치적 부정부패라는 악순환의 고리에 빠져 시달리고 있다. 덕분에 세계는 이 나라가 이룬 놀라운 경제 성장을 '기적'이라고까지 부른다.

이 나라가 어느 나라인지 굳이 말하지 않아도 알 것이다. 그렇다! 자랑스러운 우리나라, 바로 대한민국이다. '한강의 기적'이라고 불릴 만큼 한국은 지난 50년간 비약적인 발전을 거듭했고, 세계 2차 대전 이후로는 유일무이할 정도로 놀라운 경제성장을 이루어 냈다.

무에서 유를 창조한 나라! 한국은 어떻게 이러한 업적을 달성할 수 있었는가? 여러 가지 이유가 있겠지만 비즈니스의 관점으로 한번 보자. 무엇보다 헝그리 정신을 몸소 실천하며 후세의 역할 모델이 된 위대한 비즈니스 리더들이 있었기에 가능한 일이라 할 수 있다. 게다가 이들이 가르쳐준 교훈과 남기고 간 정신적 유산은 당연히 BAQ의 일부가 되어 한국의 미래를 밝히는 등불이 되어줄 것임이 분명하다.

● 잭 웰치에 도전한 정주영 회장 "우리 팔씨름 한 번 할까요?"

오래전 나는 잭 웰치와 개인 면담을 할 기회가 있었다. 20세기에 가장 훌륭한 CEO 중 한 명으로 손꼽히는 잭 웰치는 파산 직전에 몰린 GE를 전 세계 최고 기업으로 탈바꿈시키고, 현재까지 많은 이들의 추종 대상이 되는 경영 리더십과 원칙을 도입시킨 인물이다. 나는 약 12년 전, 빅딜 정책과 관련해 그를 청와대로 모실 기회가 있었다.

IMF 외환위기가 한창이던 당시, 한국 기업의 주가는 끝을 모르고 바닥으로 곤두박질치고 있었다. 한국에 오기 전 아르헨티나에 체류하던 시절에 국가 전체가 파산하는 광경을 두 눈으로 직접 지켜본 나는 한국이 몰락한 남미의 전례를 따르는 것이 아닌지 크게 염려되었다. 이를 잭 웰치에게 얘기하자 그는 눈을 가늘게 뜨고 웃으면서 나에게 말했다.

"써니, 걱정하지 마세요. 한국은 절대 파산하지 않습니다."

여전히 염려의 눈길을 거두지 못하는 나에게 그는 정주영 회장과 관련된 일화를 들려주었다.

한번은 현대 그룹의 회장직을 맡고 있던 중년의 정주영 회장이 GE와 합작투자인 JV(Joint Venture)를 하고 싶다며 그를 찾아왔다고 한다. 여느 JV가 그렇듯이, JV가 성사되기 위해서는 서로 주고받는 것이 있어야 한다. 하지만 애석하게도 당시 상황은 GE가 제공할 게 훨씬 많은 일방적인 관계였고, 몇 차례의 논의 결과 딜이 성사될 가능성이 거의 없음이 불을 보듯 뻔했다.

협상 테이블을 뒤로 하고 양측은 본국으로 돌아갈 채비를 하려고 방에서 나왔다. 정주영 회장 역시 실망감과 좌절감을 감추지 못하고 방에서 나갔으나 몇 분 뒤에 다시 활기가 넘치는 얼굴로 돌아와 대뜸 새로운 제안을 했다고 한다.

처음에는 무슨 말을 하는지 알아듣지 못한 잭 웰치는 통역사를 통해 정주영 회장이 팔씨름을 제안한 것을 알게 되었다. 이게 무슨 어이없는 말인가 싶어 그는 통역사를 통해 세 번이나 거듭 확인했다. 이에 덧붙여, 정주영 회장은 팔씨름에서 이길 경우 JV를 성사시켜 달라고 제안했다.

"팔씨름으로 주요 딜의 성사 여부를 결정짓다니! 난 당연히 농담이라 생각했죠."

하지만 이내 그는 정주영 회장의 비장한 표정에서 농담이 아니라는 것을 읽었고, 반신반의하며 팔씨름에 응했다고 한다.

"자, 내 팔을 보세요."

당시 예순을 넘긴 나이였지만 잭 웰치는 청년 못지않은 두꺼운 팔뚝을 꺼내어 보였다. 대학시절 올스타 대학 골프선수였던 그는 튼튼한 근육을 자랑했기 때문에 왜소한 한국인 정도야 쉽게 이길 수 있을 것이라 생각했다.

하지만 잭 웰치는 팔씨름에서 졌다. 정주영 회장이 이긴 것이다. 물론 잭 웰치는 미처 준비되지 않은 상태에서 정주영 회장이 먼저 시합을 시작해 버렸다고 말했다. 진실이야 어떻든 정주영 회장의 기지만큼은 높이 살 만한 것이라 할 수 있다.

시합에서 지고 정주영 회장이 떠난 후 GE 경영진은 정주영 회장의 요구에 응할 것인지를 놓고 열띤 토론을 벌였다. 투표 결과는 90대 10이었다. 90%는 반대했고 10%는 응해야 한다고 했다.

"그래서 어떻게 되었나요?"

내가 물었다.

"난 당연히 JV를 해야 한다고 했죠."

잭 웰치는 이야기를 이어갔다.

"써니, 한국과 같은 국가에서는 백지 상태에서 도약할 수 있는 능력을 갖춘 인재가 필요해요. 미국의 경우 제품과 서비스를 어느 정도 수준으로 끌어올리는 데 30년이 걸렸다고 하면, 동일한 시스템과 프로세스를 모방한다고 가정했을 때 한국도 이론상으로는 30년이 걸려야 맞죠. 하지만 지금과 같은 위기의 시기에는 병원의 응급실처럼 환자의 생존이라는 단 하나의 목표로 임하는 비상 계획이 필요해요. 하지만 이런 리더십은 쉽게 찾아볼 수 없어요."

그는 정주영 회장을 보면서 마치 무에서 유를 창조하는 것과 같은 '예측불허'를 보았다고 한다. 특히 팔씨름은 정주영 회장의 불굴의 정신을 상징적으로 잘 드러내는 것이라 해석했다.

"이러한 독창성과 '할 수 있다'는 정신이 한국의 발전과 성장의 원동력이 되고 있어요. 한국과 같은 나라에서는 이러한 리더십이 절실해요."

잭 웰치는 이야기가 이어지자 좀 더 솔직한 그의 마음을 드러냈다. 그는 정주영 회장처럼 '할 수 있다'는 정신으로 무장된 리더들은 어디로 튈지 모르는 럭비공과 같아서 사실상 두려운 존재라고 고백했다.

"그는 서구식의 표준화된 사업 틀로는 제어가 안 되기 때문에 좀 두렵기도 해요. 어떻게 보면 스스로 하나의 다크호스가 되어 공포심을 자아내는 거죠. 그의 눈빛을 보고 알 수 있었어요. 우리가 익숙해져 있는 관습에 얽매이지 않는 '할 수 있다'라는 태도 말이에요."

그는 한국에 정주영 회장 같은 사람들이 비즈니스 리더로 활약하고 있는 한 파산은 어림도 없는 일이라며 웃었다.

'경영의 달인'이라 불리며, 전 세계 경영인들의 역할 모델이 되어온 잭 웰치가 한국의 미래에 대해 긍정적으로 평가해주니 무겁던 마음이 약간은 덜어지는 느낌이 들었다. 더군다나 그가 '할 수 있다'는 정신으로 똘똘 뭉친 한국의 비즈니스 리더들을 두려워한다는 사실은 내심 반가운 일이 아닐 수 없었다.

● 강덕수 회장 "특권 없이 태어난 이 몸, 밑져야 본전!"

마음이야 굴뚝 같지만 가방끈이 짧아서, 또는 집에 돈이 충분하지 않아서 사업을 제대로 할 수 없다고 불평하는 사람들이 있다. 그런데 이들에게 긴 가방끈과 넉넉한 돈을 준다면 과연 생각만큼 사업을 잘해낼 수 있을까. 아마도 그들은 얼마 지나지 않아 비즈니스 세계에는 학벌과 재력보다 더 중요한 것이 존재한다는 것을 깨닫게 될 것이다.

바로 '할 수 있다'는 정신이다.

'할 수 있다'는 자신감과 도전정신은 열악한 환경이나 처지를 뛰어넘는 강력한 힘의 원천이 되어준다. 남들보다 나을 것 하나 없는 평범한 직장인이 어느 날 갑자기 사업가로 변신하여 국내 굴지의 기업을 탄생시킨 원동력 또한 '할 수 있다'는 정신에 있었다. 그 주인공이 바로 STX 그룹의 강덕수 회장이다.

내가 아는 한 강덕수 회장은 국내에서 가장 글로벌한 마인드를 가진 비즈니스 리더이다. 그는 넘치는 에너지와 활력으로 1년 중 절반을 글로벌 시장에서 활약하고 있다. 이러한 노력 덕분에 그는 IMF 외환위기 이후 STX를 백지 상태에서 250억 달러 규모의 대기업으로 키워냈다. 이는 한국에서 전무후무한 일이다. 전성기 때 김우중 회장도 이 정도의 업적은 아니었다. NHN을 제외하고 1990년대에 단기간에 대기업의 지위에 오른 성공 사례는 STX 강덕수 회장이 유일하다.

강덕수 회장은 그의 글로벌하고 열정적인 비즈니스 마인드 못지않게 인사 관리 또한 매우 창의적으로 접근한다. 사업 초창기 그는 우수 인재를 확보할 만큼의 돈도, 브랜드도 없었다. 그래서 연봉을 덜 줘도 되는 B급 인력을 채용하는 대신, 경쟁사에서 은퇴한 50대 초반의 고위급 임원을 채용 대상으로 삼았다. 노련한 노장들을 뽑아 장수를 교육하고 훈련하는 데 투입할 생각이었다.

"그들이야말로 우리 STX에서 필요로 하는 역량을 모두 갖춘 진정한 인재죠."

강덕수 회장의 판단은 적중했다. 연금을 수령하는 것 이외에는 딱히 할 일이 없었던 이들은 STX에 새롭게 보금자리를 트고 직원들을 교육하고 양성하는 데 일조하는 윈-윈 관계를 형성했다. 어찌 보면 아주 단순한 아이디어이지만, STX가 이를 본격적으로 도입하기 전에는 이러한 HR 전략을 구사한 국내 대기업은 찾아볼 수 없었다.

현재 STX는 그 어느 대기업보다 외부 채용 인력 비중이 높다. 능력주의(meritocracy)와 성과 보상 위주로 회사를 운영하는 강덕수 회장의 리더십 덕에 '인종 용광로(melting pot)'식 통합 문화도 삐걱대지 않고 잘 운영되고 있다.

최근 STX가 크루즈선 제조업체인 에이커야즈를 인수한 것 또한 강덕수 회장의 글로벌한 비즈니스 경영이 이루어낸 놀라운 성과라 할 수 있다. 크루즈는 선박 위에 호텔을 짓는 것과 비슷한 것으로, 곡물이나 기타 농산품 운송에 사용되는 벌크선을 제조하는 것과 비교해 볼 때 훨씬 부가가치가 높은 사업이다. STX 외에도 에이커야즈 인수에 눈독을 들이던 국내의 조선업체들도 있었지만 대부분은 해외 공장 및 인력 관리 경험이 부재해 에이커야즈 인수를 주저했다.

잘 알다시피 조선업은 매우 노동집약적인 사업으로 노조도 일반화되어 있어서, 블루칼라 노동자들에게 매우 세심한 관심을 기울이지 않고서는 사업에 실패하기 십상이다. 대대적인 현금 투자가 필요한 점과 더불어 대부분의 한국 기업들은 이러한 인력 관리 측면에 자신감이 없었다. 이처럼 불리한 상황인데도 STX는 에이커야즈를 과감히 인수했으며, 현재 STX의 한 가족으로 번영을 구가하고 있다.

"한국인은 그 누구에도 뒤처지지 않습니다. 그 열정과 능력을 국내에만 집중하는 것은 시간 낭비입니다. 해외에 더 많은 에너지를 쏟아야 합니다."

나는 가끔 강덕수 회장과 마주앉아 몇 시간에 걸쳐 다양한 이슈들을 논의하는데, 그의 말 한마디 한마디에서 내가 지금까지 만나본 그 어떤 사람보다도 뜨거운 열정과 비전이 뿜어져 나옴을 느낄 수 있다. 그가 자신감 넘치는 목소리로 얘기하는 것을 듣고 있자면 마치 롤러코스터를 타고 있는 듯 흥분과 상쾌함이 느껴진다.

"서양인들도 우리처럼 바지를 입을 때 다리를 한쪽씩 넣지 않습니까. 그들도 우리와 다를 게 전혀 없습니다."

그가 즐겨 사용하는 이 말에는 그의 글로벌 리더십이 잘 배어 있다. 우리와 다를 것이 하나 없는 그들을 두려워하거나 겁낼 이유가 전혀 없다는 것이다. 어찌 보면 다소 무모하게 비춰질지도 모를 이런 사업적 모험에 대한 염려를 그는 "나는 어떠한 특권도 가지고 태어나지 않았습니다. 체면 말고는 잃을 게 없습니다"라는 말로 일축했다.

최근 STX가 내세운 매출 1,000억 달러 달성이라는 비전이 신기루처럼 보일지 모르나, 강덕수 회장이라면 이것을 이루어내는 것이 결코 불가능한 일이 아니다. 그에게는 '할 수 있다'는 정신이 있기 때문이다.

잃을 게 없다고 생각하는 사람은 두려움도 없다. 두려움 없이 전진하는 사람을 막을 수 있는 사람 또한 없다. '할 수 있다'는 일념으로 두려움 없이 나아가는 강덕수 회장의 기업가정신, 그것이 바로 BAQ의 힘이다.

● 박현주 회장 "고객들이 원하는 시장을 보다 빠르게, 양질로, 비용 효율적으로 창출하라"

비즈니스 세계에서 보수적인 성향이 짙은 분야를 꼽으라면 금융업이 빠질 수 없다. 금융업은 생각보다 규제가 심한 산업이다. 제아무리 스마트하고 창의적인 인재라 해도 규제당국과 긴밀히 협력하지 않으면 살아남기가 힘들다. 이런 이유로 금융계의 비즈니스 리더들에게서 혁신적인 마인드를 기대하기란 다소 힘든 일이다. 게다가 금융 산업은 높은 보호 장벽으로 인해 글로벌화 역시 더디게 진행된다. 실제로, 금융 산업 수익 중 해외 비중은 5%에 불과한데, 이는 삼성을 비롯한 대기업의 60~70%와 비교할 때 매우 낮은 수준이다.

이런 금융시장에 변화를 넘어 혁신의 바람을 가져온 인물이 있다. 바로 미래에셋그룹의 박현주 회장이 그 주인공이다. 그는 남들보다 앞선 미래 예측과 분석력으로 국내 최초의 뮤추얼 펀드를 탄생시키는 등 수천 명의 금융맨들이 상업화를 하지 못한 부분을 상업화해 놀라운 성공 신화를 창조했다.

사실 펀드라는 개념 자체는 매우 단순하다. 한국 사람들은 천성적으로 저축을 좋아한다는 일부 사회학자의 주장과는 달리 박현주 회장은 한국인의 저축 성향은 크게 두 가지에 기인한다고 생각했다. 즉, 고금리와 은퇴 이후를 책임질 사회 안전망의 부재이다. 그렇기 때문에 저축이 불가피했다는 것이다. 물론, 고금리 시절에는 이는 아무런 문제가 되지 않았다. 하지만 국내 경제의 글로벌화가 진행되고 다른 국가와의 연계성이 높아지자, 금리도 훨씬 낮은 수준에서 평형을 되찾았고, 그 결과 저축하고자 하는 동기가 점차적으로 약해졌다.

이를 간파한 박현주 회장은 적금처럼 매달 돈을 붓되, 2~3%의 금리가 아닌, 상대적으로 안전한 주식에 투자해 훨씬 많은 수익을 올릴 수 있는 펀드 개념을 도입했다. '저축을 하되, 돈을 굴려 좀 더 높은 수익을 올린다.' 아주 단순해 보이는 이것을 다른 사람들은 왜 진작 생각해 내지 못했을까? 답은 크게 세 가지로 나눠 생각해 볼 수 있다.

첫째, 금융 산업 종사자는 극도로 리스크 회피적 성향을 보인다. 그들은 직업의 안정성을 높이 샀기에 금융인이 되었고, 이후에도 그저 무탈하게 승진이나 장기근속만을 희망할 뿐이다. 그렇기 때문에 개인적인 차원에서 무언가 획기적인 상품을 선보일 동기가 없다. 굳이 자신을 위험에 처하게 할 필요가 없다는 말이다. '펀드'를 제안했을 때, 만약 그것이 손실을 본다면 어떻게 책임질 것인가? 이들은 기존 상품과 서비스에 대한 성과를 평가받지, 새로운 아이디어를 내놓았느냐에 따라 평가받지 않는다. 가만히 있으면 중간이나 간다고, 괜스레 아이디어랍시고 내놓았다 불똥만 튀는 꼴을 당하기 싫었던 것이다. 이렇듯 금융 산업의 내부 중심적인 문화는 리스크를 회피하는 임원들을 양산해 기회가 눈앞에 있어도 잡지 못하게 만들었다. BAQ가 부재했던 것이다.

둘째, 인센티브가 연계되어 있지 않다. 성과에 대한 보상을 제안하면 훨씬 동기부여가 쉽다. 박현주 회장은 이점을 간파하고 고객과 회사에 더 많은 수익을 안겨주는 직원에 더 많은 보상을 한다는 전략을 구사했다. 지금은 이러한 인센티브 제도가 보편화되었지만 2000년대 초반에만 해도 금융계에서는 이것에 그리 관심을 두지 않았다. 이들에겐 그저 고정급을 받으며 내 밥그릇 지키는 것이 성과를 내는 것보다 더 중요하게 여겨졌기 때문이다.

셋째, 소극적이다 못해 거만하기까지 한 영업 태도이다. 불과 몇 년 전까지만 해도 은행을 비롯한 금융기관은 고객이 찾아오기만을 기다렸다. 한마디로 아쉬울 것이 없다는 식이었다. 하지만 박 회장은 금융 산업도 다른 산업과 다를 바 없다고 주장했다. 앉아서 고객들을 기다릴 것이 아니라 두 팔 걷고 상품 팔기에 나서야 한다고 말이다. 하지만 예전이나 지금이나 금융회사 직원들은 손님을 기다린다. 생각해보라. 금융기관 말고는 내방 고객을 앉아서 기다리는 산업이 어디에 있는가?

"대출이 필요하십니까? 그렇다면 저희에게 오십시오. 대출을 받을 자격이 있는지 없는지 봐드리죠"라는 식이다. 박 회장은 금융계의 이런 안일한 태도에 일침을 가하며, "우리가 고객들에게 직접 다가가 이들이 무엇을 원하는지, 그리고 경쟁사의 상품이 아닌 우리 상품을 선택하도록 만들어야 한다"라고 사고방식을 바꾸었다. 이러한 아웃바운드 영업은 고객을 찾아 나서서 제품을 적극적으로 영업해야 하는 다른 산업과 다를 바 없다. 결국 미래에셋은 선별적인 채널을 통한 공격적인 영업 스타일을 감행했다.

창의적 사고, 전략적 분석, 두려움 없는 도전정신의 결과가 어땠을 것 같은가. 미래에셋은 10년이 채 안된 짧은 역사를 가지고 있으나 대기업의 대열에 당당히 합류했다. 그 결과 오늘날 삼성전자와 겨눌

만한 힘을 가진 가장 파워풀한 금융업체로 자리매김했다. 그들은 삼성전자의 주식을 상당량 보유하고 있기 때문에 삼성전자의 성과 개선을 당당하게 요구할 수 있는 위치에 있다. 이 모든 것이 그다지 새롭지 않았던 아이디어를 BAQ와 조합해 상업화에 성공했기 때문에 가능한 일이었다.

그렇다면 미래에셋이 이렇게 능동적이고 적극적으로 시장 점유율을 키워나갈 때 수천 명의, 소위 말하는 금융 전문가들은 무엇을 하고 있었는가? 그들은 비판과 관망의 자세로 일관했다. 이는 높은 BAQ를 가진 사람의 태도와는 거리가 멀어도 한참이 먼 이야기다.

요즘 '잃어버린 10년'이라는 표현을 심심찮게 듣는다. 정치적인 의미는 제쳐두고 기업 비즈니스 환경에서 본다면 이 표현은 어느 정도 타당성이 있다. 뚜렷한 두각을 나타낸 신사업이나 기업이 없었을 뿐 아니라 잭 웰치의 표현대로 우리는 '사업 태도상의 엣지'를 잃어버렸기 때문이다. 정주영과 김우중이 모범을 보였던 '할 수 있다'의 태도 말이다. 그동안 기업들은 IMF 외환위기와 같은 커다란 어려움을 거쳤는데도 불굴의 도전보다 위기에 몸부터 사리는 것에 너무 익숙해진 게 아닌가 싶다.

골프를 치기에는 척박한 환경인 국가에서 박세리와 박세리의 후예들이 전 세계를 장악하고 있다는 사실은 무엇을 뜻하는가? 최경주는 또 어떤가. 그는 대회에서 타이거 우즈를 처음 대면했을 때 전혀 기죽지 않았다. '할 수 있다'는 자신감이 있었기에 주눅들 이유가 없었던 것이다. 그는 세계 최고의 골퍼를 눈앞에 두고 당당하게 말했다.

"니가 우즈야? 나 경주야!"라고. 그것도 한국어로 말이다. 그리고 어깨를 나란히 하고 대회에 임했다. 이후 무명의 양용은 선수가 타이거 우즈와 또 한 번 나란히 실력을 겨뤄 골프 역사상 처음으로 타이거 우즈를 언짢게 했다고 한다. 이것이 바로 BAQ의 힘이다.

나는 영화 〈넘버 3〉에 등장하는 송강호의 팬이다. 독백 장면에서 그는 양아치 부하들에게 한국과 일본을 무대로 '맞짱' 실력을 보여주었던 전설의 파이터 '최배달'에 대해 얘기하며 이를 '무대뽀 정신'이라 일컬었다. 그리고 "오늘날, 시대에 절실히 필요한 정신"이라는 말로 마무리한다. 나는 송강호의 이 말에 전적으로 동의한다. 현재 우리는 BAQ가 절실히 필요하다.

나의 역할 모델은 누구인가?

☐ 재계 --

☐ 정치계 --

☐ 스포츠계 --

☐ 엔터테인먼트계 --

☐ 기타 --

나는 이들로부터 무엇을 배우고자 하는가?

☐ --

☐ --

☐ --

내 커리어의 기반이 될 BAQ 원칙은 무엇인가?

☐ --

☐ --

☐ --

3

장사꾼 마인드? 비즈니스 마인드!

BUSINESS MINDSET

> 장사꾼에게 사과가 그저
> 돈에 불과하다면 사업가
> 의 눈에는 사과는 돈이
> 아닌 자신의 꿈을 이루
> 어줄 소중한 자원이다.
> 장사꾼과 사업가의 차이
> 는 그들의 비즈니스 태
> 도에 달려 있다.

장사꾼과 사업가를 구분하는 기준은 무엇일까. 비즈니스의 규모일
까, 아니면 비즈니스 아이템일까. 이도저도 아니면 지금껏 그가 이루
어놓은 부의 정도일까.

먹음직스런 사과가 주렁주렁 열린 사과나무 한 그루가 있다. 그 사
과를 팔아서 당장 저 한 몸 먹고살 생각을 하는 사람은 장사꾼이다.
하지만 그 사과로 여러 사람을 지속적이고 안정적으로 먹여 살릴 궁
리를 하는 사람은 사업가다. 사업가는 그 사과로 주스나 잼 등을 만
들어 가치를 올릴 방법을 연구하고, 사과나무 한 그루를 열 그루, 백
그루로 만들기 위해 무엇을 해야 할지도 궁리한다. 그리고 그것을 실

현하려고 열정적으로 일한다. 장사꾼에게 사과가 그저 돈에 불과하다면, 사업가의 눈에 사과는 돈이 아닌, 자신의 꿈을 이루어줄 소중한 자원이다. 결국 장사꾼과 사업가의 차이는 그들의 비즈니스 태도, 즉 BAQ에 있다.

그러나 안타깝게도 한국에는 장사꾼이 넘쳐난다. 국내 경제의 99% 이상을 중소기업이 차지하고 있다. 중소기업은 혼자 사업을 운영하는 자영업자에서 동네 슈퍼마켓, 재벌 기업에 부품을 공급하는 중규모 기업까지 광범위하다. 하지만 이들 중 중소기업의 틀에서 벗어나 진정한 비즈니스 리더로 거듭나는 경우는 찾아보기 어렵다. 진정한 비즈니스 리더로 거듭나기 위해서는 개인의 부 축적이라는 목표 이외에 야심과 열정이라는 BAQ적 요소가 곁들여져야 한다. 야심과 열정, 이것이 바로 빌 게이츠와 스티브 잡스를 있게 한 요소이다.

사업을 하다 보면 어느 시점에서 장사꾼이 사업가로 탈바꿈해야 할 때를 만난다. 대부분 사업을 확장하거나 위기에 봉착해 변화가 절실한 상황이 바로 그때이다. 이 시기에 어떤 태도를 갖느냐에 따라 장사꾼에 머무느냐, 사업가로 환골탈태하느냐가 결정된다. 이뿐만 아니다. 비즈니스 리더의 적극적이고 열정적인 BAQ는 중소기업을 대기업으로 성장시키는 강한 동력이 되어 기업 역시 환골탈태할 수 있다.

이러한 BAQ의 힘은 중소기업을 대기업으로 성장시키는 데만 국한되지 않는다. 대기업을 안정적으로 이끌고 성장시키기 위해서도 BAQ는 필수적인데, 이때 중요한 것은 비즈니스 리더는 물론이고 기업의 구성원들의 BAQ 역시 함께 성장해야 한다는 점이다. 기업의 외형과 내실을 키우는 동시에 비즈니스 태도도 성숙해야 한다. 만약 BAQ가 중도에 성장을 멈추거나, 애당초 성장할 의도조차 없었다면 결국엔 사업 역시 주춤하게 되고 급기야는 퇴보의 길을 걷게 되고 만다. 이런 사람들은 당연히 장사꾼의 딱지를 떼기도 힘들다.

그렇다면 BAQ의 발전 단계는 어떻게 구성되는가? 이를 지속적으로 개발하기 위한 방법은 또 무엇인가? 우선, BAQ의 발전은 일반적으로 아래 5개의 스타일과 단계로 구성된다.

BAQ의 첫 단계, 장사끼 – 돈 냄새 맡는 귀재 '기회주의적 추종자'

이들은 돈을 좇는 추종자의 성격이 강하고 기회주의적으로 접근하기 때문에 엄밀히 따지면 진정한 사업가는 아니다. 그리고 사업을 키우기 위해 땀 흘려 일하고 노력하기보다는 성공을 거둔 사업을 모방하는 데 더 관심을 둔다. 물론 이것을 전략적 차원에서 본다면 그리 나쁘다고는 말할 수 없다.

'미투(me too)' 전략이라고도 하는 이 전략의 핵심은 전도유망하고 돈을 잘 버는 사업을 모방하되, 이를 경쟁사가 할 수 있는, 또는 하고자 하는 것보다 더 싸고 빠르게 하는 것이다. 일례로, '짝퉁' 시장에서는 막 나온 따끈따끈한 '신상'을 파악해 똑같이 만들어내는 감각이 바로 그것이다.

사실 국내 기업의 대부분이 초기에는 이러한 미투 전략으로 세계 무대에서 성장했다. 상대적으로 취약한 R&D와 브랜드 파워 때문에 서구의 우수한 제품을 단순화하고 저렴한 버전으로 재탄생시켜 경쟁했던 것이다. 물론 소비자들 역시 제품의 기능과 브랜드가 아닌, 저렴한 가격과 가격 대비 나름 괜찮아 보이는 품질 때문에 한국산 제품을 선택했다.

어떤 사람들은 이러한 유형의 BAQ를 단순히 '대세 추종자'라고 치부하며 큰 가치를 두지 않지만 다양한 연구 조사 결과에 따르면 '미투' 전략은 타이밍만 잘 잡으면, 즉 너도나도 여기에 뛰어들기 전인 반 발 앞선 시기에 구사하면 많은 돈을 벌 수 있는 전략이다.

여기서 중요한 점은 남보다 앞선다고 해서 다 좋은 것은 아니라는 점이다. '미투' 전략에서는 한 발 앞서는지 반 발 앞서는지에 따라 성패가 갈린다. 그래서 타이밍이 중요하다. 몇 년 전 조개구이 전문점이 크게 유행했던 적이 있었다. 어딜 가도 조개구이 간판이 걸려 있었을 정도로 성행해서, "저걸 하면 돈을 많이 버나보다" 혹은 "저렇게 경쟁업체가 많아서 돈을 제대로 벌기나 할까"와 같은 극과 극의 의견이 엇갈렸다. 그런데 이 둘은 모두 다 맞는 말이었다. 조개구이 전문점을 해서 누군가는 돈을 많이 벌었고, 혹자는 재미는커녕 빚만 잔뜩 짊어지기도 했으니 말이다.

그렇다면 과연 누가 돈을 벌었을까. 흔히들 아이디어를 창출한 선구업체들이 아닐까 하는 생각을 하기 쉽다. 하지만 그들은 한 발 앞서 나아간 탓에 조개구이 전문점을 알리기 위한 마케팅에 많은 비용과 노력을 기울여야 했고, 덕분에 그리 재미를 보지 못했다. 정작 재미를 본 것은 반 발 앞서 나아간 이들, 즉 조개구이 전문점이 인기몰이를 막 시작했을 때 사업에 뛰어들었던 이들이다. 이들은 최적의 타이밍에 뛰어들어 존재하지 않는 시장을 개척하느라 고군분투한 선구업체들의 노력의 결실을 따먹은 것이다. 참고로 가장 큰 손해를 본 사람들은 유행이 사그라지기 시작하는 시점에 사업에 뛰어든, 소위 말해 '상투 잡은' 이들이다.

기회주의적 추종자를 완곡하게 '먹튀'라 부른다. 비록 뉘앙스는 부정적일지언정, 이는 없어서는 안 될 특별한 BAQ 요소이다. 적어도 돈 냄새 하나만큼은 기가 막히게 맡으니 말이다. 지난 수년간, 한국 전자제품 업체의 전략이 바로 '기회주의적 추종자'였다. 내부 R&D 역량이 전무한 당시의 한국 기업들이 시장에 진출할 수 있는 유일한 방법은 모방이었다. 이들은 경쟁사 제품을 단순 모방한 제품으로 적절한 가격과 적절한 타이밍을 잡아 시장에 진출했고, 결국 이 전략은 한국 1세대 비즈니스 리더들에게 있어 경쟁 우위의 핵심 요소로 작용했다.

이 BAQ를 간단히 줄여 '돈 냄새 역량' 또는 '장사끼'라 칭할 수 있다. 장사끼를 내세운 사업가는 역동적으로 변하는 매우 세분화된 가격대에서 경쟁하게 된다. 일례로, 과거 VCR 산업에서는 500~700달러가 이에 해당하는 경쟁 가격대였다. VCR은 처음 출시되었을 때만해도 상당한 고가의 제품이었고 소비자들은 가격이 1,000달러 이하로 떨어지기를 기다렸다. 1,000달러가 심리적인 저항선이었던 셈이다. 만일 한국 기업들이 소니와 파나소닉이 만든 VCR 제품이 1,000 달러에 팔리던 시기에 시장에 뛰어들었다면, 취약한 브랜드 파워 때문에 살아남지 못했을 것이다. 하지만 가격이 500달러 대로 떨어지자 한국 기업들은 제조 효율성에 힘입어 수익을 낼 수 있게 되었다. 그리고 가격이 500달러 아래로 떨어지기 시작했을 때에는 저렴한 인건비를 앞세운 중국 업체에게 시장을 빼앗기기 시작했다.

결국 타이밍과 가격에 민감해야만 적중하는 이 전략을 효율적으로 구사하려면 비즈니스 리더들의 BAQ가 필수적이었다. 전자제품 산업 외에도 국내 자동차 산업, 조선 산업 등 미투 전략을 구사하여 성공한 리스트는 많다. 비록 이제는 브랜드 파워를 구축한 한국 기업들에게 더 이상 이 전략은 쓸모없지만 초창기 시절에는 생존을 위한 필수 전략이었다.

BAQ의 두 번째 단계, 장사꾼 – 마이다스의 손 '기회주의적 발굴자'

'기회주의적 발굴자'는 그 이름에서 유추할 수 있듯이, 매우 기회주의적인 방법으로 사업을 발굴하는 사람을 일컫는다. 한마디로 이들은 돈을 뒤쫓는 '장사꾼'이다. 이들은 돈이 되는 것에 대한 동물적인 감각을 타고난 사람으로, 이들의 손에 닿는 것은 모두 금으로 변하는 '마이다스의 손'을 가졌다. 한국 제1세대 비즈니스 리더들의 상당수가 여기에 해당한다.

내가 아는 사람 중에 전 세계를 돌며 한국에서 사업이 될 만한 품목을 찾아다니는 친구가 있다. 커피 브랜드, 의류, 어린이용 장난감 등 종류에 상관없이 돈이 될 만한 것은 모두 그의 사냥감이 된다.

그는 한국의 고객들이 특정 브랜드에 어떻게 반응할 것인지 꽤나 정확히 예측할 수 있다. 또 제품을 어디에서 판매할지, 어떠한 방식으로 판매할지, 적절한 가격대는 어디인지도 쉽게 찾아낸다. 그런데 이것은 치밀한 분석 작업에 의한 것이 아닌, '장사꾼'의 탁월한 감각에서 나온다. 눈에 보이는 상점에 걸어 들어가면서 거의 눈 깜짝할 사이에 머릿속으로 그리는 것이다. 일반인보다 2~3배 뛰어난 BAQ를 지닌 탓에 그는 지금 제법 성공을 거두었다.

부동산 개발의 귀재인 지인도 있는데, 그는 입만 열었다 하면 미니몰 개발 얘기를 한다. 미니몰은 소형 공동체를 중심으로 작은 규모의 쇼핑센터를 개발하는, 미국에서도 매우 전문화된 분야이다. 그는 지방에 내려갈 때마다 쇼핑센터 아이디어를 검토한다. 허허벌판을 바라보면서 머릿속으로는 완성된 쇼핑몰을, 그리고 여기에 입주시킬 사업 유치 계획을 고민한다. 이 분야에 관한 한 그는 대가 중의 대가이다.

그는 누구보다 빠른 추진력과 속도를 자랑한다. 그다지 눈에 띌 것이 없는 지역을 지나갈 때도 그는 차를 멈춰 세우고 미니몰 콘셉트를 고안하는데, 놀라운 것은 그 후 1~2년이 지나면 어김없이 그곳에 미니몰이 들어선다는 사실이다. 아마 그곳에 땅을 사두었더라면 나는 벼락부자가 되지 않았을까 하는 생각이 들 정도로 그의 놀라운 감각은 부럽기만 했다.

한국에서는 땅값이 꾸준히 상승하기 때문에 부동산으로 부자가 되는 일이 그다지 어려운 일이 아니라고 생각할지 모르나. 땅이 넘쳐나는 미국에서는 부동산으로 돈을 벌기 위해서는 적절한 위치와 타이밍에 투자가 되어야 한다. 그런데 이것은 천부적 재능을 타고나지 않으면 아주 힘든 일이다. 이런 천부적 재능을 현실적 성과로 이끌어낸 것은 역동적이고 추진력 있는 그의 BAQ의 힘이다.

연예인 소속사를 운영하는 또 한 명의 친구도 남다른 면모를 보여준다. 그는 전국을 돌아다니며 연예인 지망생을 발굴한다. 대체로 그 기준을 재능과 외모에 두지만, 사실상 요즘은 기본적인 것만 갖추면 성형 수술과 훈련으로 '제조'가 가능하다고 그는 지적한다. 그렇다면 그 친구가 차별화된 유망주를 찾아내는 또 다른 기준은 무엇일까?

그가 연예인 지망생을 발굴하며 눈여겨보는 것 중의 하나가 바로 '끼'이다. 그에 따르면 끼는 여러 가지 이유로 매우 중요하다. 특히 요즘은 '만능'이라고 할 만큼 다재다능한 연예인이 대세다 보니, 한 분야에서만 특출한 것은 미래형 연예인으로 성공하기에는 역부족이라고 한다. 다시 말해, 노래도 부르고 연기도 하고 버라이어티 쇼에도 출연해야 성공할 수 있기 때문에 이를 아우를 수 있는 끼를 타고나야 하는 것이다.

그런데 이러한 끼를 알아보기 위해서는 뛰어난 통찰력이 필요하다. 지망생의 나이가 어릴 때는 이를 꿰뚫어보기가 쉽지 않다. 성장하는 과정에서 끼는 발전될 수도, 퇴화될 수도 있기에 판단에 신중해야 한다. 한편, 엄청난 연습을 통해 준비된 모습으로 오디션에 임하는 사람에게서 끼를 가려내는 것 또한 힘든 일이다. 연습에 의한 결과인지, 타고난 끼인지 쉽게 구분할 수 없기 때문이다. 그래서 그는 자신의 BAQ를 최대한 발휘하여 끼가 있는 지망생들을 가려낸다.

또 하나 그가 언급한 부분이 '재능'이다. 재능은 특정 분야에서 한 개인의 잠재력을 나타내는 것으로 끼와는 대별된다. 일례로, 반복된 훈련을 통해 일정 수준에는 다다를 수 있지만 남들보다 뛰어나기 위해서는 재능이 필수적이다. 이는 연기, 음악, 코미디 등 분야를 불문하고 모두에 해당된다. 그런데 재능은 타고나는 것이라서 제아무리 훌륭한 전문가에게 오랜 시간 훈련을 받아도 얻기 힘들다. 그래서 재능이 더욱 중요하게 여겨지는 것이다.

그의 말에 따르면 여배우 중 이러한 재능을 가지고 있는 경우는 몇 안 된다고 한다. 그는 재능을 타고난 여배우 중 단연 으뜸으로 전도연을 꼽는다. 일색이 넘쳐나는 여배우들 중에서 솔직히 전도연은 눈에 띄는 미인은 아니다. 하지만 연기력 하나만큼은 손색이 없다. 그의 말에 따르면, 마음의 평정심을 잃지 않고 동일한 장면을 몇 번이나 반복하여 연기할 수 있는지가 연기력을 테스트하는 하나의 척도라고 한다. 연기를 하는 것이기 때문에 임의로 만들어낸 감정을 반복적으로 계속 끌어나가기가 굉장히 힘들기 때문이다. 그런데 전도연은 이를 어려움 없이 해낼 수 있는 극소수의 여배우 중 하나라고 한다.

이처럼 범인(凡人)의 눈에는 보이지 않는 끼와 재능을 발굴해낼 수 있는 그의 능력 역시 BAQ의 원천이 됨이 분명하다.

'기회주의적 창조자'는 지금까지 시도되지 않은 새로운 무언가를 개척하는, 진정한 의미의 기업가정신을 갖춘 사람들이다. 이들은 마이스페이스, 트위터, 페이스북, 구글, 마이크로소프트를 위시한, 굉장히 창의적인 아이디어로 대박을 내기 위해 생을 바친다. 이들은 자신의 목표를 이루기 위해 최선을 다해 전력질주한다. 심지어 광적인 기질이 있다고 할 정도로 목표에 대한 집착을 보이기도 한다. 이들은 새로운 것을 만들고 선구자로 간주되는 것을 좋아한다. 하지만 이 '기회주의적 창조자'의 경우 다음 세 가지 부분에서 부족함을 드러낼 우려가 크다.

첫째, 상업 스킬의 부족이다. 우수한 기회주의적 창조자는 추상적 사고를 하기 때문에 상업화에 필요한 센스나 안목이 결여되어 있다. 결과적으로, 제품이나 서비스를 시장이 준비되지 않았을 때 너무 빨리 내놓거나, 또는 시장이 죽어가고 있는 뒤늦은 상황에서 내놓게 된다. 타이밍이 맞지 않아 아이디어가 제 빛을 발하지 못한 채 사장되고 마는 불운한 운명이다. 그래서 이러한 유형의 BAQ를 지닌 인재들은 대개 최고기술책임자(CTO) 직위에 머무르고 실제 경영은 전문경영인에게 맡기곤 한다. 하지만 한국 기업가들은 제품에 대한 지식과 열정이 지나친 나머지 CEO 역할을 자청해 제품 개발을 진두지휘하려고 한다. 이에 필요한 적절한 훈련과 경험이 없는데도 말이다.

둘째, 너무 성급히 자축의 샴페인을 터뜨린다는 점이다. 많은 제품의 라이프사이클이 우리가 희망하는 것보다 훨씬 짧은데도 마치 그 영광이 영원할 것처럼 성급히 자축하고 자만한다. 특히 새로운 기술을 개발하여 선발지위를 획득한 경우 안도의 한숨을 내쉬며 1등의 여유를 만끽한다. 하지만 '특허'라는 보호 체계가 1등의 영광을 영원히 지켜줄 것이라 맹신해서는 절대 안 된다. 수많은 경쟁사들이 동일한 산업에 진출하기 위해 노력하고 있기에, 자칫해서는 1등의 자리를 빼앗기는 것은 물론이고 저만치 뒷자리로 물러나야 하는 수모를 당할 수도 있다. MP3 플레이어인 아이리버를 만들어낸 레인콤이 그 대표적인 사례이다. 레인콤은 빌 게이츠도 극찬을 아끼지 않았던 새로운 기술을 선보이며 한때 전 세계를 호령한 제품이었지만, 기술 역량 부족이 아닌 지속적인 디자인과 콘셉트 개선에 실패해 성공의 꽃을 충분히 피우지 못했다.

이와는 반대로 애플은 메모리 사이즈와 같은 기술적 부분에 집중하는 대신 디자인과 편의성에 더 많은 시간과 노력을 들였고, 그 결과 탄생한 아이팟과 아이튠즈는 결국 세계 정복에 성공했다. 물론 아이리버가 애플의 성공을 대신할 수 있었을지는 알 수 없는 일이다. 하지만 분명한 것은 아이리버가 선발지위에 있었을 때 소비자행동에 좀 더 집중했더라면 현재보다는 더 나은 성공을 거둘 수 있었을 것이다. 불과 몇 년 전만 해도 아시아에서 가장 혁신적인 기업으로 손꼽히던 레인콤은 현재 시장 점유율이 미미한 업체로 전락하고 말았다. 성급히 터뜨린 샴페인은 정작 파티가 무르익을 즈음엔 그 맛과 향이 사라진 채 밋밋한 액체에 불과해진다는 것을 명심해야 한다.

셋째, HR 관리 능력 부족이다. 사업을 확대함에 따라 제각기 다른 역량과 재능을 가진 다양한 종류의 인력이 필요하다. 그리고 확보된 인력 개개인의 최대치의 능력을 끌어내어 조직의 성장에 협력하도록 만들어야 한다. 그런데 이는 현재 개발 중인 기술에 대한 열정에 의해 만들어지기보다는 자신이 속한 조직에 대한 열정에 의해 만들어진다.

미 육군사관학교 재학 시절을 포함해 나는 미군에 10년 가까운 시간을 몸담았다. 군에서의 리더십 중 흥미로운 점 하나는, 실제 전투 상황에서는 어느 누구도 애국심을 언급하거나 이를 사기 진작의 용도로 사용하지 않는다는 점이다. 대신, 같이 전투에 임하는 상사와 부하 동료를 생각한다. 즉, 강력한 전투력을 발휘하는 원동력은 '전우'라는 개념과 충성도이지, 무작정 애국심 따위를 강요하는 세너가 아니라는 말이다.

비즈니스 세계에서도 이와 동일한 논리가 적용된다. 비즈니스 콘셉트는 회사의 초석이 되는 매우 중요한 요소임에는 분명하지만 해당 기술에 매료된 사람들만이 회사에서 일하는 것은 아니다. 그보다는 고용주의 성격이나 동료, 회사 분위기 등이 구성원들의 열정을 이끌어내는 데 더 큰 요소로 작용하는 경우가 많다. 그렇기 때문에 기회주의적 창조자는 사업을 설립함과 동시에 아이디어의 상업화를 통해 최대 잠재치를 실현할 수 있는 역량의 인재를 끌어들이고, 나아가 그들의 열정을 이끌어내는 데도 성공해야 한다.

사실 BAQ에서 진정한 의미의 '창조자'를 발견하기란 쉽지 않은 일이다. BAQ 역량 측면에서 대부분의 사람들은 '추종자' 또는 '발굴자' 카테고리에 속한다. 하지만 이들의 상당수가 마치 '창조자'인 것처럼 행동하거나 심지어는 자신을 '창조자'라 착각하기도 한다. 그 결과, 급변하는 시장 환경과 맞닥뜨리면 난관을 헤쳐나가며 새로운 사업 모델을 고민하기보다는 쉽게 포기하거나 다른 사업으로 눈을 돌린다. 그러나 기회주의적 창조자는 기회주의적 추종자나 발굴자와 비교해 훨씬 큰 잠재력과 성장의 발판을 보유하고 있다. 소위 말하는 '개발꾼'인 이들은 타고난 '장사통'으로 비즈니스 역사를 새롭게 쓰고 있다.

BAQ의 네 번째 단계, 경영감 – 감 경영의 대가 '사업 경영자'

사람들은 기업을 경영하는 것에 대해 단순히 '관리'를 하는 것이라 종종 오해하곤 한다. 하지만 이는 크게 잘못된 생각이다. 사업을 경영하는 것은 단순한 관리 활동을 의미하지 않는다. 경비원이 아파트를 관리할 때, 우리는 그를 아파트 단지의 경영자라기보다는 여러 가지 업무를 챙기고 돌보는 사람으로 생각한다. 기업 경영자의 BAQ는 경비아저씨에게 요구되는 것보다 훨씬 고도화되어 있으며, 이는 장사꾼에서 기업가로 한 단계 도약하기 위한 중요한 열쇠이기도 하다.

'사업 경영자'는 전략적 사고, 치밀한 분석력, 냉철한 판단력 등 수많은 자질을 갖추고 있어야 한다. 그 중에서도 특히 균형 감각과 트레이드오프(trade-off)에 대한 탁월한 감각, 즉 제 6감이 필요하다. 기업을 경영하다 보면 단기적인 효익과 장기적인 비용 간에, 또는 단기적인 비용과 장기적인 매출 간, 또는 투자 포트폴리오, 인력 배분 등 기업 경영에 대한 수많은 요소에 대해 끊임없이 트레이드오프를 해야 한다. 이것은 '경영감(感)'이 있어야 가능한 일이다.

이러한 경영감은 대부분 타고나기보다는 오랜 현장경험을 통한 높은 통찰력의 산물이라 할 수 있다. 실제로 경영의 대가로 불리는 사람들에게서 이러한 경영감을 종종 엿볼 수 있는데, 이것은 과학적 분석에 의한 판단보다 더 정확하고 빠를 때도 있다.

나는 몇 년 전, 소위 말하는 가방끈이 채 10년도 안 되는 기업 회장과 일할 기회가 있었다. 내가 알기로 그는 고등학교 졸업장도 없었다. 물론 기부라는 명목을 빌려 돈을 주고 산거나 다름없는 명예박사 학위가 몇 개 있기는 했다. 하지만 학력이 보잘것없다는 이유로 대부분의 사람들은 그의 경영 능력 또한 별 볼일 없을 것이라 지레 짐작했다.

그는 굉장히 인색하고 구시대적인 사람이었다. 그 자신은 컴퓨터 사용을 거부했고 비서들에게는 50년 넘게 써온 아날로그식 전화기로 업무를 보게 했다. 멀쩡한데 바꿀 이유가 없다는 식이었다.

내가 처음 그를 만났을 때 그는 70대였고, 50대인 그의 아들이 사장직을 맡고 있었으나 회사의 모든 사람들이 아들은 꼭두각시이고 아무런 권위도 힘도 없다는 것을 알고 있었다. 실제로, 10만 원이 넘어가는 모든 비용은 회장의 결제가 필요했다. 사장실 옆에 있던 회장실에는 매일 10만 원 이상 되는 비용의 결제를 받기 위해 줄을 선 사람들로 끝이 보이지 않았다.

그가 나를 한번 만나보고 싶다고 했을 때, 솔직히 나는 이에 응해야 할지 굉장히 망설였다. 컨설턴트인 나는 사실과 과학을 기반으로 움직인다. 객관적인 여러 툴을 가지고 원인과 결과를 분석하는 나의 방식은 그의 경영 방식과는 거리가 멀었다. 그래서 내가 그에게 도움이 될 수 있을지, 좀 더 정확히 말해 그가 나의 조언을 받아들일 수 있을지가 회의적이었던 것이다. 하지만 나는 일단 한번은 그를 만나보는 것이 좋겠다는 생각에 그의 회사로 방문했다.

그의 사무실은 내 짐작보다 훨씬 더 볼품없었다. 소파는 닳아 해졌고, 사무실은 30년간 아무런 손도 보지 않은 듯 했다. 내가 만약 그였더라면 고객이나 손님에게 보여주기가 창피했을 정도였다. 인사를 나누고 약간의 한담을 나눈 후, 나는 단도직입적으로 그에게 말했다. 친구가 한번 만나봐 달라고 부탁해서 오기는 했지만, 해결해야 하는 문제를 정확히 짚어주지 않는다면 솔직히 같이 일할 생각이 없다고 말이다.

그는 아무런 대꾸도 하지 않은 채 나를 뚫어져라 쳐다만 보았다. 나는 처음에는 얼굴에 뭐가 묻었나 싶어 손으로 얼굴을 닦아냈다. 그랬더니 그가 "얼굴 좀 가리지 말고 가만히 좀 있으시오! 관상을 읽을 수 없지 않소!"라며 대뜸 소리를 질렀다. 이렇게 시작된 그와의 첫 미팅은 당연히 달갑지 않은 기억이 될 수밖에 없었다. 나중에야 알게 된 일이지만, 그는 비즈니스 파트너를 결정할 때도 사업이 얼마나 유망한지와 상관없이 관상으로 거래 여부를 결정한다고 했다.

그렇게 몇 주가 지나가는 동안 나는 가끔 그를 방문해 프로젝트 보고를 하고 회사 상황을 알려주었다. 물론 그 기간에도 나는 그의 경영 능력을 높이 평가하지 않았다. 적어도 중간보고 전까지는 말이다.

중간보고를 하는 날, 나는 약 100페이지 분량의 자료를 발표해야 했다. 시력이 나쁜 그를 배려해 나는 평소에 쓰는 14포인트 대신 16포인트를 사용해 보고서를 작성했다. 그럼에도 불구하고 그는 글씨를 잘 읽지 못했을 뿐만 아니라 컨설팅 용어를 이해하는 것도 힘들어했다. 그런데 놀랍게도 그는 가장 핵심적인 장표에서 멈추는 기이한 능력을 가지고 있었다. 2시간에 걸친 보고 끝에 그는 100페이지에서 3페이지를 핵심 장표로 뽑아냈다.

보고를 듣는 그의 자세에서 나는 그가 우리가 사용하고 있는 용어를 기껏해야 70% 이해할 것이라 짐작했다. 우리는 그의 머리 위에 있었고, 그는 가끔 고개를 끄덕일 뿐이었다. 그마저도 발표 내용을 이해해서라기보다는 졸음을 견디다 못해 고개를 저절로 떨어뜨린 것으로 보였다.

팀이 회의실에서 나간 후 그는 언짢은 표정으로 3개 장표를 가리키며 시사점을 다시 설명해 달라고 했다. 그의 능력에 나는 놀라움을 금할 수 없었다. 100장의 발표 자료에 파묻혀 있던 가장 핵심적인 사안을 그는 정확히 포착해 냈던 것이다. 그것도 반쯤은 졸면서 말이다.

프로젝트를 진행하는 동안 그의 경영 능력에 대한 나의 존경심과 평가가 점점 높아져 갔다. 그럴수록 나는 그를 더 자주 방문하기 시작했고, 보고 때와 비슷한 사건은 반복되어 일어났다. 하루는 저녁 식사를 하면서 그에게 '이렇다 할 훈련도 없이 어떻게 핵심 이슈를 집어내는지'에 대해 물었다. 사실 그것은 20년간 컨설팅을 해온 나도 하기 어려운 일이었다.

"감(感) 경영이오."

그의 대답에 나는 내가 얼마나 우문을 했는지 알 수 있었다. 그는 말을 이었다.

"사람들이 나를 찾아와 얘기를 하면 나는 바로 알 수 있소. 자신감 넘치는 사람은 목소리에서 그 자신감이 묻어나오고, 초조한 사람은 준비가 덜 되었다는 신호를 눈빛으로 보내죠. 물론 이것은 100% 적중하는 것은 아니지만 대부분의 경우에는 맞소. 결국 나는 시간이 지나면서 원초적인 본능에 충실해진 것이지요."

이후로 나는 서구식의 체계적인 경영과는 거리가 먼, 그의 '감 경영'의 팬이 되었다. 물론 때로는 나의 방식이 더 효과적인 경우도 있었고, 그도 이를 인정하곤 했다. 하지만 고백하건대 대부분의 경우에는 그의 방식도 나의 방식과 동일하게 효과적이거나 파워풀했으며, 심지어는 사업 성공의 측면에서 볼 때 더 좋은 성과를 낳기도 했다. 애석하게도 6개월이란 기간은 그의 능력을 다 전수받기에는 턱없이 짧은 시간이었다. 시간이 허락했다면, 나는 그의 지도편달을 통해 감 경영을 더 배웠을 것이다.

이 네 번째 BAQ는 극히 소수의 사람만이 마스터할 수 있는 것으로 장기간에 걸쳐 발전시켜 나갈 수는 있다. 게다가 바로 이러한 감각이 평범한 사업가들로부터 나를 부각시키는 요인이 되어준다. 따라서 위의 회장님 같은 사람을 만날 기회가 있다면, 나처럼 시간을 허비하지 말고 즉각 그의 방식을 배우고, 더 나아가 그 회사에 취직을 해볼 것을 적극 추천한다. 평생 간직할 소중한 재능과 교훈을 얻게 될 것이다.

BAQ의 다섯 번째 단계, 책임 경영 – 존경받는 비즈니스 리더 '사업 구축가'

'사업 구축가'는 BAQ의 마지막 단계로, 사업을 통해 세상을 변화시키겠다는 위대한 비전과 의지가 있는 비즈니스 리더이다. 이들은 개인의 부를 극대화하는 목표를 넘어 모두를 위한 선을 이룬다는 좀 더 거시적인 목표를 가진다. 즉, 이들은 단순한 비즈니스 리더의 사고방식을 넘어 사회적 책임까지 생각하는 것이다.

이 단계의 비즈니스 리더들은 단순히 기업을 키워 돈을 버는 능력에 그치지 않고 훨씬 고차원적인 무언가를 만들 수 있는 능력을 지니게 된다. 하지만 안타깝게도 여기에까지 다다를 수 있는 BAQ를 소유한 사람은 극히 소수에 불과하다. 때문에 이들은 역사를 새로 쓴다 해도 과언이 아니며, 워런 버핏과 빌 게이츠 등은 자선 활동을 통해 이를 실천해 나간다고 할 수 있다.

사실 부자들 중에는 부를 축적하는 근시안적인 결과 이외에는 이렇다 할 사회적 유산을 남기지 못해 후대의 기억에서 쉽게 지워지곤

한다. 하지만 BAQ의 5단계에 속하는 사업 구축가들은 막대한 부를 축적함과 동시에 사회적으로도 괄목할 만한 문화적, 정신적 유산을 남겨 후대에게 비즈니스 리더로 오래도록 존경받고 인정받는다.

그렇다면 과연 이들의 특성은 무엇이며 비즈니스 스킬의 핵심 요소는 무엇인가? 이들이 회사를 세우고 사업을 구축해가는 과정은 일반적으로 아래의 4단계로 구성된다.

첫 번째는 수동적인 사고방식의 단계이다. 이것은 아직 체계적인 경영 프로세스가 자리 잡지 않은 벤처기업이나 가족 소유 및 경영 기업에서 주로 보이는 태도이다. 이를 보통 '사후대응' 경영마인드라 부른다. 회사 경영진은 항상 분주해 보이지만, 사전에 문제나 사고를 예방하는 데에는 시간과 노력을 투자하지 않는다. 하지만 일단 일이 터진 후에는 신속하고 일사분란하게 움직인다. 때문에 이 첫 단계에 있는 기업과 경영진은 탁월한 위기 경영 능력을 보이는 성향이 짙다. 이들은 언제라도 불이 난 곳을 찾고 신속하게 불을 끄는 것에 BAQ가 단련되어 있기 때문이다.

이 단계를 벗어나기 위해 일반적으로 일련의 통제 수단과 모니터링 체계를 도입한다. 재무성과나 운영성과, 기타 성과를 측정하는 활동이다. 이러한 체계를 갖추는 이유는, 끊임없이 불을 끄다 보면 BAQ의 힘과 에너지가 모두 동이 나기 때문이다. 게다가 불이라면 이제 지긋지긋해져서 애당초 불이 나지 않게끔 사람들을 교육해야 한다는 것을 깨닫게 된 것이다. 이러한 일련의 툴을 갖추게 되면 관리 체계가 한층 개선되어 두 번째 단계로의 도약이 가능하다.

두 번째 단계는 운영 효율성의 증대를 생각하는 '통제' 단계로, 기획을 핵심으로 한다. 이때 비즈니스 리더들은 지표를 선정하고 안정화를 도모하기 위해 BAQ를 가동한다. 사무와 행정을 중시하는 기업 대부분이 이 두 번째 단계에 있다고 보면 된다. 상당수의 일본 기업이 이에 해당되며, 일본 경영 시스템을 모방한 상당수의 한국 기업도 여기에 속한다. 한국에서는 삼성이 대표적인 예이다. 참고로, 운영이 잘되는 정부 기관도 여기에 해당된다.

이 단계에서 발생할 수 있는 문제는, 관리 지표가 늘어나면서 그 자체가 짐이 된다는 점이다. 즉, 지표들을 잘 수행하기 위해 관리에 더욱 집중하게 되고, 이것은 자칫 조직을 관료주의에 빠지게 할 우려가 있다. 게다가 조직은 극도로 리스크 회피의 성향을 띠게 되고, 기존 사업 모델을 벗어나는 새로운 기회 탐험을 꺼리게 되면서 BAQ가 시들게 된다. 정책과 내부 절차, 또는 매너리즘에 빠져 외부 시장 상황이나 위기의식을 잃어버려 현재에서 한 발짝도 더 나아가지 않으려 한다.

이 단계를 넘어서기 위해서는 '성과 돌파구'를 찾아야 한다. 성과 돌파구란, 각 기능별 성과가 불붙듯 촉진되는 상태를 일컫는다. 다시 말해, 제조에서 재무, 영업에 이르는 각 기능부서가 해당 분야 최고 조직으로 거듭나겠다고 결심하는 순간이다. 이때 BAQ는 탁월한 업무 수행에 모든 신경이 집중된다. 비즈니스 리더는 물론이고 구성원들 모두가 동급 최상이 되기 위해 땀을 흘린다. 그리고 이러한 BAQ의 성장과 땀 흘리는 노력을 통해 다음 단계인 세 번째 단계로 도약할 수 있다. 하지만 안타깝게도 국내 유수 기업의 대부분이 2단계와 3단계 사이에 있고, 3단계에 이른 기업은 한 손에 꼽을 정도이다.

세 번째 단계에서의 BAQ는 조직 구성원 개개인에 맞춰져 있고, 사내뿐 아니라 외부의 최고 인재를 찾는 데 기울여져 있다. 회사의 제품과 서비스에 자긍심을 느끼고 회사의 재무성과, 주가, 이로 인한 부의 창출을 뿌듯해 한다. 이때, 경쟁사의 CEO가 나를 앞서면 어쩌나 하는 염려가 탁월한 성과를 추구하는 가장 중요한 이유가 된다. 그래서 이 단계에서의 기업은 M&A를 추진하는 빈도도 높아지기 마련이다. 실제로 다양한 연구조사 결과, 재무적인 필요에 의해서라기보다는 CEO의 자아 때문에 M&A를 추진하는 경우가 잦다고 한다. 이는 BAQ의 시각에서도 일맥상통한다.

이 단계의 비즈니스 리더들은 성장을 거듭하며 아주 부드럽게 잘 굴러가는 최고의 기업에 강한 자부심을 느낀다. 하지만 많은 리더들은 현재의 이 완벽함이 영원히 지속되지 않는다는 사실을 인지하지 못한다. 게다가 부하직원들은 너도나도 리더의 관심을 사기 위해 경쟁적으로 일한다. 그래서 이들은 하루가 멀다 하고 편을 갈라 서로 싸워대고, 이런 이유로 마치 몇 개의 자회사를 운영하고 있다는 착각이 들기도 한다. 회사를 전사적인 시각에서 바라보고 챙기는 사람은 리더 혼자뿐이다. 그 외 사람들은 오로지 자신의 부서에만 관심이 있다. 그 결과 각 부서 사이에 높은 벽이 세워지면서 부문별 이기주의가 생겨나기 시작한다.

그보다 이 단계에서 더욱 우려가 되는 상황은 리더가 회사의 성과를 향상시키려는 마음이 지나친 나머지 협력업체 기반을 악용하거나 벤더에게 부담을 주는 것이다. 이는 성과 창출의 여부를 떠나 일반 여론과 싸우는 격이 되니 신중해야 한다. 협력업체는 절대 이런 리더에게 사업가로서의 존경심을 갖지 않는다. 이를 협력업체의 단순한 질투심일 뿐이라고 치부할 수도 있겠지만, 이들은 혼자서 수익을 독식하는 클라이언트의 태도를 증오하며 내심 실패를 기도한다. 소위 말하는 상생경영이 작동하지 않는 경우이다.

마지막 네 번째 단계는 '통합 기업' 단계로 시민, 그리고 커뮤니티의 일원으로서 일반 대중의 관심을 보살피는 단계이다. BAQ 용어로는 '주도적' 단계인데, 이 단계에서 기업의 리더는 양심적인 시민으로 사회에 환원하는 것에 적극적이다.

한국 기업 중에는 아직 이 단계에 다다른 기업은 없다. 솔직히 말해, 이 단계에 올라설 정도로 성숙한 CEO도 국내에는 없다. 이 책의 독자 중에 BAQ의 마지막 단계인 통합 기업 단계에 오를 수 있는 인물이 배출되기를 바란다.

이 단계에 오르기 위해서는 크나큰 성공을 거두어야 한다고 생각할 수 있지만, 반드시 그런 것만은 아니다. 커리어를 쌓는 초기 단계에 이 BAQ에 대한 감을 개발할 수 있다. 실제로 나눔을 적극적으로 실천하고 있는 인구 분포를 살펴보면, 부유층보다 오히려 저소득층이 더 많다. 나눔은 내가 얼마나 부유하느냐보다는 내가 속해 있는 사회에 대해 내가 어떠한 책임의식을 느끼느냐와 더 연관성이 많다.

때문에 이 네 번째 단계로 기업이 도약하기 위해서는 기부액의 많고 적음을 떠나 기업 스스로가 진정으로 소명의식을 가지고 나눔을 행해야 한다.

삼성의 예를 들어 보자. 삼성은 모두가 알다시피 우수한 제품과 서비스를 제공하며 세계무대에서 활약하고 있는 글로벌 기업이다. 삼성전자는 훌륭한 경영진의 진두지휘 하에 눈부신 성과를 달성하며 전 세계 주요 전광판에 단골로 등장하고 있다. 국내 어느 브랜드보다 한국이라는 브랜드 강화에 기여하고 있는 셈이다.

그럼에도 불구하고, 이건희 회장이 대학을 방문했을 때 계란세례를 받은 것을 보면, 그 적대감이 어디에서 오는 건지 궁금하지 않을 수 없다. 단순히 재벌에 분개한 학생들의 우발적 행동이었는지, 아니면 다른 근본적인 이유가 있었는지. 들리는 바로는 협력업체들은 삼성을 그다지 존경하지 않는다고 한다. 삼성이 훌륭한 회사임에는 의심의 여지가 없지만, 존경하는 회사라는 면에서는 가장 먼저 거론되는 회사는 아니라는 말이다. 그뿐 아니다. 삼성은 사회 환원이라는 측면에서도 사람들의 기대치에 미치지 못한다.

그렇다면 삼성이 사회 환원에 인색한가? 절대 그렇지 않다. 흥미롭게도 삼성은 국내 기업 중 사회 환원에 가장 많은 금액을 쏟고 있다. 국내의 부담을 혼자 다 지고 있는데도 이에 걸맞은 정당한 노력을 인정받지 못하고 있다. 내가 만약 삼성 회장이었으면 굉장히 억울할 것 같은 이 상황에 대해 명쾌하게 설명하기란 쉽지 않은 일이다. 하지만 분명한 것은, 앞서 말했듯 거액의 기부액만으로는 결코 소명의식이

담긴 진정한 나눔을 하고 있다고 보기는 힘들다는 것이다.

　반대로 유일한 박사를 위시한 유한양행의 경영진은, 삼성과 비교할 때 규모나 성과 등 여러 측면에서 성공과는 다소 거리가 있다. 그러나 수많은 CEO들이 입맛을 다실 정도의 큰 존경을 받고 있다.

　삼성과 유한양행의 차이! 나는 이 차이를 BAQ로 해석한다. 또한 이것은, 부호의 대열에서 밀려나거나 주가 상승 행진이 꺾이면 당연하듯 역사의 뒤안길로 사라지는 수많은 이들과 달리 카네기, JP 모건, 포드 등의 위대한 비즈니스 리더들이 지금까지 추앙과 존경의 대상이 되는 이유이기도 하다.

　주말에 빈민가에서 연탄을 열심히 나르는 한국 기업의 광고물을 보면서 마음 한 구석에서 '저게 진심에서 우러나온 것일까, 정부의 압력 또는 불법행위에 대한 대가로 사회에 봉사하는 것은 아닌가.' 하고 의문을 품은 적이 있는가? 사회에 대한 연대의식과 책임감에서 비롯된 진정한 나눔이 아닌, 면죄부 격의 기부행위는 결코 사람들의 마음을 울리지 못한다. 씁쓸한 일이 아닐 수 없지만, 그래도 웃을 수 있는 것은 미래의 비즈니스 리더들이 BAQ를 진정으로 내면화한다면 언젠가는 이 마지막 단계에 등극한 기업이 우리나라에도 탄생할 것임을 믿기 때문이다.

BAQ를 확보하고 이를 지속적으로 강화해 나가는 것이 BQ의 핵심이다. 시작이 반이라고, BAQ를 갖추면 BQ의 50%는 완성된 것이나 다름없다. 비즈니스 리더를 꿈꾸는 예비 사업가든지, 아니면 이미 자리를 잡은 비즈니스 리더이든지 상관없이, 다음의 BAQ의 5가지 핵심 요소를 내면화하도록 스스로를 계속 채찍질해야 한다. BAQ를 잘 개발해 나간다면 누구든지 훌륭한 비즈니스 리더가 될 수 있다.

● **열정**

불가능하다고 생각되는 것을 가능하게 만드는 것이 바로 '열정'이다. 열정이 있는 사람은 그것이 가능할 때까지 끊임없이 시도하기 때문에 사실상 불가능한 일은 별로 없다.

비즈니스 세계에서도 열정은 두려움 없는 도전, 거침없는 전진을 가능하게 하는 BAQ의 핵심 요소이다. 거대 버진그룹의 창업자인 리처드 브랜슨은 "정말 하고 싶은 것이 있다면 무조건 하라"라는 말로 모든 일에 열정적으로 임해야 함을 강조했다. 1970년 창립된 버진그룹은 음악, 출판, 휴대폰, 심지어 우주여행까지 200개가 넘는 사업을 전개하면서 거침없는 열정을 내뿜고 있다. 브랜슨의 열정은 비단 사업에만 국한되지 않고 그의 삶 전체에서 나타난다. 기괴하다고까지 할 수 있는 모험심과 삶에 대한 열의를 가진 그는 일과 개인 삶의 균형을 잘 유지하는 가장 존경받는 기업가 중 하나로 손꼽힌다.

● 긍정의 사고

똑같은 구름을 보아도 승자는 그 뒤에 감춰진 태양을 보고, 패자는 구름 속의 비를 본다는 말이 있다. 상황은 똑같지만 어떤 태도로 그것에 임하느냐에 따라 그 결과는 확연하게 달라질 수 있다. '모든 시련은 기회이다'를 좌우명으로 삼고 있는 제프 베조스 역시 이러한 긍정의 힘을 잘 알고 있는 비즈니스 리더이다. 그는 영세한 규모의 신생 인터넷 기업을 긍정의 힘을 통해 아마존이라는 세계 최대의 온라인 서점으로 키워냈다.

1995년 7월에 설립된 아마존닷컴은 설립 당시 어떠한 언론의 주목도 받지 못했으나 2개월 만에 2만 달러라는 놀라운 주간 매출을 올렸다. 하지만 1990년대 후반 인터넷 버블의 붕괴와 함께 아마존의 주가도 100달러에서 6달러로 곤두박질쳤다. 상처에 소금 뿌리듯, 일각에서는 경쟁사 반스앤노블이 내놓은 사이트로 인해 아마존이 종말을 맞이할 것이라 예언했다. 하지만 베조스는 구석에 숨는 대신 지금까지 회사가 일궈온 긍정적인 결과와 앞으로의 계획을 역설하면서 낙관적인 태도와 자신감을 가지고 정면 대결을 벌였다.

그 결과 아마존닷컴은 성장을 거듭했고, 지금은 서적뿐 아니라 의류, 장난감 등을 판매하는 토털 쇼핑몰로 거듭났다. 베조스의 부인은 입버릇처럼 이렇게 말한다. "제프가 기분이 안 좋으면 3분만 기다리세요." 3분 후에 그는 언제 그랬냐는 듯 다시 긍정적이고 낙천적인 성격으로 되돌아온다는 의미이다. 베조스의 이런 긍정적 사고 덕분에 아마존은 57억 달러 규모의 대기업으로 성장했다.

● 적응력

적응력은 사업가가 가질 수 있는 가장 큰 강점 중 하나이다. 성공적인 비즈니스 리더는 고객들이 원하는 방식으로 자신의 제품과 서비스를 끊임없이 개선하고 보완하는 맞춤화의 의지, 즉 적응력이 있어야 한다. 구글 창업자인 세르게이 브린과 래리 페이지는 이러한 적응력을 한 단계 더 발전시켜, 변화에 수동적으로 대응하는 것에 그치지 않고 변화를 주도하기에 이른다. 그 결과 현재 구글은 혁신적인 아이디어로 인터넷세계에 대한 주도권을 쥐고 있으며, 이전에는 불가능했던 볼거리와 활용 수단을 사용자들에게 제공하고 있다. 예컨대 구글어스처럼 말이다. 이처럼 단순한 적응을 넘어 다른 사람들보다 한발 앞서가며 비즈니스를 주도하는 구글이 인터넷세계 최대 강자 중 하나인 것은 어쩌면 당연한지도 모른다.

● 리더십

훌륭한 리더는 카리스마, 윤리의식, 성실함의 세 박자를 고루 갖추어야 한다. 리더는 조직원들에게 모범적인 역할 모델이 됨과 동시에 원활한 커뮤니케이션을 주도해 팀워크를 창출해내고 신장시키는 역할까지 해야 한다.

메리케이 화장품의 창업자인 메리케이 애쉬는 리더십의 모든 측면을 갖췄던 인물로, 50만 명이 넘는 사업을 꿈꿔오던 여성의 꿈을 현실화시켰다. 메리케이 애쉬는 가정용품을 만드는 회사의 영업사원으로 일하는 이혼녀였다. 그녀는 25년 넘게 최우수 영업사원으로 그 명성을 날렸는데도 승진 대상에서 수차례 누락되고 동료 남성 직원과 비교해 낮은 임금을 받아야 했다. 이러한 부당한 대우에 신물이 난 메리케이는 1963년, 5,000달러를 가지고 메리케이 회사를 차렸다.

'모든 사람은 다 특별하다'는 믿음으로 직원들의 사기를 진작하고 영감을 불어넣는 탁월한 재능을 가졌던 메리케이 애쉬는 '할 수 있다'의 모토를 내세우며 회사를 키워갔다. 늘 직원들의 말을 경청하는 자세를 잊지 않고, 칭찬에도 인색하지 않았던 그녀는 최고 영업사원에게 핑크색 캐딜락을 선사하는 파격적인 보상을 통해 의욕을 북돋았다. 탁월한 리더십 역량으로 그녀는 지난 35년간 가장 영향력 있는 25대 비즈니스 리더로 명성을 날렸고, 메리케이는 미국에서 가장 일하기 좋은 회사로 꼽히고 있다.

● 야망

영국 정치인 벤저민 디즈레일리는 "위대한 생각을 키워라. 사람은 자신의 생각보다 더 위대해질 수는 없기 때문이다"고 말했다. 내가 생각하는 것, 꿈꾸는 것이 얼마나 크고 멀리 있는 것인지에 대해 미리 고민할 필요는 없다. 비록 그것이 허황돼 보일지라도 크고 원대한 꿈을 꾸어야 한다. 꿈이 이루어지는 것과는 별개로 야망이 큰 사람은 야망이 없거나 작은 사람보다 적어도 몇 배의 노력을 더 기울일 테니 말이다.

스무 살의 데비 필즈는 내세울 게 별로 없는 젊은 가정주부였다. 당연히 사업 경험도 없었다. 하지만 그녀에게는 너무나 맛있는 초콜

릿칩 쿠키 레시피가 있었고, 이를 세상에 알리고자 하는 꿈이 있었다. 그녀의 꿈을 들은 사람들은 한결같이 "쿠키 따위를 팔아서 어떻게 돈을 벌겠냐?"고 어이없어 했다. 하지만 그녀는 주변의 조소에 굴하지 않고 가게를 차렸다. 그녀의 결연한 의지와 야망으로 탄생한 동네 작은 쿠키 가게는 10년 후 500여 개의 매장으로 도약해, 현재 미국 내 600개 이상의 매장과 전 세계 17개국에 2,000개가 넘는 매장을 갖고 있는 기업으로 성장을 거듭하고 있다.

4
커뮤니케이션 스킬
COMMUNICATION SKILL

> 말하지 말고 이야기하라. 의사소통에서 사람들이 범하는 가장 흔한 실수는 말하기와 이야기하기를 혼동하는 것이다. 말하기에만 급급해 위험을 스스로 자초하지 말라.

글로벌 제약회사 마케팅 부서의 C군의 말솜씨는 현란하기 그지없다. 그런데 그의 별명은 '이야기꾼'이 아니라 '말꾼'이다. 몇 시간 동안 쉬지 않고 말할 수 있는 그에게 주위 사람들은 '새 주둥아리'라는 별명을 붙여주었다. 다방면에 박식한 그의 또 다른 별명은 '걸어 다니는 백과사전'이다.

그의 언변은 실로 좌중을 압도한다. 회의시간, 점심시간, 저녁회식은 단연 그의 독무대다. 목소리 크고 개성 강한 그는 자타가 공인하는 만능 엔터테이너. 방송국의 개그맨 시험을 보라는 소리도 심심찮게 듣는다. 그러나 이러한 재능에도 불구하고 그는 효과적인 커뮤니케이션에서 좋은 점수를 받지 못한다. 영어실력이 꽤 좋은 편인데도 중요한 비즈니스 회의나 새로운 바이어를 만나는 해외출장명단에서 그는 대부분 누락된다. 상황이 이쯤 되니 커져가는 실망감은 두말할 필요도 없다.

어느 날 그는 이 문제를 정면 돌파하기로 결심하고 상사에게 고견을 구했고, 그는 상사에게 매우 솔직한 대답을 들을 수 있었다.

"C군. 자네가 잘하는 것은 웅변이지 커뮤니케이션이 아니야. 자네는 스스로에 도취되어 본인이 배우인 것처럼 착각하지 않나? 자네가 재미있긴 하지만 성과가 보이지는 않아. 게다가 자네를 처음 보는 사람에게는 자네의 스타일이 부담스러워. 자네가 그 회의에 참석하면 회사에 대해 잘못된 인상을 줄 수 있어."

소위 말하는 '말빨'을 내세우며 본인의 커뮤니케이션 실력을 자신하던 C군이 중요한 협상을 주관하는 '드림팀' 명단에서 번번이 누락되는 것은 도대체 무슨 이유일까? 상사의 말처럼 스스로의 말솜씨에 도취되어 주위의 신호를 무시해버린 결과일까? C군은 말을 현란하게 하지만 상대방에게 강한 인식을 심어줄 수 있는 이야기, 즉 메시지의 전달은 제대로 하지 못한다. 그래서 이야기꾼이 아니라 그저 말꾼이다. C군의 사례가 특별한 경우라고 생각할 수도 있겠지만 사실은 그렇지 않다. 효과적인 커뮤니케이션 스킬을 익히지 못했다면 우리 모두가 C군일 수 있다.

말은 우리 인간이 가장 즐겨 사용하는 커뮤니케이션 수단이지만 이는 매우 원시적인 형태의 의사소통이다. 사람에게 있어 '말하기'란 동물의 '짖기'와 비슷한 기능을 한다. 동물들은 짖음으로써 의사소통을 하지만 인간 사회에서는 짖는 것이 의사소통의 방식이 되지 않으니 말을 하는 것이다.

여러 마리의 개들이 여기저기서 한꺼번에 짖어대는 장면을 본 적이 있을 것이다. 이 장면에서 그들이 효과적인 커뮤니케이션을 한다고 여기기는 힘들다. 서로 목청을 크게 하여 짖어대는 통에 무엇을 전하려고 하는지조차 분명하게 전달되지 않는다. 게다가 때로는 무의미한 짖음도 있다. 그저 영역이나 서열을 가리기 위해 누구 목청이 더 큰지 겨루기를 하는 것이다.

이에 비하면 말하기는 조금 더 발전된 형태이다. 하지만 말하기가 여전히 효과적인 커뮤니케이션 도구로써 부족한 이유는, 말하기는 그저 단어 몇 개를 동사 몇 개로 연결시킨 것에 불과하기 때문이다. 즉, 사고의 과정이 없는 것이다.

비즈니스 커뮤니케이션에서 사람들이 범하는 가장 큰 실수는 말하기(speaking)와 이야기하기(telling)를 혼동하는 것이다. 인간 사회에서는 상대방에게 메시지를 전달할 때는 '말'이 아닌 '이야기'를 해야 한다. 즉, 메시지를 전달하며 사고의 과정을 거쳐야 하는 것이다. 그러나 많은 이들은 여전히 사고의 과정이 부재한 말하기에만 급급하다.

그러니 C군과 같은 낭패를 겪는다.

혹시 전화 통화를 하기 전에 미리 내용에 대한 메모를 준비해본 적이 있는가? 대부분의 사람들은 별 생각 없이 즉흥적으로 통화를 시작한다. 자신의 '말빨'을 지나치게 맹신하는 것이다. 내가 아는 한 임원은 전화 통화를 하기 전에 어떤 내용을 어떻게 전달할지 미리 전략을 세운다. 물론 즉흥적인 대화를 선호하는 이들은 상대방의 주장을 예측할 수 없기 때문에 이러한 사전 전략이 무의미하다고 주장한다. 그러나 바로 그 불확실성 때문에 커뮤니케이션 전략이 더욱 더 필요하다. 본격적인 커뮤니케이션에 돌입하기 전에 미리 커뮤니케이션 게임 플랜을 세우는 것만이 불확실성의 위험을 최소화할 수 있는 전략이다.

그 임원은 보통 한두 가지 목적을 가지고 전화 통화를 하게 되는데, 매우 효과적으로 이 메시지를 전달한다. 먼저 무슨 말을 할지 계획을 수립하고 이를 종이에 적은 후에 전화를 한다. 사실 통화하다 보면 대화중에 말이 삼천포로 빠져서 애초에 전화를 하게 된 목적을 잊어버리는 경우가 많다. 심지어는 상대방의 말에 설득되어 애초의 목적과는 완전히 반대 방향으로 결론을 맺고 끊게 되는 경우도 있다. 최악의 경우에는 전화를 끊고 나서 사태를 깨닫고 다시 상대방에게 전화를 한다. 그리고 나서 거듭 사과하면서 그 문제를 다시 논의하자고 부탁하게 된다. 그야말로 코미디가 따로 없다.

이야기하는 것은 복잡한 과학이 아니다. 아주 단순하다. 다음 세 가지 기본 요소만 지키면 효과적인 커뮤니케이션이 가능하다. 첫째,

의도와 목적을 설명하라. 둘째, 본론을 이야기하라. 셋째, 이야기를 정리하라. 아주 간단하지 않은가!

첫 번째 단계인 '의도와 목적을 설명하라'는 이야기의 배경과 맥락을 설명하는 것이다. 즉, 그 이야기를 왜 하게 되었는지 배경과 맥락을 설정하기만 하면 된다. 나는 커뮤니케이션이 시작된 지 30분이 지난 후에야 비로소 상대방이 왜 그 이야기를 하게 되었는지 깨닫게 되는 경우를 많이 경험했다. 심지어는 프레젠테이션이 끝난 뒤에도 본론이 파악되지 않는 경우도 심심찮게 보게 된다.

실제로 얼마 전 청와대에서 있었던 일이다. 한 장관이 대통령 앞에서 발표를 했는데 나도, 대통령도 발표를 20분쯤 듣고 나서야 그 장관이 무슨 말을 하는지 겨우 알 수 있었다. 발표 결과가 어땠을까? 상상하는 그대로다. 두말할 필요도 없이 청중은 그의 커뮤니케이션 기술에 고개를 내저었다. 상대방이 나의 목적과 의도를 알고 있을 거라고 전제해서는 안 된다. 이야기의 첫단계부터 나의 목적과 의도를 분명하게 밝혀야 한다.

두 번째 단계인 '본론을 이야기하라'는 실제로 이야기를 하는 것이다. 이때 핵심은 직접성과 정확성이다. 상대방 또는 청중의 반대가 두려워서 간접적, 우회적으로 접근하는 사람들이 있는데, 상대방을 혼란스럽게 한다고 해서 목적을 달성할 수 있을까? 그렇지 않다.

경험을 통해 보자면, 상대방의 입장이 "노"로 정해졌다면 직접적으로 접근하든 간접적으로 접근하든 결과는 동일하다. 그러니 우회적인 방법은 별로 도움이 되지 않는다. 차라리 직접 전달하는 것이 서로에게 여러 모로 좋다. 특히 누군가에게 해고, 승진 누락 등의 부정적인 소식을 전달해야 할 때는 더욱 더 그렇다.

몇 년 전의 일이다. 한 임원이 세 명의 부하직원 중 한 명만 승진시켜야 했다. 나머지 두 명에게는 나쁜 소식을 전해야 했는데 이들과도 가까운 사이라서 그는 매우 안타까웠다. 몇 시간에 걸친 회의가 끝난 뒤 승진하지 못한 직원이 내게 전화를 했다. 방금 회의에서 상사가 한 말을 해석해달라는 것이었다.

"방금 회의가 끝났는데요, 제가 승진을 했다는 건지 못했다는 건지 모르겠어요. 부장님께 전화해서 알아봐주세요. 부장님께서 이렇게 말씀하신 것 같아요. '이번 승진에서 누락됨으로써, 즉 결과적으로 승진이 되지 않았다고 생각할 수 있는데, 이로써 결국 자네는 승진이 된 셈이야.' 제가 맞게 들은 건지 모르겠습니다."

나는 그의 부탁대로 그 임원에게 전화를 걸었고, 통화 후에야 비로소 그가 승진되지 않았다는 사실을 명확하게 알 수 있었다. 그 임원은 안타깝고 미안한 나머지 그에게 1~2년 정도 기다리다 보면 더 좋은 기회가 올 것이고, 그것이 결국엔 커리어에도 더 좋게 작용할 것이라고 위로했던 것이다. 문제는 위로에만 너무 초점을 맞추다보니 본론, 즉 그가 이번 승진에서 제외되었다는 내용이 온데간데없이 자취를 감춘 것이다.

세 번째 단계인 '이야기를 정리하라'는 이야기 내용을 요약하는 것이다. 이를 통해 대화의 양측이 다음 단계에 대해 공통의 기대를 갖게 되기 때문이다. 특별한 반응이나 대답이 필요하지 않은 경우도 있지만, 어쨌든 모든 커뮤니케이션에는 명확한 마무리가 있어야 한다. 그래야 차후 회의나 만남에 대해 이해를 같이 할 수 있다.

실제로 많은 비즈니스 회의가 제대로 마무리되지 않은 채 끝난다. 한 아이디어를 놓고 찬성과 반대의견이 활발하게 개진되다가 결국 결론 없이 회의가 끝나는 것이다. 사람들은 더 혼란스러운 상태로 회의실을 나오게 된다. 최소한 "합의하지 않기로 합의한다"는 간단한 정리라도 있었다면 상황을 이해하는 데 도움이 될 텐데 말이다.

설령 의견에 대한 합의가 이루어진 회의라 해도 회의가 끝날 때 몇 분 동안 내용을 요약하는 시간을 가져야 한다. 같은 자리에 앉아서 같은 내용을 들었더라도 사람마다 이해하고 해석하는 방식은 천차만별인 경우가 허다하기 때문이다.

동물은 듣고, 인간은 경청한다

말귀를 못 알아듣고 엉뚱한 대답을 하는 사람을 우리는 흔히 '사오정'이라고 한다. 사오정은 서유기에 나오는 인물로, 1990년대 초 우리나라의 만화작가가 이를 각색하여 코믹하고 엉뚱한 캐릭터로 그려냈다. 만화 속 사오정은 귓구멍도 아주 작을 뿐더러 귀마저도 얼굴 주름에 덮여 있어서 사람들의 말을 제대로 듣지 못한다. 그래서 늘 엉뚱한 행동이나 대답으로 주위 사람들을 어이없게 만든다. 사오정이야 이러한 제 나름의 불편한 사정이 있어 말귀를 못 알아듣는다지만, 듣기에 아무런 문제가 없는 사람들 중에도 이처럼 엉뚱한 동문서답을 하거나 딴짓을 하는 경우가 종종 있다. 왜일까? 그들은 소리 나는 곳을 향해 귀는 열려 있되, 제대로 듣지 않기 때문이다.

커뮤니케이션에 있어 '제대로 듣기'는 중요한 기술 중 하나다. '제대로 듣기'란, 상대의 말에 귀 기울이고, 이해하고, 나아가 공감하는 것, 바로 '경청'을 의미한다. 청력에 문제가 없다는 전제하에 듣기(hearing)는 청각 기능만 있다면 누구나 할 수 있는 기술이다. 하지만 경청하기(listening)는 청각 기능 외에도 인내심과 집중력, 이해력, 포용력 등의 의식적인 노력이 수반되어야 비로소 가능한 커뮤니케이션 기술이다. 즉, 경청은 집중하고 뇌를 사용하여 단어와 문장에서 의미를 도출하는 작업이다. 따라서 경청은 노력에 의해 학습되는 스킬이라 할 수 있다.

흔히 알고 있는 성공적인 비즈니스 비법 중에는 '70:30' 법칙이란 것이 있다. 즉, 세일즈를 비롯한 각종 비즈니스에 성공하기 위해서는 설명이나 질문 등 자신의 이야기를 30% 이내로 하고, 나머지 70%는 상대의 이야기를 듣는 것에 집중하라는 의미이다. 하지만 이러한 성공법칙에도 불구하고 많은 사람들은 비즈니스를 하며 반대의 모습을 보인다. 조금이라도 더 많이 나의 생각을 이야기하려고 쉬지 않고 떠들어댄다. 그래야 상대를 설득할 수 있고 협상에서 우위를 차지해 성공적인 비즈니스를 할 수 있다고 생각하는 것이다. 심지어 어떤 이는 상대가 말하는 동안 귀를 기울이기보다는 자신이 할 이야기를 머릿속으로 정리하고 있는 경우도 있다. 마치 노래방에서 상대가 노래를 부르는 동안 제가 부를 곡을 고르느라 노래를 한 귀로 듣고 한 귀로 흘려보내는 것과 같은 모양새다. 이럴 경우 상대는 당연히 기분이 상한다. 또한 상대의 이야기를 놓쳤으니 그에 대한 반응 또한 부자연스러울 수밖에 없다.

많은 한국인들이 경청에 약하다. 경청은 일반적인 듣기보다 훨씬 더 많은 에너지와 집중력이 필요하다. 나는 멘토링 훈련에서 1시간 연설 내용을 2~3문장으로 요약하도록 시키는데, 어쩐 일인지 늘 절반 이하의 사람만이 연설의 전체적인 의도를 제대로 파악한다. 많은 이들이 첫 5분만 집중해서 듣고, 그 내용을 바탕으로 마음을 정한 뒤 끝까지 귀 기울이지 않는 것이다. 인내심 없는 한심한 행동이다. 듣기는 귀로 할지언정 경청은 뇌로 해야 함을 명심하고 끊임없이 훈련해야 한다.

쓰기와 말하기 중 무엇이 더 효과적일까?

컨설턴트로서 나는 매우 다양한 사람들을 만나게 되는데, 가장 많이 받는 질문 중 하나가 바로, '만약 딱 한 개의 커뮤니케이션 기술을 선택해야 한다면 쓰기가 나은가, 말하기가 나은가?'이다. 다소 엉뚱해 보이는 이 질문은, 아마도 무엇에 더 중점을 두어 커뮤니케이션 스킬을 연마해야 하는지 궁금해서 나온 것이라 생각된다.

답을 말하기 전에, 우리의 바람은 당연히 '쓰기와 말하기 둘 다 하는 것'일 테다. 그런데 굳이 한 가지를 선택해야 한다면 나는 말하기를 더 선호하는 편이다. 하지만 안타깝게도 대부분의 시험, 특히 한국 교육은 쓰기 중심으로 이루어지고 있다. 따라서 대부분의 한국 기업인들은 말하기 실력과 쓰기 실력이 심각한 불균형 상태에 놓여 있다.

이처럼 대부분의 사람들이 읽고 쓰기를 잘하는 반면 말하기가 엉망인 이유가 무엇일까? 아마도 그것은 '말하기'가 너무나 자연스러운 일상의 기능 중 하나이다 보니 딱히 중요하게 인식하지 않는데다, 그것을 위해 별다른 스킬을 연마하지 않기 때문일 것이다. 사실 쓰기는 그것을 익히기 위해 국어 과목을 비롯해 공부시간에 많은 시간을 투자하고, 심지어 습작의 시간을 갖는 등 글쓰기 스킬을 연마하기 위한 노력을 기울인다. 이와 비교할 때 말하기 훈련은 얼마나 미흡한가.

혹자는 말하기를 따로 훈련할 필요가 뭐가 있냐고 반문할 수도 있다. 하지만 천만의 말씀이다. 유명 개그맨이 유행시킨 유머가 너무 웃겨서 주위 사람들에게 똑같이 해보지만 절대로 그와 똑같은 반응이 나오지 않는다. 똑같은 말인데도 왜 내가 하면 웃기지 않은 것을 그 개그맨이 하면 웃긴 것일까. 답은 간단하다. 그들은 방송에 출연하기 전에 수많은 예비 관객들을 대상으로 끊임없이 말하기 연습을 하기 때문이다. 이러한 세심한 계획과 경험을 통한 학습이 이들을 커뮤니케이션 전문가로 만든다.

로드니 데인저필드(Rodney Dangerfield, 1921-2004)라는 미국의 인기

코미디언은 '한 줄 유머'로 유명했다. 그의 유머 방식은 정말 놀랍다. 같은 유머를 백 번 넘게 들어도 백 번 모두 배꼽을 잡고 웃게 만드는 힘이 있다. 그의 전달 메커니즘은 그야말로 독보적이다. 그의 유머 몇 개를 소개해 보겠다.

- 난 힘든 어린 시절을 보냈어. 걸음마를 배우고 첫걸음을 뗐을 때 아버지가 발을 걸더군.
- 지난주에 정신과 상담을 하다가 의사에게 말했지. "요즘 자꾸 자살 충동이 느껴져요." 그가 말하더군. "오늘부터는 상담료를 선불로 결제하십시오."
- 난 사랑받지 못하고 컸나봐. 언젠가 유괴되었는데 범인들이 부모님께 협박편지를 보냈어. "5,000달러를 내놓으시지. 안 그러면 당신 자식을 다시 만나게 될 거야!"
- 우리 집 애완견은 정말 물건이야. 이름이 이집트인데 방마다 피라미드를 남겨놓거든.
- 우리 강아지도 나를 싫어하나 봐. 어느 날 현관을 향해서 계속 짖는 거야. 나가자는 게 아니라, 나보고 나가라는 거였어.
- 언젠가 아버지에게 호수에 스케이트 타러 가도 되는지 물었어. 좀 따뜻해질 때까지 기다리라고 하시더군.
- 내가 태어났을 때 의사가 대기실에 있는 아버지에게 말했대. "죄송합니다. 정말 최선을 다했습니다만 … 기어이 태어나고 말았습니다."

썰렁하다며 코웃음을 칠 독자들도 있겠지만 로드니의 유머를 실제로 들으면 모두들 쓰러진다. 그 비결이 무엇일까? 그것은 바로 글과 말이 전하는 힘의 차이다. 특히 그의 말에는 소위 말하는 '마법의 5초'가 전하는 힘이 숨어있다. '마법의 5초'는 침묵이 5초 이상 지속되면 사람들이 불편해진다는 이론에서 출발하는데, 그래서 그는 수년에 걸쳐 5초 펀치라인, 이른바 '급소 대목'을 수없이 만들었다. 로드니의 유머는 위의 예에서도 알 수 있듯 대부분 2줄 정도로 짧은데, 첫 줄에서 청중을 준비시킨 다음 두 번째 줄에서 펀치라인을 가하는 것이다. 단, 그는 첫 번째와 두 번째 줄 사이에 5초를 기다리면서 웃긴 표정으로 청중의 기대감을 고조시킨다. 그 뒤 펀치라인으로 클라이맥스에 도달하는 것이다.

물론 우리가 로드니만큼 웃기지는 못하겠지만 적어도 그와 같은 독보적인 커뮤니케이션 기술을 개발하고 연습할 필요는 있다.

한편, 말을 잘하는 것에 앞서 준비되어야 할 것이 자신의 나쁜 말 습관을 찾아내어 고치는 것이다. 의외로 많은 사람들이 커뮤니케이션에 방해가 되는 나쁜 말 습관을 가지고 있다. 하지만 아주 친한 사이가 아니라면 대부분의 사람들은 상대의 말 습관이 다소 거슬리더라도 그것을 지적하는 것에 머뭇거리게 된다. 이처럼 누구에게도 나쁜 말 습관에 대한 피드백을 받지 못하면 그것이 고착화되어 고치기가 힘들어진다. 그렇다고 본인 스스로가 자신의 나쁜 습관을 깨닫기도 어렵다. 그래서 필요한 것이 녹음하여 듣는 방법이다. 자신의 말을 녹음하여 들어보면 "어…", "음…" 등 눈에 띄지 않는 소리가 갑자기 귀에 거슬릴 것이다.

이러한 나쁜 습관들은 나이가 들수록 고치기 어렵다. 실제로 임원들의 구두 프레젠테이션 기술을 코칭해보면 이들은 누구에게도 건설적인 피드백을 받아본 적이 없다고 한다. 그런 탓에 사람들 앞에서 중요한 연설을 할 때조차 나쁜 말 습관이 나오게 되는 것이다. 따라서 젊었을 때부터 구두 커뮤니케이션을 연습하는 것이 중요하다. 거울 앞에 서고, 녹음을 하고, 친구와 가족들을 청중으로 하여 말하기를 연습하다 보면 나쁜 말 습관을 찾아내어 고치는 것은 물론이고, 로드니처럼 고급 말하기 기술을 구사하는 날이 멀지 않을 것이다. 이 세상 그 어떤 것도 땀방울을 배신하는 것은 없지 않은가.

비언어적 신호에 주목하라

일반적으로 인간의 커뮤니케이션은 말하기나 듣기, 쓰기 등 언어적 도구로 많이 이루어진다. 하지만 놀랍게도 이러한 언어적 도구의 효과는 전체 커뮤니케이션 효과의 20~30%만을 차지한다고 한다. 즉, 언어적 신호만으로는 상대의 의도를 제대로 파악하지 못한다는 것이다. 그렇다면 나머지 70~80%는 무엇으로 구성되는가?

바로 비언어적 신호이다. 즉, 손의 움직임, 얼굴 표정, 눈빛, 자세, 심지어는 손을 얹은 방식 등 모든 것이 의미를 내포하며, 이런 바디 랭귀지들이 커뮤니케이션에 있어 70~80%의 역할을 담당한다.

비언어적 신호들이 강력한 커뮤니케이션 도구가 되고 있는 만큼, 우리는 이러한 비언어적 신호를 효과적으로 사용할 수 있는 방법들을 습득해야 한다. 더군다나 이러한 비언어적 신호들의 대부분이 우리가 의식하지 못하는 동안 이루어지고 전달되기 때문에 더더욱 훈련의 필요성이 강조된다.

바디 랭귀지를 배우기 위한 좋은 방법은 '무언(無言)의 커뮤니케이션'을 연습하는 것이다. 이는 말을 하지 않음으로써 몸의 움직임에 집중할 수 있는 효과가 있다. 쉬워 보이지만 실제로 해보면 많이 답답하고 어색하다. 그러나 비언어적 신호를 연습하는 최고의 방법이다.

또 다른 연습방법은 본인의 연설이나 발표 모습을 녹화한 후 이를 음 소거 상태로 재생하는 것이다. 본인의 바디 랭귀지를 자세히 관찰하는 훈련을 통해 스스로가 청중이 되어 실제 청중의 반응을 추측해볼 수 있다. 이 훈련에 익숙해지면 다음 단계로, TV를 켜고 음 소거 상태로 배우들의 모습을 관찰해보는 훈련을 하면 된다. 이때 이들의 바디 랭귀지를 통해 무슨 대화가 오가는지 추측해보자. 이 과정에서 대부분의 사람들이 배우들에 비해 자신이 얼마나 경직되어 있는지 깨닫게 된다. 그도 그럴 것이, 한국인은 다른 나라 사람들에 비해 바디 랭귀지에 서툴 뿐더러 본인 스스로도 어색해하고 쑥스러워한다. 때문에 의식적으로라도 TV에 등장하는 배우들을 관찰하고 모방할 필요가 있다.

한편 배우들이 경청하고 있을 때 어떤 신호를 내보내는지도 눈여겨보아야 한다. 듣는 태도도 비언어적 신호의 일부인데, 고개를 끄덕이거나 상대방의 말이 끝날 때 약한 미소를 띠는 것 등이 이에 속한다.

배우들은 경청하고 있음을 몸으로 나타내는 반면에 우리는 아주 소극적이다. 다른 사람의 연설이나 발표를 듣고 있는 본인 스스로를 녹화해보라. 상당히 경직된 표정으로 일관하고 있지 않은가? 실제 회의에서 어떤 사람들은 경청하기는커녕 연설이 끝난 후 자신이 할 발언을 미리 준비하기도 한다. 비언어적 신호는 자신의 의견을 전달할 때뿐만 아니라 상대의 의견을 전달받을 때도 작용되는 요소이기 때문에 이러한 양방향 전달 기법을 모두 훈련해두면 효과적인 커뮤니케이션을 하는 데 큰 도움이 된다.

KISS 하라

커뮤니케이션을 하다 보면 종종 '배가 산으로 가는 경우'를 겪는다. 질문이나 이야기의 핵심을 짚어내지 못하거나, 설령 짚어낸다손 치더라도 그것에 충실하지 않게 이야기를 이어가거나 중언부언하며 핵심을 흐리는 경우 등 실패한 커뮤니케이션의 모습은 얼마든지 볼 수 있다.

예컨대 교실 환경에서의 커뮤니케이션의 경우, 교수가 어떤 질문을 하면 학생은 반드시 그에 맞는 대답을 해야 한다. 그런데 교수의

'근대 정치에서 대통령이 최고의 의사결정권자인 세 가지 이유를 설명하라'는 문제에 대해 학생이 '현 대통령의 정통성', '한국정치의 문제점', '대통령 선거의 유효성' 등 핵심을 벗어난 이야기를 논한다면 이것은 실패한 커뮤니케이션이다. 따라서 학생의 답은 '오답' 처리되고 점수를 받지 못한다.

물론 교수의 질문과 상관없이 학생의 주장은 그 자체만으로 흥미롭고 타당할 수 있다. 하지만 기본적으로 이것은 틀린 답이다. 질문에 대한 답이 아니기 때문이다. 이처럼 교실 환경에서의 커뮤니케이션은 틀과 방향이 대부분 한정되어 있고, 게다가 이것의 주도권은 수업을 진행하는 교수가 쥐고 있다. 교수가 질문을 하면 학생은 질문의 핵심을 꿰뚫는 '짧고 간단한' 답변을 하면 된다. 이것이 최고의 점수를 얻는 가장 완벽한 커뮤니케이션 방법이다.

핵심을 꼬집되, 짧고 간단하게 말하는 것! 수려한 문장을 자랑하는 문학작품이 아닌 이상 이는 가장 효과적인 커뮤니케이션 기법 중 하나다. "완벽함이란 더 이상 더할 것이 없을 때가 아니라, 더 이상 뺄 것이 없을 때 이루어진다"라는 생텍쥐페리의 말처럼, 불필요한 말, 핵심에서 벗어난 말을 제외한 가장 간결한 말이 커뮤니케이션에 있어 가장 큰 효과를 발휘한다. 이것이 바로 KISS(Keep It Short and Simple) 원칙이다.

KISS는 교실 환경뿐만 아니라 기업 환경에서도 그대로 적용된다. 물론 기업 환경은 교수와 학생, 학생과 학생이라는 단순한 관계만 존재하는 교실 환경에 비해 커뮤니케이션의 틀과 방향이 결정되는 범위가 훨씬 더 크고 복잡하다. 하지만 기업 내 그 어떤 커뮤니케이션에서도 KISS의 원칙을 피해갈 수 없다. 일례로 상사가 '영업 효율성 개선방안'에 대해 질문을 했을 때, 우리는 고의든 고의가 아니든 더러는 초점에서 벗어난 답을 하게 된다. 위 질문에 대해 제품부서의 경쟁력 약화가 영업부진의 원인이라고 주장할 수도 있고, R&D 부서의 효율성 문제를 거론하며 비판할 수도 있다. 또는 경기침체로 인한 소비자의 구매력 저하를 탓할 수도 있고, 경쟁사 대비 회사의 브랜드 파워가 약하다는 점을 지적할 수도 있다. 이 의견들은 그것이 얼마나 매력적이고 타당한지와는 별개로 질문에 대한 답변이 아닌 것만은 분명하다. 즉, 회의 내내 '영업 효율성 개선방안'을 제외한 모든 문제를 논의하는 셈이다. 이처럼 커뮤니케이션의 틀과 방향을 임의로 재해석하면 결국 상사는 인내심을 잃게 되고 문제도 해결되지 않은 상태로 회의는 끝나고 만다.

왜 이렇게 될까? 가장 간단하게는, 문제의 핵심을 제대로 파악하지 못했을 수 있다. 하지만 그게 아니라는 전제하에 원인을 살피자면, 우리 모두는 스스로 틀을 정하고자 하는 내재적 욕구가 있는데 이를 지나치게 적용한 결과라고 할 수 있다. 자신이 몸담고 있는 부서나 담당 업무의 입장에서 말하는 것은 방어기제일 수도 있고 주제에 대한 자신의 전문성을 뽐내고 싶은 허영심일 수도 있다. 이유야 어쨌건, 핵심에서 벗어난, 그리고 불필요한 사족이 주렁주렁 달린 말들은 원활한 커뮤니케이션을 방해하는 장애가 될 뿐이다.

이 문제의 해결책은 기본으로 돌아가는 것이다. 즉, 학교에서처럼 정해진 틀에 집중하여 핵심에 주목하고, 짧고 간단하게 이야기하면 된다. 즉, KISS하면 된다. 메시지가 짧고 간결할수록 효과적이라는 점은 수많은 연구에서 밝혀진 사실이다. 이는 학교 수업뿐 아니라 전화 통화, 회의, 서신 작성 등 모든 유형의 커뮤니케이션에 해당된다.

참고로, KISS를 위해서 평소 '1페이지 요약'을 연습해보면 큰 도움이 된다.

● 1페이지 요약으로 모든 걸 설명하라!

한 프로젝트 계획을 설명하는 데 몇 페이지가 필요한가? 10, 20, 30 페이지? 모두 틀린 답이다. 1페이지만 있으면 충분하다! 아무리 중요한 문제라도 1페이지로 설명되지 않는 것은 없다. 하지만 어떤 문제를 1페이지로 정리하는 것은 생각만큼 쉽지 않다. 때론 장편보다 단편 집필이 더 어려운 것과 같다.

나 역시 책 한 권을 쓰는 것보다 1페이지 신문기고가 더 어렵다. 독자들 중 기사처럼 단문을 써본 사람은 아마 고개를 끄덕일 것이다. 1페이지 보고서가 10페이지 보고서보다 더 어렵고 시간도 3~5배나 더 많이 든다. 처음에는 한 페이지가 충분한 공간인 것 같지만 일단 글을 쓰기 시작하면 어느새 모자라게 된다. 심지어 이것저것 가지를 쳐나가다, 저도 모르게 큰 줄기를 잃기도 한다. 이처럼 핵심에서 벗어나거나 아이디어를 명확히 설명하지 못한다면 미처 한 페이지가 끝나기도 전에 독자의 마음은 떠나가게 된다.

1페이지 요약의 핵심은 간결성이다. 좁고 한정된 방에 이것저것 들여놓고 싶은 것을 다 들여놓다가는 복잡하고 어수선하다 못해 잡동사니를 쌓아둔 창고처럼 변하게 된다. 때문에 반드시 있어야 할 핵심적인 몇 가지를 제외하곤 모두 포기해야 한다. 글도 마찬가지다. 1페이지라는 제한적인 공간에서 핵심적인 것만 잘 선별해둔다면 사족과도 같은 불필요한 설명이나 실수의 여지가 없다. 따라서 평소 1페이지 요약 훈련을 통해 '서면(書面) 커뮤니케이션 기술'을 개선할 필요가 있다. 사실, 1페이지로 요약될 수 있는 내용을 전화번호부 책 두께의 보고서로 만들어놓은 경우가 수없이 많지 않은가!

P&G 사는 1페이지 원칙으로 유명하다. 이슈의 복잡도와 상관없이 전 직원이 보고서를 1페이지 이내로 작성해야 한다. 이는 직원들이 좀 더 효과적인 커뮤니케이션을 훈련하는 좋은 방법이 되어줌과 동시에, 비효율적인 커뮤니케이션 감소라는 목표를 달성하게 해주었다. 즉, 보고서를 작성하기 전 미리 1페이지 내에 들어갈 내용을 선별하는 작업을 거침으로써 불필요한 사족을 거둬내는 작업을 직원들 스스로 하는 것이다.

1페이지 요약의 효과를 알 수 있는 또 다른 사례가 있다. 한 임원이 사장 승진에서 누락되어 내게 다른 사장 자리를 알아봐달라고 부탁했다. 30년 넘게 여러 업종에서 뛰어난 경력을 보유한 분이라 그런지 그는 5페이지에 달하는 길고 화려한 이력서를 내게 건넸다. 그러나 나는 이를 1페이지로 요약하도록 조언했다.

그가 5페이지의 이력서를 1페이지로 줄이는 데 꼬박 일주일이 걸렸다. 그러나 그는 이를 통해 스스로에 대해 깊은 성찰을 할 수 있었고, 면접에서 강조해야 할 부분을 충분히 파악하게 되었다고 한다.

소문난 잔치에 먹을 것 없다고, 길고 장황한 글은 장점보다는 단점이 더 많고, 실수도 잦은 법이다. 따라서 보고서를 쓸 때 이 원칙을 기억하고, 1페이지로 요약하는 것을 습관화할 필요가 있다. 분명 상사의 평가도 좋아질 것이고 업무의 효율성도 높아질 것이다.

기억하라. 1페이지로 표현되지 못하는 문제는 없다. 아무리 노력해도 안 된다면, 문제에 대한 이해가 부족하거나 커뮤니케이션 준비가 아직 안 되었다는 뜻이다. 보고서를 작성함으로써 혼란을 해소하려 하지 말고, 혼란을 먼저 해소한 뒤 이를 보고서에 옮기라.

● **3의 힘을 발휘하라**

당신은 상이한 아이디어를 몇 개까지 기억하고 동시에 작업할 수 있는가? 인간의 물리적 한계에 대해 많은 연구가 수행되었다. 여러 가지 숫자들을 플래시로 보여준 뒤 그 중 몇 개를 기억하는지, 여러 가지 그림들을 플래시로 보여준 뒤 정확한 순서대로 몇 개를 기억하는지 측정하는 식이다. 인물 사진이나 음악 멜로디도 마찬가지다.

많은 이들의 짐작과는 달리, 연구 결과는 약 7개이다. 그렇다. 겨우 7개이다! 즉, 아이디어가 7개를 넘어가면 기억장치가 교란되기 시작한다는 것이다. 인간이 처음부터 이렇게 창조된 것인지, 진화의 결과인지는 모르겠지만 신기하게도 우리 주변에는 7이라는 숫자와 관련된 것들이 많다. 일주일도 7일로 구성되어 있고, 음계도 7음으로 구성된다. 심지어 백설공주를 돌봐주던 난쟁이들도 7명이고 행운의 숫자도 7이다.

어쨌든 평범한 사람이 상이한 아이디어를 동시에 기억할 수 있는 평균치가 7개라고 한다. 그런데 비즈니스 환경에서는 이 7개를 기억하는 것도 사실상 무리다. 7개의 비즈니스 아이디어에 일일이 집중할 정도의 역량이 우리에겐 없다. 비즈니스와 일이 중요하다고는 하지만, 정말 집중하는 아이디어의 숫자만을 계산한다면 우리가 인생에 걸쳐서, 그리고 모든 환경에서 기억에 할당할 수 있는 뇌세포가 그렇게 많지는 않은 것 같다.

결과적으로 KISS 원칙에서 언급한 것처럼, 우리가 상대방에게 제시할 수 있는 최대 숫자는 핵심이 되는 단 한 개로 보는 편이 안전할 것이다. 만약 한 개의 커뮤니케이션 패키지에서 여러 가지를 동시에 전달해야 한다면 최대 숫자를 3까지 볼 수 있다. 그 이상은 양측 모두에게 시간 낭비가 될 뿐이다.

3은 인간의 뇌가 메시지와 신호를 해석할 수 있는 한계를 보여주는 의미 있는 숫자이다. 따라서 보기를 제시해야 한다면 3개, 후보를 선정해야 한다면 3명, 바이어를 선정해야 한다면 3개의 후보업체를 확보하라. 그리고 상사나 부하직원과의 커뮤니케이션에서도 3가지 선택 안을 제시하라. 선택의 폭이 너무 많아지면 모두가 힘들다. 3인 경쟁 구도는 2인 경쟁구도와 확연히 다르다. 4~5인 이상의 경쟁구도에서는 심리적인 거리감이 생기게 되어 각 후보가 가지고 있는 최선의 재능과 기량을 평가하기 어려워진다. 따라서 회사에서 다음 번 보기를 제시해야할 때는 3이라는 숫자를 사용해보라.

● 비즈니스 영어는 따로 있다

이제 한국 사회에서는 세 살짜리 꼬마도 영어를 할 줄 안다. 물론 간단한 단어를 조합하는 정도이지만 이는 한국에 부는 변화의 물결을 여실히 보여주는 풍경이라 할 수 있다. 거리의 간판은 물론 TV에 나오는 광고도 온통 영어 일색이다. 아이들은 영어 학원으로도 모자라 영어유치원을 다니고, 영어 과외까지 받아야 한다. 우리말도 모르는 아이에게 영어를 가르치는 이 세태에 대해 혀를 끌끌거려보아도 사실상 뾰족한 대안은 없다. 영어는 취업은 물론이고, 직장 내에서 살아남기 위한 강력한 필살기임을 그 누구도 부인할 수 없으니 말이다.

글로벌 시대에 원활한 커뮤니케이션을 위해서도 영어는 필수다. 그런데 입시나 취업 시험에서 높은 영어 점수를 받고도 정작 커뮤니케이션에서는 젬병인 경우가 허다하다. 이는 학교나 학원에서 배우는 영어와 비즈니스 현장에서 사용하는 영어가 너무나 다르기 때문이다. 게다가 쓰기에 비해서 말하기 실력이 크게 뒤처진다. 대다수의 한국인들이 문법을 너무 중시하고 완벽을 추구하기 때문에 말하기를 겁내고 주춤거리게 된다. 그러나 영어는 학문이 아닌 언어다 보니 누가 더 자주 사용하는가에 따라 실력이 결정된다 해도 과언이 아니다. 따라서 평소 비즈니스에서 주로 활용하는 영어문장을 훈련해둘 필요가 있다. 완벽해야 한다는 생각을 버리고 하루에 한 문장씩이라도 익히고 활용하는 훈련을 해두면 1년이면 어느덧 365문장을 익히게 되는 놀라운 결과를 얻게 된다.

한편 말하기보다 쓰기 실력이 더 낫다고 해서 쓰기 훈련에 소홀해서는 안 된다. 한국인들은 영어를 쓸 때 소설의 문어체로 쓰는 경향이 있는데, 이것은 비즈니스 쓰기와는 거리가 멀다. 비즈니스 영어라고 해서 어렵게 생각할 필요는 없다. 학교에서 배운 문장보다 좀 더 간단한 단어와 문장구조면 된다. 그래서 이것들은 2,000개 정도의 단어만으로도 충분하다. 어려운 단어로 기교를 부리기보다는 간단하고 직접적인 동사 위주의 문장으로 자신의 의사를 전달하는 데 충실하면 된다.

참고로 이는 한국어 글쓰기에도 마찬가지로 적용된다. 문학작품을 쓸 생각이 아니라면, 많은 시간을 들여 비즈니스 서신을 쓸 필요는 없다. 앞서 말한 KISS 원칙에 입각하여, 짧고 간단하게 정리하라. 그것이 훨씬 더 설득력 있고 효과적이다.

비즈니스 영어 쓰기를 훈련하기 위해서는 현재의 사업현황과 개선방법에 대해 1페이지 서신을 작성해보는 것이 좋다. 매우 일상적인 업무임에도 불구하고 우리는 이에 익숙하지 않다. 다음번에 이메일을 쓸 때는 영어로 1페이지 비즈니스 서신을 작성해보라. 이는 평생 가는 비즈니스 스킬이다. 일찍 시작할수록 좋지 않겠는가?

● 시각자료를 적극 활용하라!

요즘은 그래픽이 대세다. 그만큼 주변에 그래픽 이미지들이 넘쳐난다. 영화든 인터넷이든 아이폰이든, 문자는 더 이상 주류 매체가 아니다. 심지어는 학교 교육도 그래픽 이미지가 많이 포함된 시각자료를 적극 활용하고 있다.

이것은 단지 한때의 유행이나 시대적 흐름이라기보다는 인간에게 가장 효과적으로 정보를 전달하는 방법을 연구한 결과라고 할 수 있다. 미국의 사회심리학자 앨버트 메라비언은 연구를 통해 시각자료의 중요성을 밝혀냈다. 그의 연구 결과를 보면, 커뮤니케이션에서 사용하는 도구 중에서 말이나 글과 같은 언어의 영향력은 단 7%에 불과하며, 말하는 사람의 목소리나 태도가 38%, 시각자료는 무려 55%의 힘을 발휘한다. 이것은 인간이 정보를 수집할 때 83% 가까이

- 양질의 기업을 경정하는 다양한 방법 중 하나는 제품과 서비스를 비교하는 것이다. 이는 역공학을 통해 생산/제조 공정을 살펴보는 것으로서, 대다수 한국 기업들이 선진 기업들을 따라 잡을 때 이 전략을 사용했다.
- 서비스 부문에서도 끊임없이 경쟁자를 모방하여 개선할 수 있다. 이러한 모방 전략은 후발주자 기업들의 핵심 경쟁력이지만, 자세히 들여다 보면 제품은 비슷하지만 기업문화는 크게 다름이 발견된다.
- 기업의 생산물을 비교, 대조하는 것은 기업을 평가하는 쉬운 방법이다. 그러나 의미 있는 비교를 위해서는 기업의 투입물을 비교할 필요가 있다. 이는 곧 무형으로 쉽게 측정할 수 없는 자원들이다.
- 이러한 무형 자원 중 하나가 바로 기업 브랜드이다. 브랜드는 쉽게 모방할 수 없다. 제품 브랜드보다는 기업 브랜드라고 할 수 있다. 실제로 타 기업보다 수준 높은 경영 문화를 보유한 기업의 경우, 연봉의 높낮이보다는 우수한 기업문화에서 경향을 찾고자 하는 인력을 유지할 수 있다.
- 또 다른 요소는 경영진이다. 누구나 능력 있고 존경할 수 있는 경영진 밑에서 일하고자 한다. 우수한 경영진이 있어야 최우수 인재를 유치할 수 있다.
- 그렇다면 양질의 기업을 결정하는 기준은 무엇인가? 물론 양질의 제품과 서비스를 생산해야 하는데 이는 역공학을 통해 모방할 수 있다. 따라서 진정으로 탁월한 기업이란 투입물, 특히 쉽게 모방할 수 없는 브랜드와 경영문화에 의해서 결정된다. 이것이 바로 '양질의' 기업을 만드는 비결이다.

[텍스트 기반 보고서]

를 시각에 의존한다는 또 다른 연구결과와도 같은 맥락으로 이해할 수 있다.

비즈니스 세계에서도 도표나 그래픽 등의 시각자료의 활용도는 증가하고 있다. 보수적인 기업환경에서는 아직도 문자 매체에 더 의존하는 경향이 있지만 대체적으로 그래픽이 주류로 부상하고 있고 비즈니스 커뮤니케이션도 바뀌고 있다. 아래 [그래픽 활용 보고서]를 보면 더 이상 시각자료의 효과에 대해서 설명하지 않아도 알 것이다.

[텍스트 기반 보고서]는 보기에도 빽빽한 텍스트로 사안을 설명하고 있는 전형적인 보고서의 형식이다. 이를 다음과 같이 그래픽 위주로 바꾸어보았다.

단순히 그래픽 툴을 사용할 줄 안다고 해서 이런 효과적인 그래픽들을 구현하는 것은 아니다. 글이나 말과 같은 언어로 나열된 정보들을 도식화하는 것 또한 연습을 통해 습득해야 하는 스킬이다. 그렇다면 이런 스킬은 어떻게 연습할 수 있을까? 가장 효과적인 방법은 만

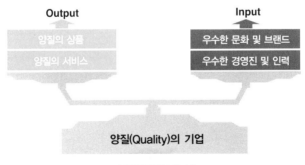

[그래픽 활용 보고서]

화를 많이 읽는 것이다. 영화 스토리보드도 만화에서 출발했다.

훌륭한 만화는 내용이나 문장이 단순하면서도 사람들의 시선을 붙잡고 있는 묘한 힘이 있다. 반면 한 페이지에 너무 많은 내용이 들어가면 독자는 금세 집중력을 잃는다. 그렇다고 내용이 너무 없으면 관심을 잃는다. 비즈니스 분야에서 그래픽 자료를 준비할 때도 만화의 이러한 특성을 염두에 둔, 즉 내용의 단순화, 문장의 단순화, 주목성 등을 고려하여야 한다.

비즈니스 프레젠테이션의 핵심은 각 페이지에서 60~90초 정도 상대방의 관심을 잡아두는 것이다. 예를 들어 30분 발표의 경우, 10분을 질의응답에 할애하고 20분 발표를 하게 되면 약 15페이지 분량의 자료가 적당하다는 계산이 나온다. 하지만 대부분은 자신이 프레젠테이션을 위해 얼마나 많은 준비를 했는지 보여주기라도 하듯 두꺼운 발표 자료를 준비한다. 그러나 이는 누구에게도 도움이 되지 않는다. 상대방은 흥미를 잃거나, 아니면 너무 많은 정보를 들은 나머지 회의가 끝나면 깡그리 잊어버리게 된다.

● **여백의 힘을 살려라!**

카피라이터 세계에는 '적은 것이 많고 많은 것이 적다'는 유명한 말이 있다. 이는 비즈니스 세계에서도 그대로 적용되는 말이다. 특히 서면 커뮤니케이션에서 도표를 활용할 때 해당된다. 많은 이들이 효과적인 커뮤니케이션을 위해 페이지를 가득 채워야 한다고 오해하는데, 사실은 그렇지 않다. 내용이 많을수록 의사소통 방법이 많아지는 것은 아니다. 오히려 그 반대다. 내용이 적을수록 커뮤니케이션이 원활해진다.

　가장 큰 이유는 오늘날처럼 시각적인 아름다움과 미학을 추구하는 사회에서 지루하거나 보기 싫은 것에 대한 사람들의 인내심이 그다지 많지 않다는 것이다. 아무리 중요한 보고서라도 첫 장부터 내용이 산만하고 모호하다면 점차 관심이 줄어들게 된다. 단정하고 아름다운 뉴스 앵커가 인기 있는 것과 마찬가지다. 뉴스 내용과는 별개로 사람들은 앵커에게 기대하는 미학적 기준이 있다. 액세서리를 주렁주렁 달고 펑키스타일의 옷을 입은 앵커가 껌을 씹으며 뉴스를 보도한다고 상상해보라. 뉴스 내용의 중요성과는 별개로 우리는 눈살을 찌푸리며 이내 채널을 돌려버리고 말 것이다. 이는 옳고 그름의 문제가 아니라, 현대 사회를 사는 사람들의 취향과 익숙함의 문제이다. 즉, 사람들은 앵커에게 좀 더 단정하고 편안한 이미지를 기대하고, 이 기대가 무너지면 그와의 커뮤니케이션을 중단해 버린다.

　많은 커뮤니케이션 매체에서 이처럼 실제 내용보다는 형태가 더 중요하게 작용한다. 비즈니스 현실과 가까운 예를 들자면, 자동차 보험, 은행서류, 임대계약, 신용카드 계약서 같은 서류를 보면 대부분 깨알같이 작은 글씨로 씌어져 있다. 이것은 가독성을 떨어뜨려 대부분의 사람들이 대충 훑어만 볼 뿐 꼼꼼하게 모두 읽지는 못한다. 중요한 내용인데도 눈이 아파서 읽는 것을 포기하는 것이다.

　다음 두 도표를 살펴보자. 발표 내용은 어떤 프로젝트의 필요성을 설득시키는 것이다. 여러 가지 근거가 제시되고 있는데, 첫 번째 도표에는 이들이 하나하나 구체적으로 설명된다.

두 번째 도표는 같은 내용이지만 훨씬 간결하다. 더욱 중요한 점은 독자의 시선이 화살표 끝으로 움직이게 되고 바로 프로젝트의 수익률을 제시된다. 이것이 곧 이 발표의 하이라이트 아니겠는가!

첫 번째 도표에서 독자들은 많은 내용 중에서 핵심이 무엇인지 고민하게 된다. 시간이 지나면 어떻게든 파악되겠지만 효율성이 높지는 않다. 두 번째 도표와 같은 파워 펀치가 없다. 두 번째 도표가 여백도 많고 내용도 적지만 훨씬 강력한 매체라고 할 수 있다.

컨설팅 회사로서 우리는 계속적으로 프레젠테이션 포맷을 개선하기 위해 노력한다. 보고서에 대한 독자의 집중력을 개선하는 것인데, 실제 독자들의 반응을 측정해보니 자그마치 95%가 두 번째 도표를 선호한다고 답했다. 첫 번째 도표의 경우 35%만이 모든 내용을 기억했지만 두 번째 도표는 80% 이상이 모든 단어를 기억했다. 게다가 첫 번째 도표는 독자들의 25% 이상이 도표의 전체적인 목표를 이해하지 못했지만, 두 번째 도표는 독자들의 100%가 곧바로 목표를 이해했다. 여기서 얻을 수 있는 교훈은 명확하다. 적은 것이 많고 많은 것이 적다는 것이다. 다음 번 보고서를 쓰게 될 때, 쓰기 위해 쓰는 것이 아니라 커뮤니케이션을 위해 쓴다는 목적을 기억하라.

리더십	기업 가치 제고를 위한 최고 우선순위가 명확하게 설정되었는가? 경영진이 단결되었는가?
책임성	가장 중요한 의사결정에 있어서 각 개인의 역할, 책임과 권한이 명확한가? 비즈니스의 중요한 가치가 조직구조에 반영되는가?
인력	유능한 인력이 적절한 직위와 부서에 충분히 배치되었는가? 중요한 성과항목을 측정하고 이를 보상과 연계하는가?
실행	중요한 업무에 있어서 일관된 집행이 이루어지는가? 후방 지원부서의 기여도가 비용지출 대비하여 적절한가?
문화	성과지향적 문화가 존재하는가? 효과적인 변화를 이끌어낼 역량이 존재하는가?

[프로젝트 도표 1]

강력한 방향성 및
리더십 제시

성과지향적
문화도입

우수한
의사결정 및
집행

명확한
의사결정
책임자 지정

훌륭한 현업
단위집행

유능한 인재 육성
및 유치

[프로젝트 도표 2]

1. 모든 전화 통화에 대해 전략 노트를 작성하라.

---

2. 다음 예를 참조하여 매주 1페이지 노트 1개를 작성하라.

☐ 상사나 동료를 대상으로 하는 1페이지 노트

☐ 최근 본 영화에 대한 1페이지 노트

☐ 최근 읽은 책에 대한 1페이지 노트

☐ 최근 본 TV 프로에 대한 1페이지 노트

☐ 인생에서 가장 행복했던 시간과 그 이유에 대한 1페이지 노트

☐ 인생에서 가장 슬펐던 시간과 그 이유에 대한 1페이지 노트

☐ 본인의 인생목표와 소원에 대한 1페이지 노트

3. 커뮤니케이션에서 '3의 힘'을 적용해보라.

---

4. 다음 상황에서 도표를 활용해보라.

☐ 배우자에게 사랑을 고백할 때

☐ 10년 후의 목표(돈, 커리어 등)를 계획할 때

☐ 인생에서 가장 중요한 3가지와 그 이유를 설명할 때

☐ 인생에서 가장 싫어하는 3가지와 그 이유를 설명할 때

☐ 가장 좋아하는 일(3~5가지)을 설명할 때

☐ 주별 일정표를 작성할 때

5. 구두 커뮤니케이션 스킬을 연습하라

☐ 스스로를 녹음하라

☐ 공식적인 피드백을 구하라

6. 말하기 영어를 연습하라

☐ 지역 동아리에 참여하라

☐ 펜팔 친구를 사귀라

☐ 영어로 말할 수 있는 친구를 사귀라

☐ 매주 최소 1시간 영어로 말해보라

☐ 하루 최소 30분 AFKN을 청취하라

☐ 하루 최소 30분 아리랑TV를 시청하라

5

세일즈 스킬
SALES SKILL

양질의 잠재고객과 양질의 시간을 보내라. 선택과 집중이 고객개발 전략의 핵심이다. 10명의 고객에게 각각 1시간을 투자하는 것보다 가능성 있는 고객에게 1일을 투자하는 게 훨씬 효과적이다.

인류 최초의 세일즈 사건은 무엇일까? 바로 에덴동산에서 뱀이 하와에게 금지된 과실을 먹도록 유혹한 일이다. 비록 성경 속 이야기이긴 하지만 이와 같은 세일즈 과학은 인류와 역사를 같이했다고 해도 과언이 아니다. 더군다나 오늘날 어느 곳이든 어떤 형태든 세일즈 활동이 부재한 순간이 없다고 할 정도이다.

사실 비즈니스 세계의 본질과 현대 기업경영의 근간을 형성하는 개념은 매출, 즉 세일즈라고 할 수 있다. 제품개발 이론, 마케팅, 연구개발, 인사관리 등 비즈니스와 관련된 모든 것이 세일즈 없이는 무의미하다. 자기만족에 그칠 것이 아니라면 개발된 제품은 고객의 구매로 이어져야 비즈니스가 추구하는 궁극의 목표를 달성하게 된다. 우수한 제품을 개발하고도 상업화에 실패하여 결국 사장된다면 얼마나 안타까운 일인가. 하지만 실제 비즈니스 세계에서는 이런 일들이 종종 벌어지고 있다.

그렇다면 개인과 조직이 세일즈 성과를 낼 수 있는 방법은 무엇인가? 세일즈 IQ는 비즈니스 IQ, 즉 BQ의 한 부분이지만 많은 이들이 그 중요성을 간과하여 적절히 교육받지 못하고 있다. 물론 별다른 교육 없이도 모든 제품과 서비스를 훌륭히 소화하는 타고난 세일즈의 귀재들도 있다. 심지어 이들은 에스키모에게 냉장고를 팔고 중동 사람에게 난로를 팔기도 한다. 그야말로 세일즈의 신이다. 그러나 안타깝게도 대부분의 '평범한' 사람에게 이러한 재능은 흔치 않다. 때문에 평범한 사람이 세일즈의 신으로 등극하기 위해서는 후천적인 교육에 의해 세일즈 스킬을 연마하는 수밖에 없다.

세일즈 스킬은 수년에 걸쳐 개발되는 것으로, 훈련의 시작은 정서적, 논리적인 차원에서 먼저 접근하는 것이 좋다. 즉, 세일즈에 대한 두려움이나 거부감 등 심리적 장벽을 먼저 극복해야 세일즈 IQ를 높일 수 있다.

세일즈는 3D가 아니다

신분제가 사라진 지 100여 년이 넘는 지금도 여전히 한국 사람들은 양반네들처럼 편안하게 책상 앞에 앉아 업무를 보는 일을 선호한다. 몸을 쓰고 발로 뛰는 일은 배움이 짧은 사람들이나 하는 것이라는 생각이 강하기 때문이다. 그래서인지 여전히 한국 사회에서 세일즈는 찬밥 신세다. 심리 테스트나 인터뷰를 해보면 대부분의 사람들이 밖으로 나가서 다른 사람들을 만나는 것을 그다지 좋아하지 않는다는 것을 알 수 있다. '발바닥에 불이 나도록 뛰어 다닌다'는 말을 몸소 실천하고 살아야 하는 일이 세일즈인데, 사람을 만나는 일을 꺼린다니 난감할 따름이다. 게다가 제품이나 서비스를 팔기 위해 고객에게 자신을 포장해서 제시하는 것을 어색하고 부자연스럽게 여기고 있다.

사회적 선입견과 더불어 심리적 거부감까지 겹치니 세일즈는 그야말로 피해야 할 직종 중 하나로 인식된다. 이러한 현상은 다른 나라에서도 마찬가지이긴 하지만 특히 한국에서는 학력이 높을수록 세일즈 회피 성향이 더 강하다.

오늘날 한국의 은행산업을 보면 이런 세일즈 회피 현상으로 인한 시행착오를 엿볼 수 있다. 오랫동안 한국에서는 은행이 안정적이고 보수가 높은 직장으로 인식되어, 많은 인재들이 은행에 취직하기를 희망했다. 그러나 최근 몇 년간 산업이 축소 통합되면서 많은 은행에서 방카슈랑스 등 신상품을 도입하여 매출 개선을 꾀하게 되었다.

그동안 대다수 은행은 '인바운드', 즉 고객이 직접 방문하여 금융상품을 구매하는 것에 익숙했다. 대출은 또 어떤가. 은행은 고객에게 돈을 빌려주고 이자를 받아 운영되는 곳이다. 그런데 오히려 은행이

고객의 대출 자격을 심사했다. 대출받는 것이 얼마나 까다로웠으면 '은행 벽이 너무 높다'라는 말이 나왔겠는가. 물론 은행은 대출금을 회수하지 못했을 경우 생기게 되는 리스크를 최소화하기 위해 어쩔 수 없는 일이라 말할 수 있다. 하지만 은행의 리스크 관리 차원에서 볼 때, 대출상품은 위험이 낮다. 어떤 식으로든 담보가 설정되고 은행이 '갑'이기 때문이다.

그런데 오늘날 은행은 예대마진만으로는 생존할 수 없게 되었다. 이제 고객을 기다리는 대신 고객을 찾아나서야 하고 기타 상품들을 공격적으로 판매해야 한다. 은행 직원들에게 이는 심리적으로 큰 변화를 요구하는 엄청난 도전과제이다. '갑'을 버리고 '을'로 새롭게 태어나야 하기 때문이다. 세일즈 역량이 있는 직원들은 이러한 변화가 호기로 작용한다. 즉, 자신의 역량을 인정받아 직급이나 연봉 등의 대우가 개선되고 심지어 스카우트 제의도 받게 된다.

하지만 여전히 '갑'에서 '을'로 변화하지 못하는 은행 직원들이 적지 않다. 한마디로 체면 구기는 것이 싫다는 속내를 은연중에 드러내는 사람들이 많다. 명문대를 졸업한 후 머리 쓰는 일을 기대했는데 고객을 유치하러 밖으로 나가라니! 현대 경영활동 중 3D로 알려진 세일즈를 하라니! 울컥하는 마음에 이직을 생각해 보지만 더 이상 편안하게 앉아 책상업무만 할 수 있는 곳은 아무 데도 없다. 변화에 앞서 가지는 못할망정 순응마저 거부한다면 결국엔 낙오될 수밖에 없다.

세일즈는 결코 3D 업종이 아니다. 미래 비즈니스는 세일즈에 달려 있다. 세일즈는 훌륭하고 유망한 직종이며, 자신의 잠재된 능력을 끌어울리고 거기에 상응하면 정직한 대우를 받을 수 있는 최고의 기회이다.

거절의 두려움을 걷어내라

어떤 문화에서든 거절당하는 것을 좋아하는 사람은 아무도 없다. 데이트 신청, 학교 입학, 시험 등 승낙과 거절이 엇갈리는 모든 상황에서 우리는 거절당하는 것을 두려워한다. 학력이 높을수록 거절의 두려움이 크고, 성공한 사람일수록 거절당하는 것을 죽기보다 싫어하는 경향이 있다. 이는 인간의 본성이라서 전 세계 인류의 공통된 성향이다.

많은 사람들이 세일즈를 꺼리는 이유도 거절에 대한 두려움 때문이다. 고객이 내가 제안한 제품과 서비스에 대해 만족해하며 흔쾌히 구매해주면 다행이지만 불행히도 그렇지 못한 경우가 세일즈의 현장에서는 더 빈번하게 일어난다. 특히 번번이 거절만 당하게 되면 그 심리적 좌절감을 견뎌낼 강심장은 별로 많지 않다. 그래도 우리는 세일즈에 도전해야 한다. 세일즈는 더 이상 선택이 아니기 때문이다. 변화된 비즈니스 시장에서 살아남기 위해서는 모두가 유능한 세일즈맨이 되어야 한다. 가만히 앉아서 고객이 찾아오기를 기다리면 되던 좋은 시절은 끝났다. 고객은 이제 우리의 '봉'이 아닌 우리의 '왕'이 되었다.

세일즈가 기업의 존폐를 좌우할 만큼 중요하게 부각되는데도 여전히 많은 직원이나 임원들이 세일즈 스킬 연마에 노력을 기울이지 않는다. 앞서 말했듯 세일즈를 힘들고 하찮은 일로 여기는데다, 거절에 대한 두려움 또한 이러한 거부감을 부추긴다. 그래서 이들은 그간 연마해둔 기획조정 스킬만으로 어떻게든 버텨보려 한다. 하지만 기업은 더 이상 두려움에 가득 찬 그들을 보듬어줄 만큼 여유롭지 못하다.

나이가 들수록 거절의 두려움을 극복하기가 어렵다. 성격이 내성적이라면 아예 불가능할 수도 있다. 따라서 세일즈 IQ를 높이는 작업은 한 살이라도 더 젊었을 때 하는 것이 좋다. 내 친구 중 하나는 총각 시절에 요즘 말로 표현하면 '선수'였다. 그는 모임마다 새 여자친구를 데리고 나왔다. 그의 외모, 능력, 재력이 지극히 평범했기에 우리 모두는 놀라움을 금치 못했다.

우리는 그에게 타고난 재능이 있을 것이라 짐작했지만, 정작 그가 귀띔해 준 비결은 별다르지 않았다. 그는 대다수 남자들이 거절의 두려움 때문에 이성교제 스킬을 개발하지 않는다고 했다. 남들이 거절의 두려움 때문에 시도조차 하지 않을 때 그는 용기를 낸 것이다. 솔직히 그의 성공 확률은 남들보다 높지 않지만 그의 차이점은 거절의 두려움을 극복한 것이었다. 빨리 극복할수록 이성교제 스킬이 향상된다. 하지만 대부분의 사람들은 데이트 신청 단계에도 못 가기 때문에 그 스킬을 배울 기회조차 없는 것이다.

세일즈도 마찬가지다. 일찌감치 시행착오를 통해 배워야 한다. 거절을 두려워하기보다는 세일즈 스킬을 연마하기 위한 수련의 과정으로 인식하고 즐길 줄 알아야 한다. 생명보험 회사 컨설팅을 하면서 배운 것은 초년생 세일즈 사원이 한 개의 보험계약을 하기까지 평균 7번의 거절을 겪는다. 7번의 거절이라니! 어지간한 배짱이 아니고는 제풀에 포기할 것 같지만, 정작 현장에서는 이보다 더 절박한 마음으로 도전을 이어가는 사람들이 많다.

늘 처음이 어려운 것이다. 7번의 거절 뒤에 이어질 한 번의 승낙까지 끈기를 발휘하려면 용기와 의지가 필요하다. 그리고 이는 교육으로 습득될 수 있는 스킬이다. 많은 보험회사에서 스킬 없는 아줌마들을 대상으로 교육하는 것을 보면 알 수 있지 않은가? 아줌마들이 할 수 있다면 당신도 할 수 있다!

생생한 멘토링을 구하라

부모님이나 교수님에게서 세일즈 멘토링을 받은 적이 언제였는가? 아마 단 한 번도 없을 것이다. 기업 내 교육도 마찬가지이다. 대다수의 기업이 세일즈에 대한 멘토링은 따로 하지 않는다. 이처럼 한국 사회 전반에서 세일즈 코칭이 부족하다는 것이 세일즈에 있어 또 다른 장애물로 자리 잡고 있다.

이는 한국 내 서비스 산업이 덜 발달했기 때문일 수도 있으나, 더 심각한 문제는 이상하게도 기업 경영진이 세일즈를 교육할 수 없는 기술로 생각하고 있다는 것이다. 그들은 세일즈를 그저 현장에서 몸으로 부딪치며 직접 체득하거나 선배 어깨너머로 배우는 것이라고 생각한다. 그렇다면 현장 경험이 많을수록 세일즈 기술도 향상될까? 흥미롭게도 소위 베테랑 세일즈 직원들을 인터뷰해보면 높은 연차에도 불구하고 후배만큼이나 무지하다. 20년 세일즈 경력은 그저 1년 경력이 20회 반복되었던 것에 불과했다. 스킬이 정교하지 못할 뿐 아니라 최첨단 세일즈 기술도 반영되지 않는다.

고객 서비스 부문에서 이루어진 발전을 생각해보라. 오늘날 서비스 직원들은 컴퓨터 진단 프로그램으로 자동차의 기계문제를 파악한다. 과거에는 10시간이 넘게 걸리던 점검이 요즈음 10분 내에 가능해졌다. 10년 전 자동차보다 10배 넘는 전자 부품이 있는 것을 감안하면 이는 놀라운 발전이 아닐 수 없다. 또 전자 항공권을 사용하면 카운터에 들르지 않고서도 국내선에 탑승할 수 있다. 그 밖에도 이메일 시스템과 휴대폰을 통해 건강진단 일정, 치과예약 관리가 가능하다.

이러한 기술의 시대에 한국에서 세일즈 교육과 세일즈 기술 향상에 투자하는 기업이 몇이나 되는가? 별로 많지 않다. 그들은 그저 열심히 일하라는 다그침만 할 뿐이다. 이는 냉소적인 멘토링이며 현대사회를 잘 반영하지 못하는 구시대적 코칭이다.

내실 있는 멘토링과 코칭을 위해서는 기업의 지속적인 교육과 피드백, 업데이트가 필요하다. 더 중요한 것은 개인적으로 세일즈 스킬과 교육을 회사생활 밖에서 적극 모색하는 것이다. 학원이 될 수도 있고, 방문판매 회사에서 일해보는 것도 좋다.

언젠가 미국 제약회사 사장을 만난 적이 있다. 그는 하버드대 졸업장과 리더십 이외에도 마케팅과 세일즈 스킬로도 유명했다. 그는 인터뷰에서 자신이 이제껏 받은 가장 중요한 교육으로 고등학교 때 삼촌과의 세일즈 코칭 경험을 꼽았다. 그는 고등학교 때 진공청소기 방문판매 사원인 삼촌 밑에서 3개월간 일하면서 코칭을 받았다. 이 시기를 통해 그의 인생이 바뀌었고, 그는 오늘날 자신이 이룬 성공이 모두 삼촌의 코칭 덕분이라고 했다.

지금 우리에게 절실한 것은 이런 현장의 생생함을 전해주는 살아 있는 멘토링이다. 적절한 멘토가 부재하다면 일찌감치 세일즈 교육기관에 등록하는 것도 괜찮다. 이는 비즈니스 커리어 개발을 위한 최고의 투자가 될 것이다.

세일즈 스킬의 다섯 가지 비법을 활용하라

세일즈로 명성을 떨치는 사람들의 대부분이 가슴속에 절박함을 품고 있다. 그들 중 상당수가 회사에서 쫓겨나고, 사업에 실패하는 등 인생의 막다른 길에서 세일즈를 선택하기 때문이다. 하지만 과연 절박함만이 그들의 성공 비결이었을까?

세계 최고의 자동차 판매기록으로 기네스북에 오른 조 질러드는 연이은 사업실패로 빚더미에 앉게 되자 마지막 선택으로 자동차 세일즈를 시작했다. 세일즈 첫날, 그는 아는 사람들에게 전화를 돌렸지만 결과는 그리 신통치 않았다. 풀이 죽은 그의 모습에 상사는 그의 처지를 일깨워주며 '반드시 팔아야 한다'는 절박함을 가슴에 심어주었다. 놀랍게도 절박함의 묘약은 즉시 그 효과를 발휘했다. 그날 저녁 차를 구경하러 들어온 손님에게 차를 판매하는 데 성공한 것이다. 이후로 그는 고객 리스트를 만들어 관리하고, 기념일마다 카드와 선물을 보내는 등 각종 세일즈 스킬을 연마했다. 절박함이 그에게 의지를 심어주었다면 세일즈 스킬은 그 의지를 고객에게 전달하는 커뮤니케이션의 통로가 된 것이다.

이처럼 세일즈 현장에서 효과적인 세일즈 스킬들은 성과의 창출로 이어지고, 나아가 세일즈 IQ를 높이는 데 기여한다. 그래서 효과적인 세일즈 스킬을 익혀두는 것은 비즈니스 세계에서 살아남는 데 큰 도움이 된다. 그런데 우리가 흔히 최고의 세일즈 스킬로 알고 있는 것들 중에는 오해도 있다. 이제는 오랜 오해를 푸는 것을 시작으로 효과적인 세일즈 스킬을 재창출하는 데 노력해야 할 것이다.

● 가장 효과적인 세일즈 채널을 찾아라

비즈니스 세계에서 오랫동안 대면 채널은 가장 효과적인 세일즈 스킬로 여겨졌다. 물론 여전히 그 믿음은 깨지지 않고 있다. 특히 대면 세일즈에 익숙한 사람들에게는 더욱 더 그렇다. 하지만 정보통신의 발달은 세일즈를 비롯한 모든 비즈니스 환경들을 급속도로 변화시켰다. 쇼핑은 물론이고 은행 업무, 학습, 심지어 지인들과의 교류도 직접 그들과 대면하지 않고 가능해졌다. 이러한 라이프스타일의 변화는 상품이나 서비스의 구매에 대한 고객들의 의식도 크게 변화시키고 있어서, 대면 채널의 효력은 점점 약해지고 있는 실정이다.

일례로, 시도 때도 없이 걸려오는 각종 광고 전화들을 고객들은 '스팸'으로 분류하거나 수신거부 등록을 해두는 경우도 허다하다. 물론 광고 전화 중에는 도움이 될 만한 고급 정보들도 분명 있다. 하지만 현대인은 그것을 사적인 전화, 즉 휴대폰으로 일일이 듣고 있을 만큼 한가하지 못하다. 대신 고객들은 문자 메시지를 더 선호한다. 자신의 관심사나 도움이 될 만한 정보를 취사선택할 수 있기 때문이다. 그런데도 비즈니스 리더들은 문자메시지를 비롯한 새로운 세일즈 채널을 비즈니스에 적용하는 데 여전히 소심한 태도를 보인다.

베인 앤드 컴퍼니가 교보 온라인 자동차보험 프로젝트를 진행할 때에도 경영진과 정부 인사들은 비슷한 태도를 보였다. 이들은 누가 인터넷으로 자동차보험에 가입하겠냐고 반박하면서 자동차보험 상품은 인터넷 판매 대상이 아니라고 주장했다. 인터넷으로 자동차보험에 가입하는 것은 고객에게도 안전하지 않을 뿐더러, 인터넷을 주로 사용하는 사람들이 젊은층이다 보니 회사 입장에서도 가망고객이 제한되는 위험이 있다는 것이다. 정부 또한 보험의 효과적인 관리, 위조계약 및 신원 확인의 불가능 때문에 위험하다는 입장이었다. 하지만 10개월에 걸친 설득 끝에 마침내 교보 인터넷 자동차보험이 출시되었고, 그 결과는 혁신 사례로 손꼽히고 있다.

교보 자동차보험이 성공하기 전에는 대부분의 손해보험 회사들은 대면 접촉이 가장 효과적인 세일즈 채널이라고 생각했다. 심지어는 아직도 대면 판매만 주장하는 경영진도 있다. 하지만 인터넷을 통한 비대면 채널은 현재 전체 시장의 20%를 차지하며, 점점 그 비율은 상승할 것으로 전망된다. 21세기 비즈니스 환경에서 인터넷은 가장 유망하고 역동적인 채널이며 대면 채널에게 가장 큰 위협이 되고 있다.

인터넷뱅킹도 좋은 사례다. 오늘날 인터넷뱅킹은 총 거래금액의 80% 이상을 차지하며 계속 증가 추세다. 특히 은행 방문이 필요 없는 잔액조회 등과 같은 업무는 대부분 인터넷뱅킹을 활용한다. 더 이상 고객들은 은행에 직접 방문해야 하는 수고 없이도 은행 업무를 볼 수 있다. 이 얼마나 편리한 일인가! 하지만 인터넷뱅킹의 도입에 대한 의견이 나왔을 때도 규제당국은 특정 은행 업무를 영업점에서만 하도록 하는 등 인터넷뱅킹 도입을 연기하려고 애썼다. 홈쇼핑 보험 판매는 또 어떤가. 오늘날 홈쇼핑은 건강보험과 생명보험의 가장 효과적인 판매채널로 자리 잡았다. 하지만 이 역시 초기에는 규제당국과 경영진이 장애물 역할을 하며 변화에 가장 느리게 대응했다.

이처럼 새로운 세일즈 채널의 개발에 있어 최대 장애물은 스스로가 고객과 고객의 니즈를 잘 알고 있다고 주장하는 사람들이다. 하지만 오늘날 고객들, 특히 젊은 세대는 완전히 다른 환경에서 자라난 세대이고 비즈니스 리더들은 아직 이들을 따라잡지 못하고 있다. 따라서 고객을 안다고 말하기 전에 진정으로 고객을 대변하는 건지, 고객을 핑계로 본인의 필요를 대변하는 건지 생각해볼 필요가 있다.

한편, 기성세대 비즈니스 리더들의 이런 안일한 고객 대응은 어쩌면 미래 비즈니스 리더들과 젊은이들에게 유리한 발판이 될 수 있다.

기술을 활용하는 세일즈는 미래의 규범이 될 것이며, 누가 먼저 여기에 재빠르게 대응하여 세일즈 IQ를 높이는가에 따라 비즈니스의 성패가 갈릴 것이다.

● 인맥, 양보다 질로 승부하라

아는 사람이 많아야 잘 판다! 너무나 당연한 말처럼 들리지만 사실이 말은 틀린 말이다. 통상적으로 유능한 세일즈 직원은 인맥이 넓다. 하지만 실적이 부진한 세일즈맨 역시 인맥의 크기는 만만치 않다. 즉, 외향적인 성격이 사람들을 많이 만날 수 있는 것은 맞지만 인맥의 크기로 볼 때, 유능한 세일즈맨의 인맥 리스트와 부진한 세일즈맨의 인맥 리스트에는 큰 차이가 없다는 말이다.

다수의 영업 조직, 특히 생명보험 산업에서는 입사 초기에 '100명 지인 리스트'를 작성한다. 가족을 포함하여 최근 연락을 했던, 그리고 해당 상품이나 서비스를 구매할 수 있는 100명의 지인을 떠올리며 리스트를 작성하는 것이다. "뭐 100명 정도야"라며 만만하게 생각할 수 있지만, 막상 앉아서 펜을 들고 나면 100명은 만만치 않은 숫자다. 더군다나 대부분 이 리스트가 직계가족을 벗어나기가 쉽지 않다. 심지어 '100명 지인 리스트'를 잘 살펴보면 절반 정도는 해당 세일즈와는 무관한 미성년자나 고령자다. 이는 유능한 세일즈맨에게도 해당되는 이야기다. 이들의 지인 리스트는 부진한 세일즈맨이 작성한 지인 리스트와 별반 다르지 않다.

베인 앤드 컴퍼니의 컨설팅 툴 키트 중 가장 중요한 부분은 다양한 스킬을 갖춘 사람들의 습관 진단이다. 우리는 유능한 세일즈맨과 부진한 세일즈맨의 차이점이 그들의 지인 리스트가 아닌, 다른 곳에 있음을 밝혀냈다. 그들의 차이점은 각 지인을 분류, 관리하는 방법에 있었다. 유능한 세일즈맨들은 한결같이 인맥의 평가 및 관리 원칙을 엄격하게 적용했다.

세일즈맨에게 있어 인맥은 그야말로 든든한 '비빌 언덕'이다. 그러나 양보다는 질이다. 비빌 수 있는 언덕이라고 해서 모두가 나에게 쉽게 그 언덕을 내어주지는 않는다. 따라서 적절하고 적합한 사람들을 알고 이들과의 관계를 유지, 발전시키는 것이 더 중요하다. 즉, 인맥의 크기보다는 그것을 개발, 심화, 성장시키며 유용하게 활용하는 것이 더 중요하다.

예를 들어 지인 100명 중 10%인 10명만 실제 판매로 이어졌다고 하자. 첫 세일즈 치곤 사실 이 정도는 성공이라 할 수 있다. 부진한 세일즈맨은 이 정도의 성공에 만족하지만 유능한 세일즈맨은 여기에 만족하지 않는다. 그들은 거절했던 90명을 6개월 후에 다시 찾아가서 세일즈를 창출해낸다. 즉, 처음 시도에서 거절했던 나머지 90명을 곧바로 포기하지 않고 이들을 다시 분류하고 계속해서 정기적으로 접촉하는 것이다. 이것이 유능한 세일즈맨의 성공 비결이다. 상식처럼 들리지만 실제로 굉장히 많은 세일즈맨들이 처음에 거절했던 고객들을 금방 포기하고 다시는 연락하지 않는다. 따라서 이러한 세일즈맨들은 새로운 고객을 끊임없이 발굴해야하는 어려움에 놓이게 된다. 반면 유능한 세일즈맨들은 기존 고객과의 관계를 지속적으로 성장시킨다. 씨를 뿌리고 그것이 열매를 맺기까지 꾸준히 농사를 짓는 것이다.

확률 높은 고객기반을 구축하는 것은 하루아침에 되지 않는다. 그렇다고 해서 의미 없는 고객들로 리스트를 채우는 것 또한 효과적인 방법은 아니다. "언제 밥 한 번 먹자"처럼 무의미한 인사말은 필요 없다. 이런 인사를 건네는 사람도 밥을 살 마음이 없고, 인사를 듣는 사람도 전혀 기대하지 않는다. 이러한 환경에서 어떻게 의미 있는 고객 관계가 형성되겠는가?

마당발이 되려고 하지 말고 양질의 잠재고객과 양질의 시간을 보내라. '선택과 집중'이 고객개발 전략의 핵심이다. 많은 연구 결과 10명의 고객에게 각각 1시간씩 투자하는 것보다 가능성 있는 고객에게 1일을 투자하는 것이 훨씬 효과적임이 밝혀졌다. 게다가 좋은 고객은 또 다른 좋은 고객을 소개하는 선순환 구조를 만들어낸다. 이는 네트워크 장에서 좀 더 자세히 다루도록 하겠다.

● 친분에 너무 의존하지 말라

고객은 생각보다 훨씬 더 이성적이다. 친분만을 내세우며 구매를 요구한다면 불과 1년도 가지 못해 등을 돌리고 만다. 실제로 대부분의 서비스 산업의 경우, 인맥에 의한 판매는 12개월 이상 지속되기 어렵다.

물론 가격과 품질이 비슷한 수준이라면 아는 사람을 통하는 것이 유리할 수 있다. 일반적인 소매 산업은 그렇다. 그러나 기업 환경에서는 누군가를 안다는 것이 오히려 해가 될 수 있다. 예를 들어 정부 관료나 기업 임원들은 입찰 심사에서 오해받지 않기 위해 평소 알고 지내던 세일즈 직원이나 아이템에서 거리를 두는 경우가 많다. 인맥이 도움이 되기는커녕 오히려 방해가 되는 셈이다.

위와 같은 특별한 경우가 아니더라도, 고객에게 인맥의 힘이 통하지 않는 경우는 많다. 특히 동일한 상품인데도 불구하고 아는 사람이 더 비싸게 팔 때, 고객은 자신이 추가로 지불해야 하는 가격과 인맥 사이에서 고민할 수밖에 없다. 이때 관계의 종류와 성격에 따라서 결정은 다를 수 있다. 만약 관계를 생각해서 추가적인 가격 부담을 감수한다면, 이를 '관계 프리미엄'이라고 한다.

그렇다면 일반적인 사람들에게 관계 프리미엄은 얼마 정도일까? 우리의 연구 결과, 산업별·제품군별로 관계 프리미엄이 달랐는데, 금융상품에 대해서는 15% 가격 차이가 있을 경우, 80%의 고객들이 저렴한 판매자로 전환하고, 20% 가격 차이가 있을 경우에는 거의 100%의 사람들이 저렴한 판매자로 전환한다. 20% 가격 차이로 모두가 등을 돌린다니! 야박해 보일 수도 있겠지만 이것이 현실임을 인정해야 한다.

제아무리 인맥의 단단함을 자랑해도 단 15%의 가격차이에도 그 관계는 깨질 수 있다. 그리고 20%의 가격차이는 확실한 결별이다. 때문에 세일즈를 하는 입장에서는 가격을 낮추거나 타 업체로의 전환비용을 아주 높게 만들어서 차라리 20% 가격차이를 감수하도록 해야 한다.

"다른 곳에서 절반 가격을 제시해도 나는 흔들리지 않겠다"며 우리를 안심시켜줄 충성스런 고객은 그 어디에도 없다. 그러나 세일즈 직원들이 고객을 상대로 짝사랑에 빠지는 현상을 종종 볼 수 있다. 고객의 충성심을 과대평가하는 것이다. 우리 연구에 따르면 충성심이 있는 고객의 수는 기대했던 수치의 절반 정도에 불과하다. 다시 말해서 대부분의 고객들은 세일즈 직원들의 다각적인 수고에도 불구하고 기대만큼 충성심이 없다는 것이다.

친하다고 무조건 사주지는 않는다. 고객과의 친분을 내세우기 이전에 기본 세일즈 스킬을 강화하고 경쟁 업체보다 더 매력적인 세일즈 조건을 제시할 수 있도록 궁리해야 한다.

● 노력보다는 결과로 말하라

10시간을 일하고 하나를 해내는 직원과 5시간을 일하고도 둘을 해내는 직원 중 기업은 누구를 더 좋아하겠는가. 당연히 후자다. 비즈니스는 노력보다는 성과창출이라는 결과로 인정받는 세계다. 그리고 성과는 밤을 새는 장시간의 근무가 아니라 스마트한 업무를 통해 달성된다.

하지만 세일즈 조직의 대부분이 투자되는 수고와 근무 시간에 비해 성과창출이 아주 낮다. 즉 일은 열심히 하지만 스마트하지는 않다는 말이다. 우리 연구에 따르면, 일반적으로 세일즈에서 계약 체결에 걸리는 시간은 총시간의 3~5% 미만이다. 나머지 95~97%는 고객을 만나기 위한 이동, 고객확보를 위한 활동 등으로 보내는 시간이다. 다시 말해서 95%는 자유롭게 활동하는 시간이기도 하지만, 그만큼 신중하게 관리하지 않으면 낭비될 수도 있는 시간이라는 말이다. 때문에 모든 세일즈 조직들이 이 95%의 시간을 더욱 효율적으로 관리하기 위해 고군분투하고 있다.

그렇다면 과연 시간을 좀 더 효율적으로 관리하고 스마트하게 일하기 위해 어떤 스킬을 익혀두어야 할까? 세일즈맨들이 가장 어려워하는 아래의 두 가지 스킬을 통해 좀 더 스마트하게 일하는 직원으로 변신할 필요가 있다.

첫째는 세일즈 프로세스에 대한 이해이다. 많은 이들이 제품이나 서비스를 구매할 때 이성(제품의 필요성)과 감성(제품의 매력도)이 동시에 작용한다. 그런데 많은 세일즈맨들이 이러한 이성과 감성이 각 고객에게 어떻게 조합되어 구매 결정으로 연결되는지 제대로 파악하지 못하고 있다. 때문에 세일즈 과정에서의 밀고 당기는 메커니즘을 이해한다면 시간을 좀 더 생산성 있게 보낼 수 있다.

둘째는 고객 분류이다. 타율이 낮다면 목표 고객 리스트를 개선함으로써 타율을 높일 수 있다. 오늘날 고객관계관리(CRM)도구를 사용하여 효율성을 크게 개선할 수 있으며 목표 고객 데이터를 훨씬 과학적인 방식으로 미리 준비할 수도 있다.

일례로, 내가 컨설턴트로 참여했던 한 은행은 고객들의 자녀 생년월일 데이터를 활용하고 있었다. 이 데이터로 '생애 이벤트 마케팅'이 가능하다. 즉, 자녀들의 진학 시기를 예측하여 관련 상품을 판매할 수 있고, 고객의 소득 및 투자 포트폴리오를 기반으로 자녀의 니즈와 금융 구매력을 합리적으로 예측할 수 있다. 10년 전에는 불가능했지만 이제는 버튼만 누르면 가능한 일이다.

아직도 이러한 기술을 제대로 활용하기는커녕 있는지조차 모르는 이들이 많다. 이처럼 핵심은 기술이 있는가의 여부가 아니다. 기술을 최대한 활용하고 있는가이다. 어차피 전문적인 프로그래머나 엔지니어가 아니라면 기술의 메커니즘을 다 알 필요도 없다. 단지 활용할 수 있는지에 대해서 판단할 수 있는 감각이 갖추어져 있어야 한다.

● 뛰는 고객 위에 나는 세일즈가 되라

인터넷 세상이 열린 이후 고객들은 훨씬 더 분주해졌다. 하나의 제품을 구매하기 위해 여기저기 웹 사이트를 방문하고 구매후기를 꼼꼼히 체크한다. 물론 가격비교도 절대 빼놓지 않는다. 매장을 방문하여 세일즈 직원의 정보에만 의존하던 이전과는 확실히 다른 모습이다.

하지만 고객이 이처럼 발 빠르게 뛰는 동안 세일즈는 그 위에서 날고 있다. 그래야만 생존할 수 있기 때문이다. 자동차를 예로 들어보자. 대부분 고급 자동차 세일즈는 브랜드와 마케팅으로 이루어진다. 물론 안전성 등에 대한 비공식적인 미 자동차 소비자 품질등급 기관인 'JP 파워'의 등급이 있기는 하지만 오늘날 자동차 브랜드 간의 품질 차이는 미미하다. 특히 사용자가 체감하는 품질의 차이는 거의 없다. 생각해보라. 자동차 구매 후 첫 24개월 내에 자동차 부품이 떨어져 나갈 확률과 접촉사고나 흠집이 날 확률 중 무엇이 더 높은가. 당연히 후자다. 따라서 세일즈 직원은 '안전성'을 내세우기보다는 '이미지'로 접근해야 한다. 즉, 다양한 옵션의 필요성을 설득해야 한다는 것이다.

자동차 회사 입장에서 볼 때 기본형 모델 판매는 오히려 손해인 경우가 많다. 요즘에는 자동차 판매로 수익이 창출되지 않는다. 옵션 패키지가 수익 기회이다. 따라서 세일즈 직원 역시 옵션 내용을 꼼꼼히 공부하여 옵션 가격과 패키지를 잘 협상해야 한다. 여기서 대부분의 수익과 가치가 창출되기 때문이다. 예를 들어 3,500만 원 자동차 옆에 더 나은 모델이 4,000만 원에 전시되어 있다고 가정해보자. 당신이 고객이라면 3,500만 원 하는 차를 사겠는가, 업그레이드 모델인 4,000만 원의 차를 사겠는가.

많은 연구 결과, 대다수의 사람들은 4,000만 원 차로 결정한다. 그리고 500만 원 더 내고 더 나은 모델을 샀다고 뿌듯해한다. 그러나 사실 두 차의 차이는 옵션 패키지일 뿐이다. 보라! 고객들은 똑똑해졌다고 자랑하지만 세일즈가 그 위에 있는 것이다. 주위를 살펴보면 비슷한 사례들이 많다.

- 새 클럽으로 골프 실력이 개선될까? 아니다! 골프채 제조업체들의 다각적인 홍보에도 불구하고 미국 아마추어 골프 스코어 평균은 30년 이상 100에서 유지되고 있다.
- 한우와 미국산 A급 소고기를 구별할 수 있는 사람이 몇 명일까? 광우병과 촛불시위에도 불구하고 30% 미만의 한국인만이 한우를 제

대로 구별할 수 있다고 한다.

- 새 비행기와 낡은 비행기를 구별할 수 있는가? 매우 어렵다. 보통 승객들은 좌석 업그레이드 정도를 알아보는데, 이는 인테리어에 불과하다. 결국 항공사들의 마케팅을 믿는 방법밖에 없다.
- 최대 활용되는 컴퓨터 애플리케이션의 비율은 얼마일까? 애플리케이션 업체들의 주기적인 업그레이드에도 불구하고 전체 애플리케이션의 약 10%에 불과하다.

여기서 교훈은 단순하다. 마케팅 스킬이 고객의 '두뇌와 논리'를 뛰어넘는다는 것이다. 핵심은 고객의 자존심과 인지에 호소하는 것이다. 고객들은 생각만큼 스마트하지 않다.

6

비즈니스 분석 스킬
ANALYTICAL SKILL

> 상식과 문제해결 능력을
> 정복하라. 상식은 일반
> 인들이 공통적으로 동의
> 하는 일반적인 견문을
> 의미하며, 문제해결 능
> 력은 말 그대로 어떤 상
> 황에서도 문제를 해결할
> 수 있는 능력을 말한다.

10년 전 어느 대기업 그룹 회장을 만난 적이 있다. 아들이 없었던 그는 50년간 일구어온 그룹을 평소 아끼는 조카 K에게 물려주고자 했다. 그러나 K는 임원진에게 인정받지 못하고 있었기 때문에 회장은 나에게 문제의 근본 원인을 찾아달라고 부탁했다.

K는 서울대학교를 졸업하고 미국 명문대에서 박사학위를 취득한 인재였다. 이력서만으로는 그룹에서 손꼽히는 두뇌임에 틀림없었다. 그러나 그의 상사는 K의 '비즈니스 분석력이 꽝'이라고 꼬집었다.

나는 의아했다. 박사학위 소지자가 비즈니스 분석력이 모자라다니! 그를 직접 찾아가보았다. K 역시 이 상황에 대해 스트레스가 이

만저만이 아니었다. 일을 잘하고 싶은 욕심은 있었지만 비즈니스 분석 스킬을 제대로 훈련받지 못한 탓에 실력이 따라주지 않았던 것이다. K는 누가 시키는 일은 잘하는 편이었지만 재량으로 일을 처리해야 하는 상황에서는 헤매기 일쑤였다. K의 잘못된 의사결정 때문에 부하직원들의 고생이 말이 아니었고, 심지어는 아예 의사결정을 하지 못해 업무가 마비되기까지 했다. 한마디로 그는 부하직원과 동료들에게 기피대상이었다. 몇 달 후, 회장과의 관계에도 불구하고 그는 그룹 산하의 비영리 기관으로 발령되었고, 그렇게 나와의 연락도 끊어졌다.

서울대 졸업에 박사학위 소지자가 실제 비즈니스 현장에서 저 정도로 무능할 수 있다니! 드라마 속 이야기나 될 법한 이런 사례는 실제로 주위에 얼마든지 있다. 특히 박사학위 소지자들이 많은 하이테크 기업에서 이런 일이 자주 발생하는데, 이들이 기술과 연구에서는 똑 부러지지만 비즈니스 현장에서는 무능력한 경우가 많기 때문이다.

사실 비즈니스 현장에서 사용되는 분석 스킬은 복잡한 과학이나 수학적 분석이 아니다. 그렇다 보니 박사학위가 그다지 효력을 발생하지 못하는 것이다. 비즈니스 분석 스킬은 일상에서 훈련으로 습득할 수 있는 것으로, 크게 두 가지 요소로 구성된다.

첫째는 '상식'으로, 이는 비즈니스 지식의 가장 기본을 이룬다. 둘째는 '문제해결 능력'이다. 이 또한 복잡한 과학이 아니라 학습되고 개발되는 스킬이다. 이 두 가지를 완전히 정복하면 오늘날 직면하는 모든 비즈니스 이슈의 90%는 해결된다고 확신한다.

유명한 기업가들 중에는 제도권 교육을 받지 않은 경우가 종종 있다. 현대그룹의 정주영 회장은 고등학교도 졸업하지 못했고, 우리나라에 보험을 처음 도입한 교보그룹의 신용호 회장 역시 중학교도 졸업하지 못했다. 미국 유수의 렌터카 회사 엔터프라이즈(Enterprise) 사의 앤디 테일러 회장 또한 고등학교를 졸업하지 못했다. 그런데도 이들 모두 생전에 사업에 성공하고 훌륭한 기업을 세웠지 않은가! 어떻게 가능했을까? 이들의 공통점으로 볼 때, 학교 교육이 성공의 열쇠가 아니라는 것만은 확실하다. 대신, 이들은 위에서 언급한 두 가지 스킬 면에서 동료집단보다 탁월했다. '배우면서 일하고, 일하면서 배운다'고 했던 신용호 회장의 말처럼 이것은 현장에서 몸소 체득한 비즈니스 분석 스킬이다. 이는 다른 말로 '현장 지식'이라고도 하는데, 명칭이야 어떻든 이것은 '상식 스킬'과 '문제해결 스킬'로 구성된다.

예절이 곧 비즈니스 상식 스킬의 기본

상식은 사람들이 공통적으로 동의하는 일반적인 견문을 의미하며, 난해한 지식, 연구, 조사에 의존하지 않는 '보통' 사람들의 지식에 기반을 둔 신념이나 주장을 의미하기도 한다. 이러한 상식 역시 자연스레 습득하기보다는 후천적으로 훈련하여 습득하는 것이 더욱 효과적이다. 특히 군이나 기업과 같이 조직화된 곳에서는 상식이 사회에서 요구되는 일반적인 상식과는 조금 차이가 있어 어떤 이들에게는 자연스레 습득되기가 어려운 경우도 있다. 특히 군에서는 상황이 늘 변하고 그에 따라 수많은 전시 시나리오의 조합이 가능하기 때문에 기존의 훈련 매뉴얼과는 별도로 현장 책임자가 적절한 의사결정을 내리게 된다. 따라서 군은 상식 훈련을 개발하는 데 많은 시간과 예산을 투자한다.

예를 들어, 공군 비행사 훈련 과정에서 항공기 사고나 고장을 검토하는 안전센터 전문가들은 사람들의 '비상식적'인 행동에 놀라게 된다. 사고의 순서를 추적하다 보면 늘 누군가가 믿을 수 없을 정도의 비논리적인 행동을 하거나 매우 기초적인 실수를 한다는 것이다. 즉, 상식에서 벗어난 행동 때문에 사고가 유발되는 것이다.

과거에는 '상식은 가르칠 수 없다'는 생각이 지배적이었다. 하지만 몇 년에 걸친 미 공군 연구결과, 상식을 활용하는 사례를 교육하면 그 내용이 뇌에 입력되어, 적어도 동일한 실수나 오판을 방지할 수 있음이 밝혀졌다.

이처럼 군은 핵심 간부 교육과정을 운영하며 상식 스킬을 교육하는 반면 기업들은 이러한 교육을 따로 실시하지 않는 경우가 더 많다. 운 좋게 훌륭한 상사를 만나거나 특정 경험을 하게 되면 커리어 초기에 상식 스킬을 개발할 수 있을 뿐이다. 그러나 특별히 운이 좋지 않다면 상사의 나쁜 습관만을 답습하게 되어 제2의 K가 되기 십상인데, 삼촌이 재벌그룹 회장이 아니라면 K만큼이라도 버틸 재간은 없다.

그러면 비즈니스 환경에서는 어떻게 상식을 배울 수 있을까? 다시 강조하지만 이는 복잡한 과학이 아니다. 비즈니스 환경에서 상식은 비즈니스 예절을 준수하는 것에서부터 시작된다. 다행히 군에서 활용되는 상식 스킬 중 다수가 비즈니스 환경에도 직접 적용될 수 있다. 아래는 미국 FBI 요원을 대상으로 하는 교육에서 뽑아낸 상식 스킬 중 비즈니스 환경에 접목할 수 있는 것들이다. 사소해 보일 수 있지만 이것의 효과는 매우 크다.

● **회의 예절**

- 정해진 시간에 회의를 시작하고 종료하라. 회의 10분 전에 도착하라. 상사는 늦을 수 있지만 자신은 절대로 늦어서는 안 된다.
- 모든 회의나 교육에 필기도구와 다이어리를 늘 지참하라.
- 회의 중에는 휴대폰을 꺼라. 회의 시작 전에 휴대폰 모드를 확인하라. 벨이 울리거나 진동이 울리기 시작한 다음에 허둥지둥하지 말라.
- 회의 중에 휴대폰을 켜두어야 할 사정이 있다면, 그 사유를 미리 공지하라. 그래야 회의 중에 휴대폰을 쳐다봐도 상대방의 오해를 받지 않는다.
- 자신의 바디 랭귀지를 살펴라. 천천히 이야기하라. 너무 빨리 말하면 내용이 중요하지 않아 보일 수 있다. 다른 사람이 한 말을 반복하지 말라.
- 회의에 늦게 될 경우 다른 참석자에게 전화로 알리라. 회의가 끝난 후에는 자신의 자리를 정리하라. 쓰레기를 버리고 의자를 밀어 넣으라. 정리하는 데 도움이 필요한지 주최자에게 물으라.

- 외부 업체들과 언쟁하지 말라. 이들이 피력하는 의견을 끝까지 들으라. 우리 측에서 피드백을 요청한 경우라면 시비하지 말라. 의견 불일치에 대해 침착하고 정중하게 대응하라.

● 차량 예절

- 오토바이가 있는 경우 뒷자리에 청소년이나 다른 직원을 절대로 태우지 말라. 승합차에 청소년을 태운 상태로 차를 비우지 말라. 특히 시동이 켜 있거나 열쇠가 차 안에 있는 경우에는 절대로 차를 비우지 말라.
- 근무 지역에서 음악을 크게 틀고 승합차나 자가용을 운전하지 말라. 업무용 승합차를 운전하면서 휴대폰 통화를 하지 말라. 운전 중 길을 물어볼 때는 차를 세우고 전화하라.
- 업무용 차량 탑승객 전원은 안전벨트를 착용해야 한다. 업무용 차량을 운전할 때 모든 속도제한과 교통법규를 준수하라. 업무용 차량을 운전하면서 발생된 벌금은 해당 운전자의 책임이다.

● 사내 예절

- 상사의 지시를 받으면 주어진 시간 내에, 기대치를 초과 달성하라. 상사로부터 신뢰성, 지성, 효율성을 인정받는 것은 여러 모로 좋다.
- 힘든 업무를 배정받았다고 불평하지 말라. 자신의 수고에 대해서도 불평하지 말라.
- 자신에 대한 피드백을 긍정적으로 수용하는 법을 배우라. 그래야 지

속적으로 성장할 수 있다. 한 업무가 끝나고 다음 업무가 주어지지 않았다면 무슨 일을 할지 상사에게 물으라.

- 자신의 업무에 관해 모르는 것이 있으면 질문하라. 질문하는 편이 더 똑똑해 보이며 자신과 조직의 시간을 절약하는 길이다. 실수나 반복 없이 업무를 완수하면 상사의 체면도 산다.

- 요구되는 것보다 추가적인 노력을 투자하는 이들이 인정받고 보상받는다.

- 상사의 피드백을 구하라. 자신이 더 개발할 것, 줄여야 할 것이 무엇인지 물으라. 다른 사람에게서 문제를 찾기 전에 늘 자신에게서 시작하라.

- "동료들에게 나는 신뢰할 만한가?"라는 질문에 "예"라고 답할 수 없다면 현재의 방식을 바꾸라.

- 상사는 유연성, 긍정적인 자세, 솔직함, 용기, 인내심, 신뢰가능성을 높이 평가한다. 상사에게 인정받는 것은 결국 자신을 위한 것이다. 상사가 무엇을 중요시하는지 살펴보고 그것을 더 개발하라.

- 상사에게 소리를 지르거나 언쟁하지 말라. 상사에게 특정 결정이나 관점에 대해 설명해줄 것을 침착하게 요청하라.

- 상대방에게 다가갈 때 주변을 먼저 살펴보라. 상대방의 기분이 좋지 않을 수 있다. 말하기 전에 늘 먼저 생각하라.

- 근무 중에 개인적인 용무를 보지 말라. 불가피할 경우에는 상사에게 보고하라.

위와 같은 비즈니스 예절을 지키는 것 외에, 상식 스킬을 개발하기 위해서는 '하지 말아야 할 것들을 하지 않는 것'도 중요하다. 성공하기 위해서는 성공요인을 아는 것 못지않게 실패요인을 피해가는 것도 중요하지 않은가. 상식 스킬도 이와 같은 이치다.

나는 지난 8년간 삼성그룹의 신규 임원진 교육에 참여했다. 매년 약 250명의 임원이 탄생하는데, 내가 맡은 부분은 '삼성 임원으로서 성공하는 방법'이다. 그런데 강의 내용 중에는 '삼성 임원으로서 해서는 안 되는 것'에 관한 교육도 있다. 사실 이 강의가 더 재미있고 관심도도 더 높다. 어떻게 하면 해고당하지 않는가를 가르치는데 어떻게 관심이 없겠는가!

그 내용을 보더라도 역시 복잡한 과학과는 거리가 멀다. 그저 비즈니스 스킬의 기본일 뿐이다. 예를 들어, '배우자가 다단계 사업을 하면서 부하직원 배우자들을 끌어들이면 안 된다', '삼성 브랜드를 개인적인 용도로 사용해서는 안 된다', '공급업체로부터 뇌물을 받으면 안 된다' 등이다.

얼핏 듣기에도 아주 상식적인 내용이다. 그런데도 삼성은 이것을 임원 교육의 한 과정에 포함시키고 있다. 왜일까? 너무나 기초적인, 상식적인 이 스킬들이 비즈니스 현장에서 의외로 잘 지켜지지 않고 있기 때문이다. 그럼에도 불구하고 이러한 기본 교육을 정기적으로 실시하는 한국 기업들은 많지 않다.

물론 상식 스킬을 갖춘다고 해서 조직에서 두각을 드러내는 슈퍼스타가 되는 것은 아니다. 하지만 분명한 것은 상식 스킬이 없다면 제2, 제3의 K로 전락한다는 것이다.

기본적인 상식 스킬을 마스터했다면, 다음으로 필요한 것은 예상
치 못한 문제가 발생했을 때, 이를 극복하고 해결할 수 있는 스킬, 즉
'문제해결 스킬'을 습득하는 일이다. '문제해결 스킬'은 말 그대로
어떤 상황에서도 문제를 해결할 수 있는 능력을 뜻한다. 모든 문제는
그 성격이 제각각이기 때문에 기초적인 '상식 스킬'을 일괄적으로
적용하기 어렵다. 바로 이때 '문제해결 스킬'을 활용해야 한다. '문
제해결 스킬'을 활용하는 간단한 문제를 하나 소개하겠다.

연꽃잎은 매일 두 배 크기로 자란다. 60일째에 연못이 연꽃으로 완전
히 덮였다면, 연못이 절반만 덮인 것은 며칠 째일까?

이 문제를 내면 많은 이들이 얼른 60일을 반으로 나누어 '30일'이
라고 답한다. 하지만 이는 틀린 답이다. 문제를 다시 읽으면서 역산
해보라. 연못이 60일째에 뒤덮였다면 그 전날은 어떤 상태였을까?
연꽃이 매일 두 배로 자란다고 하니 마지막 날의 전날에 연못의 절반
이 덮였을 것이다. 그렇다. 답은 '59일째'이다.

너무 쉽다고 생각하는 독자들도 있겠지만 어렵다고 하는 이들도
분명히 있다. 사실, 문제란 답을 알고 나면 시시하게 느껴질 정도로
쉽다. 대부분의 비즈니스 문제들도 그렇다. 콜럼버스의 달걀처럼 답
을 알면 누구나 할 수 있는 것들이다. 하지만 많은 사람들이 쉽게 답

을 찾아내지는 못한다. 너무 어렵게 생각하여, 복잡하게 해결하려 들기 때문이다.

좀 더 현실에서 발생할 수 있는 문제를 풀어보자. 아래는 유명한 건설회사가 운전기사 교육 중 낸 시험문제다. 과연 답을 맞힌 사람은 몇 명이나 되었을까?

3피트 높이의 트레일러가 트럭에 장착되어 있고, 트레일러에 20피트 높이의 스크레이퍼가 실려 있다. 따라서 총 높이는 23피트이다. 그런데 목적지까지 가는 길에 반드시 통과해야 하는 터널이 있는데, 높이 제한이 22.5피트이다. 운전기사는 이 문제를 어떻게 해결할 수 있을까?

여러 가지 답이 나왔지만 법적 요건과 안전요건을 충족한 답은 하나도 없었다. 그런데 의외로 답은 간단하다. 타이어의 바람을 빼서 높이를 줄이면 된다. 대형 바퀴에서 6인치를 줄이는 것은 어렵지 않다.

어떤가. 여기서도 앞서와 마찬가지로 답을 알고 나니 문제가 훨씬 쉬워 보이지 않는가. 하지만 본인이 이 운전기사라고 상상해보라. 절대 터널을 통과할 수 없다고, 특수 면허가 필요하다고, 우회도로를 사용해야 하기 때문에 유류비가 더 필요하다고 불평하는 모습이 떠오르지 않는가? 이는 실제 상황이다. 타이어 바람만 빼면 문제는 간단히 해결된다.

내가 즐겨 내는 또 한 가지 문제를 풀어보라. 물론 가상의 시나리오지만, 현실에서도 유사한 딜레마가 충분히 발생할 수 있다.

폭풍 치는 어느 밤, 한 젊은 남자가 2인용 스포츠카를 운전하고 있다. 버스 정류장을 지나가는데 세 사람이 버스를 기다리고 있다. 첫 번째 사람은 할머니인데, 심각한 부상을 입어서 곧바로 병원으로 옮기지 않으면 사망할 수 있다. 두 번째 사람은 군대시절 동료이다. 전쟁에서 목숨을 구해주었기 때문에 은혜를 갚아야 하는 사람이다. 세 번째 사람은 태어나서 본 여자 중 가장 아름다운 여자다. 평생을 기다려온 운명의 여자이다. 스포츠카에는 운전자를 포함하여 2명만 탈 수 있다. 어떻게 해야 할까?

이 문제에는 윤리적 딜레마, 상충되는 이해관계의 균형, 결정에 대한 책임 요소가 내포되어 있다. 이는 비즈니스 환경과 크게 다르지 않다. 일단 윤리적인 측면을 살펴보자. 많은 독자들은 위태로운 할머니를 태우고 병원으로 향하기로 결정할 것이다. 바람직한 결정이다. 반면 의리나 충성심이 강한 이들은 군대 동료에게 은혜를 갚는 방법을 선택할 것이다.

아름다운 여성을 태우고 나머지 두 사람을 버리겠다는 이들은 많지 않을 것이다. 그래도 여성을 선택하는 독자가 없지는 않을 것이다. 그들을 이기적이라고만 할 수 없는 것은 실제로 현실에서 자신의 이익을 우선으로 두는 사람들이 많기 때문이다.

자, 이제 결정을 내렸는가? 혹시 윤리와 이해관계 등이 복잡하게 얽혀 아예 결정을 포기한 것은 아닌가? 이 문제 역시 답을 알고 나면 모두가 고개를 끄덕일 만큼 쉽다. 우선, 이 문제를 해결하기 위해서는 창의적인 사고가 필요하다. 모든 이해관계 속에서 균형을 잡아야 한다. 문제에 매몰되기 전에 우선 기본 전제를 이해해야 하는데, 모두들 차의 주인인 젊은 남자가 계속 차를 운전해야 한다고 가정하고 있지 않은가? 그러나 꼭 그럴 필요는 없다. 문제를 읽어보면 반드시 젊은 남자가 운전대를 잡아야 한다는 말은 없다.

그러면 답은 쉽다. 군대 동료가 운전을 해서 할머니를 병원으로 이송하도록 하고 젊은 남자는 아름다운 여성과 함께 버스를 기다리면 된다. 너무 간단한가? 그러나 바로 이것이 문제 해결의 핵심이다.

문제해결 스킬을 단련하는 최고의 방법

문제해결 스킬을 단련하는 최고의 방법으로는 '컨설팅 인터뷰'를 활용하는 것이 있다. 컨설팅 인터뷰는 주로 후보자의 문제해결 능력을 보는데, 절대적인 정답은 없다. 중요한 것은 '제공된 정보를 분석적, 논리적으로 조합할 수 있는가?'이다. 컨설턴트가 실제로 고객사에서 컨설팅을 하듯이 말이다.

샘플 샴푸와 린스의 전 세계적 연간 생산량은 얼마인가?

컨설팅 인터뷰에서 출제된 문제인데, 답을 구하고 못 구하고를 떠나 문제 자체가 실제 비즈니스와 무슨 관련이 있을까라는 생각을 할 수도 있을 것이다. 하지만 샴푸와 린스 샘플 제조업체의 입장에서는 공식적인 통계자료가 부족한 중국 시장에 진입할 계획을 세울 때 공장의 생산설비 능력을 정하기 위해서 이러한 시장규모 추정치가 필요하다.

이 문제를 해결하기 위한 첫 번째 단계는 샘플 병이 두 가지 목적, 즉 호텔과 고급 모텔의 용도, 선물증정과 미용실 용도로만 생산된다고 가정하는 것이다. 두 번째 단계는 객실에 샴푸와 린스를 제공하는 호텔과 모텔 수를 계산하는 것이다.

그렇다면 세계의 호텔 수가 몇 개인가? 혹시 여기서 계산이 막혔다면 다시 곰곰이 생각해보라. 세계의 호텔 수를 추정하는 방법 중 하나는 주로 대도시와 리조트 지역에 호텔이 위치한다고 가정하는 것이다. 세계적으로 약 2,000개의 대도시와 리조트 지역이 있다고 보자. 왜 2,000이냐 하면 국가 하나 당 약 10개로 보기 때문이다. 세계에 약 200개국이 있으므로 200 곱하기 10은 2,000이다.

그리고 샴푸 샘플을 제공하는 호텔이 20개라고 가정하면 총 4만 개의 호텔이 나온다. 이제 4만 개 호텔에서 사용되는 샴푸와 린스의 수를 계산하려면 각 호텔의 평균 사용 개수를 알아야 한다. 한 가지 계산 방법은 각 호텔에 100개 객실이 있고, 평균 객실 이용률이 50%라고 가정하는 것이다. 4만 곱하기 100 곱하기 0.5 곱하기 365일(1년)은 약 7억 5,000만 병이다.

대부분의 컨설팅 인터뷰에서 이것이 기초적인 단계다. 당신이 이 단계까지 왔다면 1차 인터뷰는 합격이다. 그러나 2차에 합격하기 위해서는 좀 더 정확해야 한다. 이때 1일 이상 투숙객은 매일 샴푸 1병을 쓰지 않는다고 가정하는 것이 합리적이다. 객실 1개에서 투숙일 2일마다 평균 샴푸 1병이 사용된다고 가정하면, 7억 5,000만 병의 절반인 3억 7,500만 병으로 개수가 줄어든다. 또한 린스 병 개수를 계산할 때, 모든 투숙객이 샴푸와 린스를 같은 빈도로 사용하지 않는다고 합리적으로 가정할 수 있다. 약 1:2 비율이 가능하다. 그러면 3억 7,500만 개를 반으로 나눈 약 1억 9,000만 개의 린스 병이 계산된다.

그러면 미용실은 어떤가? 정밀한 분석을 할 수 있지만 대략 호텔 시장의 10%만 잡아보자. 호텔과 미용실 시장을 합치면 약 4억 개의 샴푸 병과 2억 1,000만 개의 린스 병이 산출된다.

실제 정답이 무엇일까? 정말 4억 개가 정답인가? 사실, 답은 아무도 모른다. 앞서 말했듯, 정답은 없다. 핵심은 정답이 아닌, 문제를 해결하고 답을 구하는 방식에 있다. 즉, 현재 확보된 최선의 정보를 활용하여 논리적인 주장을 펴고 문제를 해결하는지가 핵심이다.

탄탄한 논리는 결코 반박할 수 없다. 따라서 연역적이든 귀납적이든, 논리적인 문제해결 능력을 배양해야 한다. 커리어에 큰 도움이 될 수 있다.

문제해결 스킬을 단련하는 또 다른 방법으로는 '총 개수 추정' 기법을 활용하는 것이 있다. 상식을 사용하여 기본적인 사실 정보를 수집하는 것인데, 분석적 사고를 통해 많은 가정과 전제를 논리적으로 연결시켜야 한다. '컨설팅 인터뷰'가 정답이 없는 문제라면, '총 개수 추정' 기법은 정답에 가까운 답을 도출해낼 수 있어야 한다. 컨설팅 업계에서 매우 표준적인 문제를 하나 풀어보자.

미국의 총 주유소 개수는?
(힌트 : 미국에서 운행 중인 자동차 수는 1억 9,500만 대이다.)

문제해결의 첫 단계는 미국 내 자동차 숫자를 추정하는 것이다. 많은 창의적인 방법이 있겠으나 전통적인 방법을 사용하여 약 1억 9,500만 대가 도출되었다고 하자. 두 번째 단계는 주유소에서 일주일에 취급할 수 있는 차량의 수를 계산하는 것이다.

주유소의 생산성을 계산한 다음에 주유소 수를 계산하는 것은 간단하다. 문제는 보통 '주유소가 일주일에 몇 시간을 운영하는가?'인데, 주유소들이 점차적으로 24시간 운영이 보편화되고 있는데다 무인 셀프 서비스까지 늘고 있으니 모든 주유소가 24시간 운영한다고 보아도 무방하다.

그렇다면 주유하는 데 걸리는 시간은 얼마인가? 주유소에 진입하고, 주유를 한 후 결제까지 마치는 데 걸리는 모든 시간을 고려하면 평균 10분으로 볼 수 있다. 그 다음에는 주유소 1개 당 주유펌프의 개수를 추정한다. 10~20개 펌프를 보유한 대형 주유소도 있는 반면 달랑 1개만 있는 외진 주유소도 있다.

이제 1시간에 약 10대의 차를 주유한다고 가정하자. 그러면 계산이 가능하다. 평균 주유소가 7일간 24시간씩 영업하고, 시간당 10대를 주유한다면, 7 곱하기 24 곱하기 10은 총 1,680대이다. 그리고 총 자동차 개수가 1억 9,500만 대라면 이에 1,680을 적용하면 11만 6,071개의 주유소가 답이 된다.

실제로 미국 국세청에서 발표한 주유소 숫자는 12만 개인데, 5분만에 간단한 논리과정만으로 이에 아주 근접한 답을 얻은 것이다.

본 장에서 설명한 사고과정을 활용하여 다음 문제를 풀어보라.

- 중국 내 차(茶)의 중량은?

- 세계의 신용카드 개수는?

- 미국에서 생산되는 골프 공 개수는?

- 평균 미국인들의 1년 설탕 소비량은?

- 뉴욕 맨해튼의 공중전화 개수는?

- 미국에서 판매되는 1회용 기저귀 개수는?

- 미국 내 피아노 조율사의 숫자는?

- 미국 내 이발사의 숫자는?

- 아이스하키 경기장의 얼음 무게는?

- 귀걸이를 하는 미국인 수는?

답: 112.5억 파운드 | 답: 47억 개 | 답: 약 11억 개 | 답: 135파운드 | 답: 6,000개 |
답: 4,800만 x 365일 = 175억 2,000만 개 | 답: 6,250명 | 답: 18만 7,000명 |
답: 9만 9,000파운드 | 답: 1억 2,100만 명

Business
Leadership Quotient

3
SECTION

비즈니스
리더십 지수

Business skill

리더십 스킬
리더십 성격

Business skill

7

리더십 스킬
LEADERSHIP SKILL

비즈니스 환경에서 우리
는 모두 리더다. 회사의
최고 위치에 있는 리더
일 수도 있으며, 팀원들
의 의견을 이끌어가는
리더일 수도 있다. 자신
의 스타일에 맞는 리더
십 스킬을 개발하라.

비즈니스 환경에서 우리는 모두 리더다. 실제로 회사의 최고 위치에 있는 리더일 수도 있으며, 팀 내에서 팀원들의 의견을 이끌어가는 리더일 수도 있다. 또한 거래처 직원들의 신임을 한 몸에 받고 있는 리더일 수 있으며, 동료들 사이 가장 헌신하는 리더일 수도 있다. 이처럼 우리는 하루에도 몇 번씩 리더가 되어 리더십을 발휘해야 하는 상황에 놓이게 된다. 그러나 리더십 스킬, 즉 BLQ의 연마에는 여전히 소극적이다.

실제로 대부분의 사람들은 기업에 취직하여 커리어를 시작할 경우, 조직 문화에 무난하게 동화되는 것을 최고로 여긴다. 소위 '무색

'전략'이라 불리는 이것은 상사에게 미운털 박히지 않으면서 커리어를 개발하는 매우 안전한 방법이다. 그러나 이것은 상사와 부하직원이라는 수직적 차원에서나 먹힐 법한 이야기다. 리더십이란 수직적 차원을 뛰어넘어 동료, 친구 등 수평적 차원도 있기 때문이다. 따라서 의도적으로 '조용한 리더'가 되는 것은 리더십 IQ를 개발할 때 피해야 할 최악의 전략이다.

다행히 우리 모두에게는 어느 정도의 리더십 스킬이 이미 내재되어 있다. 다른 사람들에게 동기 부여하는 능력이 있거나 타의 모범을 보이며 진두지휘하는 경우도 있으며, 기획력이 뛰어난 이들도 있다. 무엇이 되었든, 각 비즈니스 상황에 따라 필수적인 리더십 스킬이 존재하는 것은 확실하다.

그렇다면 적극적으로 내 안의 리더십 스킬을 개발하고 키우기 위해서는 어떤 노력을 해야 할까? 이에 대한 답을 찾으려면 개별적인 미시적 접근이 필요하다. 즉, 각자 자신에게 맞는 리더십 스킬을 개발해야 한다는 뜻이다. 대다수의 사람들은 비즈니스에서 모든 것을 두루두루 잘하는 리더가 되기를 바란다. 물론 열심히 노력하면 이 모든 것에 능한 훌륭한 리더가 될 수도 있을 것이다. 그러나 모든 방면에 뛰어나고 모든 사람을 만족시키기란 현실적으로 어려운 일이다. 실제로 주변을 둘러보면 카리스마 넘치면서도 섬세하며 추진력이 있으면서도 동기부여를 잘하는, 그야말로 만능 리더는 좀처럼 만나기 어렵다.

축구선수 박지성의 예를 들어보자. 개인적으로 나는 박지성의 팬이다. 그러나 그가 제아무리 세계 최고의 실력을 자랑하는 축구선수라 해도 NBA 농구 리그나 MLB 야구 리그에서는 동일한 역량을 발휘하지 못한다. 박지성은 축구선수이기 때문이다. 즉, 박지성은 축구에서 세계 최고의 실력자이지 모든 스포츠에서 베스트 플레이어가 될 수는 없다. 따라서 진정한 리더, 즉 비즈니스계의 박지성이 되고자 한다면 하나의 스포츠 분야, 하나의 리더십 스킬을 정하고 이에 올인하여 차별화해야 한다. 그러지 않고서는 이도 저도 아닌, 그저 아마추어로 끝나고 만다.

리더십 스킬은 크게 여섯 가지 유형으로 분류될 수 있다. 대부분의 사람들은 이 여섯 가지를 다양하게 조합한 스킬을 가지고 있다. 상황에 따라 이 중 특정한 스킬이 지배적으로 나타나기도 하지만 일반적으로는 각 사람의 가장 강한 스킬이 그의 리더십 스킬의 유형을 결정한다.

여섯 가지 스킬은 전략 스킬, 운영 스킬, 기획 스킬, 관계 스킬, 기업가 스킬, 그리고 기술 스킬이다. 각각의 스킬에 대한 이해를 돕기 위해 세계 명장들 중 각 유형을 대표할 만한 인물들을 선정했다.

우선, 전략 리더의 대표 주자는 과감한 전략으로 유명한 맥아더 장군이다. 운영 리더의 대표 주자는 유럽 전쟁에서 세심한 계획과 집행으로 명성을 떨친 후 '마셜 플랜'을 통해 전후 유럽을 부활시킨 마셜 장군이다. 기획 리더의 대표 주자는 디테일을 중시하고 고도의 구조화와 정확성으로 전쟁을 조직화한 아이젠하워 장군이다. 관계 리더의 대표 주자는 동지애와 군인 중의 군인으로 알려진 브래들리 장군이다. 기업가 리더의 대표 주자는 늘 전쟁에서 이기는 방법을 찾아내는 패튼 장군이다. 마지막으로 기술 리더의 대표 주자는 군사전술과 기술 전문성으로 연방군의 존경까지 샀던 독일 로멜 장군이다. 로멜 장군의 리더십은 아직도 많은 사관학교 교과서에 실리고 있다.

이 여섯 가지 리더십 유형 중 자신과 가까운 유형을 찾는 것은 그리 어려운 일이 아니다. 문제는 자신을 정확히 이해하고 이를 자신의 비즈니스 상황과 연결시키는 것이다. 즉, 비즈니스 업무와 리더십 스킬을 연결시켜야 한다.

전략 스킬 – 맥아더형 리더십

맥아더 장군은 제2차 세계대전 당시에 광범위한 태평양을 사이에 두고 일본과 전쟁을 치러야만 했다. 초기 일본의 기습공격으로 인해 필리핀에서 치욕적인 철수를 해야 했던 맥아더 장군은 전세 회복과 더불어 일본 본토 공격을 위한 전략을 수립했다. 맥아더 장군은 태평양의 수많은 섬을 하나씩 공략해서 일본 본토로 접근하는 것은 너무나 소모적이고 무의미하다고 판단했다. 그래서 일본 본토 공격을 위한 기지로 활용할 수 있는 사이판 등을 점령하고 대부분의 섬을 뛰어넘는 과감한 전략을 구사했다. '지휘관에 있어 중요한 것은 현 사태와 상황을 평가하는 능력의 개발과 미래에 일어날 일에 대한 예측능력을 개발하는 것'이라는 그의 전략적 마인드는 기존의 한 치 땅을 하나씩 점령하던 방식에서 벗어나 전쟁양상의 전체를 살피며 승기를 잡아낼 수 있었다.

전략 스킬이란 모든 가능성과 영향 요인을 고려한 후 목표를 달성하기 위한 프로세스를 설계하는 능력이다. 전략 스킬을 갖춘 임원들은 추상적, 지적, 이성적 성향이 강하다. 이들은 맥아더 장군과 같은 과감한 전략가적 기질을 보이며, 현상보다 미래를 보는 눈을 가졌다. 그래서 종종 공상가로 오해받기도 한다. 이들은 로드쇼에서 회사의 미래와 성장 전망을 멋지게 설명하며 수많은 아이디어와 가능성을 제시한다. 또한 전략을 이행하기 위해 사람들을 동원하고 조율한다. 무엇보다도 전략가들은 불확실성을 명확한 솔루션으로 전환시킬 수 있는 장점을 가지고 있다. 이들은 이미지 메이커이며 꿈을 낚는 어부라 할 수 있다.

몇 년 전 나는 LA에서 스티븐 스필버그 감독을 만날 기회가 있었다. 그보다 한 달 전에는 미국의 한 전시회에서 빌 게이츠 회장도 만났다. 짧은 회의였지만 이들이 청중에게 각 산업의 미래를 완벽하게 제시하고 설득력 있게 설명하는 모습은 그야말로 감동 그 자체였다. "미래를 내다보는 최고의 방법은 미래를 피하지 않고 직접 미래를 창조하는 것"이라는 피터 드러커의 말처럼 이들은 미래를 창조하는 뛰어난 전략 스킬을 보여주었다.

전략 스킬은 전략적 사고를 기반으로 한다. 보통 전략적 기획과 전략적 사고를 종종 혼동하는데 이 둘은 완전히 다르다. 전략적 기획은 프로세스를 강조하는 반면, 전략적 사고는 아이디어를 강조한다. 전략적 기획은 매년 일어나는 활동이지만 전략적 사고는 몇 년에 한 번씩 나온다. 오늘날 대부분의 한국 임원들은 전략적 사고가 아닌 전략적 기획으로 기울고 있다. 전략적 사고를 키우려면 데이터를 수집하고 분석하여 결론과 의미를 도출하는, 즉 컨설턴트 훈련과 같은 노력이 필요하다. 무형의 아이디어를 유형의 솔루션으로 전환하는 것은 생각보다 어렵고 수년의 경험이 필요하다.

비즈니스 세계에서 전략적 사고는 필수적이다. 특히 점점 더 복잡해지고 불확실성이 높아지는 미래 비즈니스 환경에 대응하기 위해서는 전략적으로 사고하는 리더들이 더 많이 필요하다. 그럼에도 불구하고 전략적 사고가 뛰어난 리더를 확보한 기업이 많지 않은 것이 현실이다.

그러면 어떻게 해야 전략적 사고를 갖춘 리더가 되는가? 최고의 훈련은 전략 컨설팅 기업에서 몇 년간 일하면서 이 스킬을 내재화하는 것이다. 그러나 이 방법이 여의치 않다면 다음과 같은 방법이 도움될 수 있다.

첫째, 다양한 기업의 역사와 사례를 참고한다. 아마도 하버드 비즈니스 스쿨 자료가 전략 연구 면에서 가장 좋은 자료일 것이다. 다양한 산업의 다수 기업들에서 일어난 사건과 현황을 설명하고 "당신이 경영진이라면 어떻게 하겠는가?"라는 질문을 던진다. 당신의 답을 하버드의 답과 비교해보라.

둘째, 1년 중 최소 일주일을 할애하여 회사 사업 단위들을 전략적으로 검토한다. 기획이나 예산 검토에만 그칠 게 아니라 다음과 같은 질문들을 던져보라. "3년 후 어떤 변화가 있겠는가?", "3년 후 상사와의 대화 주제가 무엇일까?", "현재와 무엇이 다르며 변화 요인이 무엇인가?"

셋째, 한국 너머로 시야를 넓힌다. 관련 산업 잡지를 구독하고 해외 경쟁사를 방문해보라. 1년 중 최소 한 번은 산업 세미나에도 참석하라. 너무 방대하다면 특정 직종에 초점을 맞추면 된다. 몇 년 후 자신의 모습을 그려보라.

넷째, 동료집단과의 접촉을 확대한다. 예를 들어 마케팅 부서는 연구개발 부서와의 접촉을 통해 기술적인 문제, 미래 제품사양 등을 파악하고 산업 방향을 예측할 수 있다. 엔지니어들과의 막연한 대립구도도 극복할 수 있다. 한 달 중 하루를 투자하여 기술연구 인력과 친밀한 관계를 형성해보라.

다섯째, 경쟁사를 파악한다. 한국에서는 동종업계의 경쟁사 직원들을 만나는 것이 터부시된다. "회사가 해주겠지"하고 기다리지 말고 먼저 찾아나서라. 회사 기밀 누출에 대해 지나치게 걱정할 필요가 없다. 경쟁사는 생각보다 많이 알고 있기 때문이다. 경쟁사와의 교류를 통해 비슷한 문제를 타사는 어떻게 해결하는지 배울 수 있다. 남이 먼저 시작하기를 기다리지 말고 스스로 첫 단추를 꿰라.

여섯째, 문헌과 기사를 활용한다. 놀랍게도 많은 사람들이 시장 움직임에 둔감하다. 평균 임원의 전문성 반감기는 3년 미만이다. 다시 말해서 대학교나 대학원을 졸업한 후 10년 동안 책을 한 번도 읽지 않았다면 졸업 당시 지식의 10%만이 유용하다는 뜻이다. 연구결과에 따르면 현대 사회에서 효과적으로 일하기 위해서는 자신의 일과 중에서 20~25%를 세미나, 독서 등 지식을 개발하고 스킬을 훈련하는 데 사용해야 한다.

일곱째, 상사를 움직인다. 2~3개월에 한 번씩 상사와의 저녁식사 자리를 마련하여 정보를 얻고 전략적 이슈를 논의하라. 많은 임원들은 회사 밖에서 이러한 대화를 하는 것을 어색해하는데, 습관되면 매우 효과적이다. 상사에게 가장 기억에 남을 것이고 그로부터 가장 많은 전화를 받게 될 것이다. 상사를 돕는 것이 결국 나를 위한 것이다.

마지막 여덟째, 자신과 부서가 직면한 전략적 문제를 일지에 기록하고 이를 분기 또는 반기별로 검토한다. 전략적 사고는 무형의 프로세스이므로 이를 기록해두어야 나중에 기억하고 추적할 수 있다. 상사와 관계가 좋고 편할 경우, 이를 그와 매년 공유해보라. 성과평가 시스템이 강건하고 효과적이라면 이 내용은 평가 프로세스에 반영되어야 한다.

전략 리더는 과감하고 사려 깊다. 이는 전략적 이슈에 대한 오랜 경험을 기반으로 한다. 이러한 경험은 비즈니스 현장에서 얻어지기도 하지만 상당부분은 타 기업들의 성공사례에 자신을 대입함으로써 얻을 수도 있다. "내가 그 회사의 사장이라면 어떻게 했을까?"라고 자문하는 것이다. 전략 스킬을 개발하는 데에는 이러한 시나리오 롤 플레이가 효과적이다.

다들 전략적 사고를 잘한다고 자신하지만 실제 전략 리더는 10~15%에 불과하다. 때문에 이것은 희귀한 리더십 스킬이며, 특히 한국에는 매우 필요한 리더십 스킬이다. 모든 기업과 기관에 이러한 리더들이 있다면 그야말로 대박이겠지만 안타깝게도 현실은 그렇지 않다.

운영 스킬-마셜형 리더십

처칠이 '진정한 승리의 조직자'라고 칭송한 조지 마셜 장군은 제2차 세계대전 당시에 미군의 전력 증강과 조직 강화를 이끌어낸 장본인이었다. 전쟁 초기만 해도 지금과는 달리 미군은 그다지 강한 군대의 면모를 갖추지 못하고 있었다. 기껏해야 당시 루마니아보다 적은 군사력을 가지고 있었고, 진주만 기습을 당할 정도로 취약했다. 이런 상황에서 마셜 장군은 병력의 확충과 군사행정, 그리고 병참 시스템의 획기적인 구축을 통해 미군을 강군으로 육성하여 일본뿐만 아니라 유럽 전선까지 전쟁을 수행할 수 있도록 했다. 그의 운영 덕분에 20여만 명에 불과했던 미군은 4년 만에 800여만 명으로 확충할 수 있었다. 이런 그의 운영 스킬은 연합군의 또 다른 무기였던 것이다. 운영 스킬이 워낙 뛰어난 탓에 노르망디 상륙작전 때 일선부대를 지휘하고 싶다는 그의 바람은 매번 거부당하고 말았다. 그만큼 전선에서의 지휘보다 군 전체를 운영하는 그의 능력은 탁월했다.

운영 리더는 말 그대로 운영의 귀재다. 이들은 마셜 장군처럼 실행력이 뛰어나고 실행계획을 잘 수립한다. 운영 리더는 현재의 맥락과 상황을 잘 읽고 이를 정교하게 관리하여 목표를 달성한다. 이들은 문제에 대해 다양한 해결책을 제시할 수 있다. 그래서 대부분의 운영 리더는 침착하고 자신감이 넘치는 성격이다.

최근 운영 스킬이 화두가 되고 있는데, 실행력 없이는 전략적 사고가 무의미하다는 것을 많은 경영인들이 깨닫고 있기 때문이다. 전략적 사고가 설계도와 같은 밑그림이라면 실행력은 그 밑그림을 현실에서 구현해내는 능력이라 할 수 있다. 현실에서 구현할 수 없는 설계도는 그저 이상에 불과하다.

그러면 어떻게 효과적으로 실행하고 효율적으로 조율할 것인가? 연구에 따르면 운영 스킬을 제대로 배울 수 있는 최고의 훈련 장소는 바로 군대이다. 군사훈련과 군 생활을 통해 정확성, 시간엄수, 행동의 정밀성이 개선되고, 이는 탄탄한 실행력으로 다져진다. 개인적으로 나도 웨스트포인트 수학 시절이 운영 스킬을 가장 강화한 시기였고, 지금까지도 내게 귀한 경험으로 간직되고 있다.

이와 같이 보이 스카우트, 사관학교 등 위계질서가 강한 조직에서 정해진 목표를 기한 내 달성하는 연습을 해보는 것이 운영 스킬을 단련할 수 있는 좋은 방법이다. 하지만 현실적으로 이런 기회를 접할 수 있는 사람들이 그리 많지 않으니 비즈니스 현장에서 임무를 수행하며 단련하는 것도 나쁘지 않다.

한국에서는 경영 스킬이 곧 운영 스킬을 의미할 만큼 경영활동의 70~80%를 운영과 관련된 것들에 할애한다. 그래서인지 대부분의 한국 임원들은 스스로 운영 스킬이 뛰어나다고 자부한다. 하지만 실상은 전혀 그렇지 않다. 그들이 습득한 운영 스킬과 현재 비즈니스 환경이 요구하는 운영 스킬 간에는 차이가 크다. 옛날에는 대장이 "뛰어!" 명령하면 부하가 "얼마나 높이 뛸까요?" 했지만 요즘 젊은이들은 "왜요?"라며 반문한다. 조직원들의 사고방식이나 행동양식이 크게 변화한 만큼 독재자형 리더십은 더 이상 통하지 않는다는 말이다. 변화된 비즈니스 환경에 적응하려면 한국 임원들은 새로운 운영 스킬을 터득해야 한다.

운영 스킬은 훈련을 통해 개선할 수 있는데, 이 중 최고의 방법은 프로젝트 관리자로서의 경험을 쌓는 것이다. 일반적으로 운영 스킬에서는 아래의 아홉 가지가 강조된다.

첫째, 위임의 균형이다. 즉, 부하직원이 해야 할 결정과 자신이 해야 할 결정을 구분하는 것이다. 이는 마스터하기 가장 어려운 스킬일 수 있지만 일단 터득하면 리더의 역할이 훨씬 수월해진다. 반면, 터득하지 못한다면 혼자서 모든 짐을 진 채 쓰러지거나 부하직원의 결정에 대해 책임을 지고 해임될 수 있다.

둘째, 동기부여와 지시의 균형이다. 즉, 부하직원이 의사결정을 하도록 격려하는 동시에 스스로가 최종 결정권자임을 인식하도록 하는 것이다. 리더는 판단의 부담을 덜고, 부하직원은 동기부여가 된다는 장점이 있다. 리더가 아무리 유능하더라도 부하직원이 의욕 부족이라면 리더로서 장수할 수 없다.

셋째, 의사결정시점의 균형이다. 즉, 의사결정의 시점을 잘 파악하는 것이다. 의사결정시점은 개인의 성격과 경력에 따라 다르며, 의사결정이 늦어지는 주된 이유는 정보의 부족으로 인해 의도적으로 결정을 지연하는 경우와 자신감 부족으로 결정을 미루는 경우이다. 조급한 결정으로 문제가 발생하기도 하는 반면에 단 몇 시간 늦었다는 이유로 회사 전체의 운명을 좌우하는 경우도 있으므로 의사결정시점을 잘 파악하는 것은 중요한 능력 중 하나다.

넷째, 명령과 코칭의 균형이다. 임원 중에는 명령형과 코치형이 있는데, 오늘날 경영 환경에서는 후자가 더 효과적이라는 의견이 높다. 그러나 코칭이 늘 최선의 방법은 아니다. 한국처럼 명령체계와 위계 구조가 내재화되어 있는 환경에서는 명령과 코칭의 균형점을 찾는 것이 더욱 효과적이다.

다섯째, 말과 행동의 균형이다. 이는 발로 하는 경영과 눈으로 하는 경영의 문제이다. 현장 순회를 즐기고 실시간 생생한 현장 피드백을 원하는 임원들이 있는 반면, 뒤에서 관찰하는 편을 선호하는 임원들도 있다. 또 부하직원들 중에는 상사가 찾아와서 꼬치꼬치 캐묻는 것을 싫어하는 이들도 있고, 상사와 자주 접촉하여 피드백을 받기를 원하는 이들도 있다. 따라서 두 가지 균형을 맞추고 각 상황과 필요에 맞게 결정하는 것이 중요하다.

여섯째, 숲과 나무의 균형이다. 즉, 디테일에 집중할 것인가, 큰 그림에 집중할 것인가의 문제이다. 부하직원들을 가장 긴장시키는 임원들은 바로 이 두 가지를 균형 있게 구사하는 이들이다. 이들은 회사의 여러 사안 중에서 무엇을 파고들고 어떤 실수를 허용할지 잘 안다. 두꺼운 보고서를 순식간에 읽고 문제의 정곡을 찌른다. 하지만 미시적인 경영자는 숲을 보지 못하고 거시적인 경영자는 나무를 간과한다. 따라서 유능한 리더가 되기 위해서는 이 두 가지를 임의로 번갈아 적용하여 부하직원들을 관리할 줄 알아야 한다.

일곱째, 우선순위의 균형이다. 즉, 본인과 상사, 회사에게 무엇이 중요한지 파악하는 것이다. 많은 임원들이 그저 상부의 우선순위를 따른다. 안전한 커리어는 되겠지만 위대한 커리어가 되기는 힘들다. 우선순위의 균형감을 갖추기 위해서는 우선순위화 프로세스를 내재하는 것이 중요하다. 우선순위화란 바로 오늘, 이번 주, 이번 달, 올해 자신에게 중요한 항목들을 파악하는 것이다. 예컨대 어떤 임원은 핵심 고객관리에 주력하는데, 그는 최소 일주일에 한 번은 핵심 고객 한 명을 만나고 이 원칙을 빠짐없이 지킨다. 반면 고객이 최우선이라고 하면서도 회의 핑계로 회사를 벗어나지 않는 세일즈 직원들도 많다. 우선순위의 균형을 찾지 못한 결과는 그들의 실적으로 적나라하게 드러난다.

여덟째, 시간 관리의 균형이다. 한국에서는 임원직으로 올라갈수록 시간 관리가 점점 더 비효율적으로 이루어진다. 중간 관리자 단계에서는 업무량에 비해 시간이 넉넉하여 별달리 시간 관리에 대해 고민하지 않다가 임원이 되는 순간 폭증한 업무량에 신속하게 적응하지 못하여 시간 관리 문제가 발생하는 것이다. 때문에 회사에서 일어나는 많은 내용을 놓치거나 중요한 이슈에 적절히 대응하지 못하게 된다. 유능한 관리자는 일주일 분량의 업무를 활동별로 분석하여 각 활동에 할애된 시간을 측정한다. 하지만 놀랍게도 많은 임원들이 최소 30~40%의 시간을 비 핵심 항목에 소요한다.

아홉째, 인적 자원관리의 균형이다. 결국 유능한 리더는 부하직원들이 만든다. 감독이 아무리 유능해도 선수들이 형편없다면 경기에 이길 수 없는 것과 같은 이치다. 믿을 수 있는 핵심 부하직원을 최소한 한두 명 만들고, 새 부서로 이동할 때 이들을 함께 데려가도록 하라. 미국에서는 보통 유능한 비서가 이러한 보좌관의 역할을 담당하지만 한국에서는 비서의 역할이 매우 작고 주로 남자 부하직원이 이를 수행한다. 리더에게는 보좌관이 옆에 있어야 한다. 또한 핵심 인재를 자신의 편으로 만드는 '사내 헤드헌팅'도 필요하다. 이는 어렵지만 결과적으로 3~4배 효과가 있다.

운영 리더는 업무 완수율이 높다. 따라서 운영 스킬은 비즈니스 업무에서 가장 중요한 스킬이라고 볼 수 있다. 제아무리 번쩍이는 아이디어라도 실행되기 전까지는 종잇조각에 불과하다는 점을 기억하라.

기획 스킬 – 아이젠하워형 리더십

'백만 불짜리 미소'의 주인공인 아이젠하워 장군은 제2차 세계대전 당시에 유럽 전장을 책임진 수장이었다. 영국과 미국을 비롯한 다양한 연합군을 지휘한다는 것은 쉽지 않은 일이었다. 그러나 그의 별명처럼 부드러운 리더십으로 이견을 조율하고 작전을 지휘하며 전쟁의 승리를 이끌었다. 그뿐만 아니라 백만 불짜리의 미소 뒤에는 치밀한 기획 스킬이 자리하고 있었다. 특히 노르망디 상륙 작전을 지휘할 때는 수백만 명의 병력과 60여만 톤의 물자, 수십만 대의 차량이 동원된 이른바 '사상 최대의 작전'을 성공적으로 수행했다. 아이젠하워 장군은 노르망디 상륙작전의 수립과 집행, 그리고 뛰어난 작전 지휘와 행정능력으로 세심하게 상륙장소의 선정과 기습시간까지 챙겼다. 이러한 그의 기획 스킬은 결국 독일군에 결정적인 타격을 입혀 유럽의 수복과 전쟁의 승리를 가져왔다.

아이젠하워가 기획 스킬로 유명했던 또 다른 이유는 디테일에 대한 꼼꼼함이 남다르다는 데 있다. 그가 웨스트포인트에 입학하자마자 '1461 계획'을 작성한 것만 보아도 그가 얼마나 꼼꼼한 기획 스킬을 가졌는지 잘 알 수 있다. 1461 계획은 4년에 걸친 학교생활 전체(윤달까지 반영하여 총 1,461일)에 대한 계획이었다. 대학교 신입생 시절에 누가 향후 4년의 스케줄을 일별로 정확하게 계획할 수 있는가!

아이젠하워와 같은 기획 리더들은 그 특유의 꼼꼼함으로 모든 것이 부드럽게 진행되도록 하는 능력이 뛰어나다. 이는 잘 굴러가는 기계에 대해 공장 가동을 중단하지 않은 상태로 정기적인 유지보수를 하는 것과 같다. 혹시라도 일어날지 모를 고장과 사고를 미리 예방하자는 차원이다. 물론 기획 스킬을 높이 평가하는 이들이 있는 반면, 튀지 못하는 그림자 같은 일이라고 무시하는 이들도 있다. 즉, 문제없이 잘 굴러갈 때는 아무도 칭찬하지 않다가 사고가 발생하면 곧바로 책임을 묻는다는 것이다. 그러나 기획 리더야말로 회사의 운명을 좌우하는 숨은 주역이다.

기획과 디테일의 중요성이 크게 부각되는 것이 바로 군사 작전이다. 나폴레옹의 패전 이유는 전략, 군사력, 싸우고자 하는 의지의 부족이 아니었다. 바로 병참의 문제였다. 식량과 의복이 공급되지 않았기 때문에 결국 러시아의 강추위에 무릎을 꿇은 것이다. 나폴레옹의 병참 장교가 조금 더 기획에 유능했더라면 역사가 달라졌을 수도 있다. 히틀러의 러시아 전쟁에서도 동일한 실수가 반복되었다. 히틀러 역시 병참의 중요성을 간과한 결과 동유럽 전선 유지에 세 배의 노력이 투자되어 결국 나머지 전선도 약화되고 말았다.

이렇듯 군사력의 열세가 아닌 면밀한 기획과 통합된 병참계획이 전쟁의 승패를 좌우한 사례는 수없이 많다. 비즈니스 세계도 이와 다르지 않다. 아무리 훌륭한 생산자라도 원자재를 확보할 수 없다면 의미가 없다. 또 아무리 좋은 제품이라도 최종 고객에게 공급되지 않으면 의미가 없다. 따라서 비즈니스 기획 스킬은 병참 기획에서 시작했으며, 이와 더불어 다양한 부서의 기획 스킬이 포함된다.

그렇다면 어떻게 기획 스킬을 개발할 수 있는가? 기본적으로 아래의 세 가지를 따르면 된다.

첫 번째는 '프로세스 마인드'이다. 비즈니스에 대한 평가는 결과 위주다. 하지만 지나치게 결과에 치중하다 보면 프로세스에 대한 초점과 모니터링이 부족해진다. 실제로 주요 성과지수(KPI)를 살펴보면 대부분의 지수가 프로세스 과정이 아닌 결과를 측정하고 있다.

결과가 좋다면 다행이겠지만 그렇지 못하면 그제야 불을 끄느라 우왕좌왕한다. 물론 위기관리 능력이 뛰어나 잘 해결하면 불행 중 다행이지만 그보다는 사전에 화재를 예방하는 것이 더욱 중요하다. 이 것이 '프로세스 마인드'이다. 공장 전체가 멈추기 전에 미리 예방차 원에서 정기적 점검과 수리를 해두는 것이다.

'프로세스 마인드'를 키우기 위해 자신의 회사에 대해 한두 개 정 도 프로세스 성과지수를 만들어보라. 인과관계를 생각하면 쉽다. 예 를 들어 월별, 분기별 목표 달성을 위한 일일 체크 항목을 두세 가지 정하고 매일 점검하는 것이다. 이는 강력한 도구가 될 수 있다.

두 번째는 '최적화 마인드'이다. 타이밍 감각을 갖고 자원을 통제 하는 것이다. 좋은 예가 바로 도요타 자동차의 '간판 시스템'이다. 도요타는 '적기(Just in Time)' 프로세스를 개발하여 재고를 제로에 가 깝게 낮추고 낭비와 재작업을 대폭 줄일 수 있었다. 이는 '적기' 생산 이 핵심이었다. 반면 많은 한국 리더들은 아직도 '혹시라도(Just in Case)' 마인드를 가지고 있다. 혹시 모르니 미리미리 여분을 만들어 두자는 생각이다. 헤징 전략이긴 하지만, 결국 이는 자신감 부족이 원인이며 무엇보다 기획 스킬이 없기 때문에 나온 생각이다.

비슷한 예로, 내가 군에 있을 때 '서두르고 기다려라(Hurry up and Wait)'는 유명한 말이 있었다. 이 말은 상관이 명한 시간을 절대로 어 겨서는 안 된다는 일종의 강박관념을 잘 보여준다. 예를 들어 사단장 이 정오 12시에 전원 소집 명령을 내리면 이를 전달받은 각 대대장들 은 '혹시라도' 늦으면 안 되기 때문에 중대장들에게 11시 집합을 명 령한다. 중대장들 역시 혹시라도 늦을까봐 소대장들에게 10시 집합 을 명령하고, 소대장들도 지각을 걱정하여 분대장들에게 9시로 전달한다. 결국 부대원들은 무려 4시간 전에 집합하여 사단장이 나타날 때까지 대기한다.

이 얼마나 많은 시간과 자원의 낭비인가! 극단적인 예라고 생각할 수도 있지만 '적기' 마인드가 없다면 비즈니스도 예외가 아니다. 최적화란 '혹시라도' 마인드에서 벗어나 시간과 자원을 최대한 활용하는 것이다. 이는 오늘날 가용 자원으로 최대 효과를 발휘하는 전략이다.

세 번째는 '표준화 마인드'이다. 이는 완벽성과 예측가능성의 문제인데, 예측을 많이 할수록 편차가 그만큼 줄어들어 완벽성이 높아진다는 의미이다. 따라서 우리가 아는 모든 것이 표준화되고 분류되어야 한다는 것이다. 한국에서 가장 인기 있는 표준화 경영체계는 '식스 시그마'이다. 그러나 식스 시그마 도구를 적용하기 전에 '시그마'라는 용어를 통계적 관점에서 이해할 필요가 있다.

여타 경영 도구와 마찬가지로 시그마의 개념은 매우 간단하다. 예를 들어 당신의 머리숱이 많다고 가정하고, 각 머리카락의 길이를 측정하여 평균 길이를 계산한다고 할 때, 소위 '정규 분포'가 만들어진다. 정규 분포는 평균과 편차가 있는 곡선이다. 다시 말해서, 긴 머리도 있고 짧은 머리도 있지만 임의로 머리카락을 뽑았을 때 대부분의 머리카락 길이가 평균으로 기운다는 뜻이다. 물론 가끔씩 이례적으로 길거나 짧은 머리카락도 있겠지만 그 확률은 매우 낮다.

수학에서 1시그마란 평균으로부터의 편차를 의미한다. 그리고 평균으로부터 플러스 또는 마이너스 방향으로 멀어질수록 시그마 값이 올라간다. 비즈니스 세계에서는 이례적으로 길거나 짧은 머리카락, 즉 평균으로부터의 높은 편차를 불량으로 간주한다. 따라서 시그마 경영이란 편차를 줄여서 전체 시스템의 예측가능성을 높인다는 것이다. 궁극적으로 물리적인 역량이 개선되는 것이다.

더 쉬운 예가 있다. 보통 4시그마는 30페이지 보고서에서 단 1개의 오타가 발생할 확률이다. 5시그마는 백과사전 전집 중 1개의 오타, 6시그마는 작은 도서관에서 1개의 오타가 발생할 확률이다. 이때 중요한 것은 수용 가능한 범위 내에서 계획을 수립하되 편차 또는 오류의 확률을 염두에 두는 것이다. 시나리오를 만들 때, 계획에서 '최악을 대비하고 최선을 기대한다'는 말이 나오는 것도 이 맥락이다.

관계 스킬─브래들리형 리더십

제2차 세계대전은 수많은 리더들이 등장했던 전쟁이었다. 앞서 말한 맥아더나 아이젠하워, 조지 마셜뿐만 아니라 몽고메리, 패튼 등 개성이 뚜렷한 장군들이 저마다 각축을 벌일 만큼 각양각색의 리더십을 보여주었다. 대기만성의 전형적인 모습을 보여줬던 브래들리 장군은 유능하지만 괴팍했던 패튼과, 같은 연합군이지만 묘한 경쟁심이 작용했던 영국의 몽고메리 장군 사이에서 온화한 포용력을 발휘하며 전장에서 활약했다.

패튼 장군의 밑에서 부사령관을 지냈던 브래들리는 노르망디 상륙

작전 때 지위가 역전되어 패튼을 부하로 거느리게 됐다. 그러나 괄괄한 성격과 지나친 자존심의 패튼마저도 그의 온화하고 무리 없는 관계의 리더십을 존중했다고 한다. 이처럼 브래들리 장군은 개성이 강한 장군들 사이에서는 물론이고 부하들에 대한 배려도 남달랐다. 그가 이후 아이젠하워의 후임으로 육군참모총장과 미군의 초대 합참의장이 되는 등 관계 스킬이 가장 중요하게 발휘되어야 하는 자리에 올랐던 것은 결코 운이 아니었던 것이다.

관계 스킬은 앞서 살펴본 세 가지 스킬에 비해 학습하기 어려운 스킬이다. 특히 비즈니스 문화가 세계화되고, 경쟁적 구도가 심화되면서 관계 관리가 더욱 어려워졌다. 이 때문에 관계 스킬이 뛰어난 리더들은 브래들리와 같은 '덕장'으로 불리기도 한다.

덕장이 되는 비결에 관해서는 많은 책이 있지만 실상은 20명 중 한 명이나 될까 싶을 정도로 비즈니스 세계에서 덕장을 만나기란 극히 힘든 일이다. 이들은 중간 관리자 시절부터 '좋은 사람'이라고 불릴 정도로 인간관계에 탁월한 재능을 보이며, 이후에 임원이 되면 모두가 그를 존경하고 따른다. 이들은 말을 앞세우기보다는 행동으로 관계 스킬의 모범을 보인다. 그래서 많은 후배들과 직원들의 역할 모델이 되기도 한다. 그렇다고 마냥 성격 좋은 성인군자라는 뜻은 아니다. 이들은 상대의 마음을 살펴 용기를 북돋우고 동기를 부여할 줄 아는 리더이다. 그래서 모두가 그를 존경하고 아무도 험담하지 않는다. 심지어 퇴사 후에도 사람들은 여전히 그들을 존경하고 좋아한다. 따라서 이들에게 적이 있을 리 만무하다.

물론 이들에게도 단점은 있다. 사람들 간의 관계를 중요시하는 만큼 어려운 결정을 힘들어한다는 것이다. 그래서 이들은 갈등을 회피하고 리스크를 싫어하는 유형으로 비춰지기도 한다. 이러한 단점 때문에 더러는 관계 스킬에 대한 회의를 보이는 사람들도 있다. 인간관계 때문에 의사결정을 할 수 없을 정도로 힘들다면 과연 그것이 리더십에 도움이 되는 스킬이냐는 것이다. 예컨대 구조조정을 할 때 직원들과의 관계가 깊으면 효과적인 의사결정을 못할 수도 있는 상황이 발생할 수 있지 않은가.

어쨌든 이러한 단점에도 불구하고 관계 리더들이 덕장으로 불리며 칭송받는 데는 다 그만한 이유가 있다. 이들은 동정심이 많고 외교력이 뛰어날 뿐만 아니라, 각 사람의 강점을 잘 끌어내고 조직을 잘 통합시킨다. 영향력 확보에 관한 많은 연구에 따르면, 관계 리더들은 형식적인 관계를 개인적인 차원으로 승화시킨다고 한다. 즉, 부하직원들을 직원이기에 앞서 인간으로 먼저 대우하는 것이다. 예를 들어 승진에서 누락된 소식을 부하직원에게 전할 때 관계 리더들은 다른 리더들보다 상대의 마음을 좀 더 세심하게 배려한다.

통상적인 임원의 부하직원 평가는 다음과 같이 시작된다. "○○○ 씨, 올해 회사를 위해 여러 가지로 수고했지만 회사 기준이 바뀌어 50%만 승진하게 되었습니다. 그래서 ○○○ 씨는 승진자 명단에 포함되지 않았습니다. 누락 사유는 △△△ 부족, □□□ 기준 미충족 등입니다."

반면 관계 리더의 평가는 다음과 같이 시작된다. "○○○ 씨, 고등학생 자녀가 둘 있다고 알고 있습니다. 요즘 교육비 부담이 크다는 것은 나도 알기 때문에 이 소식을 전하게 되어 유감입니다. 나라면 다르게 결정했겠지만 회사의 결정에 따라야 하니 이해바랍니다. 차기 승진 기회에는 좋은 결과가 있도록 돕겠습니다. 만약 다음 승진에도 누락된다는 소식을 미리 듣게 되면 다른 직장으로 옮길 수 있도록 직접 돕겠습니다. ○○○ 씨, 이런 소식을 전하게 되어 진심으로 유감입니다."

어떤가. 전자의 평가서가 형식적이고 건조한 느낌이 드는 반면, 후자의 평가서는 임원과 직원이 한 배에 탄 느낌을 준다. 이처럼 관계 리더는 선한 메신저가 되어 부하직원을 '어르고 달랠' 줄 안다. 필요에 따라서는 회사를 공동의 적으로 간주하여 자신과 직원이 '동지'가 되었음을 느끼게도 한다. 물론 이 전술이 회사의 공식적인 평가 결과를 전달하는 임원의 바람직한 역할 모델이라고는 할 수는 없다. 하지만 관계 리더들은 스스로를 정보의 중심으로 간주하고 지휘관이 아닌 허브로서 기능한다. 즉, 정보를 통제하고 연결시킴으로써 최고의 영향력을 미치며 '비공식적인' 자문 역할을 하는 것이다.

대표적인 관계 리더 중 하나인 켄 블렌차드에 따르면 관계 스킬은 여러 가지 항목으로 구성된다. 그의 이론에 내 경험을 덧붙여 관계 리더가 되기 위한 10가지를 정리해 보았다.

첫째, 동료와 부하직원들에게 관심과 감사를 표시하라. 이들과 회사 밖에서도 어울리고 이들의 일상에 관심을 보이라. 생일이나 결혼기념일 등을 챙기는 것도 좋다. 때로는 이런 일들이 비즈니스보다 더 중요하며, 유능한 인재의 이직을 예방하는 강력한 효과를 발휘한다.

둘째, 부하직원들의 업무에 의미를 부여하고 보람을 느끼도록 하라. 현대 사회에서는 일한 만큼 보상받는 것만으로는 충분치 않다. 자신의 수고가 회사, 고객, 크게는 사회 전체에 영향을 미쳤음을 느끼게 해 책임의식을 갖고 업무에 임하도록 해야 한다. GM의 경우, 사내 품질관리가 형편없자 새턴 모델 안쪽에 품질관리자 이름과 전화번호를 기입하자는 아이디어가 나왔다. 품질관리자와 최종 고객이 연결되는 것이다. 이 제도 덕분에 품질은 30% 이상 개선되었다.

셋째, 용감한 질문을 하라. 소심하고 용기가 없어서 민감한 질문을 피하는 경우가 종종 있지만, 관계 리더는 전술적으로 질문을 던질 수 있다. 이로써 직원들 사이에서 영웅이자 친구로 자리 잡고 직원들의 사기를 북돋는 사회적, 심리적 기둥이 된다. "왜 출근하는가?", "다른 회사로 옮기지 않는 이유가 무엇인가?", "업무 효율성을 위해 회사가 해줄 수 있는 것이 무엇인가?" 등의 질문은 연말 평가보다 더 중요할 수 있다.

넷째, 상황관계능력을 개발하라. 상황관계란 다른 사람의 도움을 요청할 시기, 상사에게 스포트라이트를 넘길 시기, 침묵할 시기를 판단하는 능력이다. 즉, 목소리를 내야 할 시기와 코칭할 시기를 판단하는 능력이다. 이 스킬은 경험과 멘토링을 통해서 터득된다.

대부분의 한국 임원 및 경영진은 도움을 요청하는 스킬이 부족하다. 약하게 비춰지는 것을 두려워하기 때문이다. 그러나 관계 스킬이 뛰어난 임원은 본인이 할 수 있더라도 도움을 요청하여 상대방을 자신의 편으로 만들고 이후에 그를 도와줄 수 있는 기회를 만든다. 이렇듯 주고받는 상황 관계는 매우 중요하다.

다섯째, 정기적인 일대일 만남을 가지라. 리더 입장에서는 구성원 모두를 한꺼번에 만나는 것이 시간과 비용 면에서 효율적이다. 그러나 모임 참석자가 2명을 넘어가면 분위기와 흐름이 크게 달라진다. 회의 참석자가 많을수록 회의 내용과 성격이 흐려지는 것과 같은 이치다. 회의 규모와 부수적인 문제들이 회의의 본질을 가리는 것이다. 관계 스킬을 개발하기 위해서는 정기적인 일대일 만남이 필요하다. 사람들에게 정보와 솔루션의 시금석이 되라.

여섯째, 제자를 발굴하라. 다른 스킬과는 달리 관계 스킬은 인맥을 기반으로 하므로 자신과 잘 조화되는 사람들이 필요하다. 관계 스킬이 있는 사람들을 지지자 그룹으로 만들어 그 중심에 서라.

일곱째, 커리어 개발자가 되라. 유능한 리더는 자신의 커리어를 훌륭하게 개발하지만 유능한 관계 리더는 부하직원의 커리어 개발까지 챙긴다. 이들의 꿈과 목표, 열망을 이해하여 평생 멘토가 된다. 이를 기억하고 감사하는 부하직원은 언젠가는 은혜를 갚기 마련이다. 부하직원의 커리어에 관심을 표할수록 그의 충성도와 신뢰는 더 커지게 된다.

여덟째, 남의 성공을 도우라. 인사관리의 불변의 원칙은 '상사의 성공이 내 성공을 결정한다'이다. 맞는 말이지만 훌륭한 리더는 거꾸로 부하직원의 능력만큼 자신이 성공할 수 있음을 인식한다. 부하직원들을 A까지 밀어야 리더가 A플러스를 받을 수 있다. '그와 함께 일하면 무조건 성공'이라는 이미지와 평판을 구축하라. 조직 내에서 강력한 무기가 되며 장기적으로 커리어에 도움이 된다.

아홉째, 동문·동창을 관리하라. 보통 사람들은 퇴사한 직원들을 곧 잊어버린다. 퇴사한 후 전 상사나 동료를 방문하는 일도 거의 없다. 동문·동창을 관리하는 것은 인맥 관리의 가장 효과적인 방법 중 하나이다. 퇴사했다고 해서 이들이 인맥을 통해 영향력을 미치지 못할 것이라고 생각해서는 안 된다. 특히 임원급에서는 좋은 평판을 확보하고 눈에 띄어야 한다. 많은 노력이 드는 것도 아니다. 전 임원들과 1년에 한 번 정도 간단한 점심식사를 하는 것만으로도 도움이 된다.

열 번째, 언행을 일치하라. 말에 진심이 담겨야 한다는 뜻이다. 많은 눈이 나를 향하고 평가하며, 내 약속을 기억하고 실천을 기대한다는 점을 명심하라. 배려에 관한 말을 했다면 행동에서도 배려와 공정함이 나타나야 한다. "이 상황에 대해 사람들은 어떻게 평가할까?", "이 행동이 내 말과 가치관에 부합하는가?"를 자문하라. 한두 번 정도는 틈을 보일 수 있지만 영원히 그래서는 안 된다. 사람들은 이내 진심을 파악할 것이다.

한국에서는 용장보다 지장과 덕장이 높이 평가된다. 그러나 이는 학습하기에 가장 어려운 스킬이기에 이에 속하는 리더는 5% 미만에 불과할 정도로 적다. 그러나 일단 이 스킬을 개발하면 가장 존경 받는 리더가 될 수 있다.

"완벽한 계획을 다음 주에 실행하기보다 난폭한 계획이라도 당장 실행하는 게 낫다"는 패튼의 주장은 강력한 추진력을 잘 말해준다. 오만과 거친 성격으로 유명한 패튼 장군은 제2차 세계대전 도중에 큰 전투에서 한 번도 진 적이 없었다. 그는 시칠리아 전투에서 몽고메리 장군과 소위 '메시나 레이스'를 펼치며 과감한 추진력으로 진격하여 먼저 목적지에 도착할 만큼 거침이 없었다. 그리고 유럽 본토에서 장갑차의 기동력과 기습공격의 장점에 초점을 맞춰 적들이 제대로 된 방어선을 펼치기도 전에 전선을 돌파했다. 때론 상부 명령을 무시하면서까지 공격을 밀어붙이며 그가 보유했던 모든 자원을 쏟아부었다. 이런 그의 거침없는 추진력은 독일군에게 공포의 대상이었고, 독일 본토로 진격할 때도 질풍노도처럼 전장을 휩쓸었다.

기업가 스킬은 한 마디로 '승산을 따질 수 있는 능력'이다. 기업가 리더들은 승산 있는 일에는 과감히 "GO!"를 외치고, 승산이 없는 일에는 단호히 "STOP!"을 외친다. 패튼 장군처럼 분명한 비전과 강한 추진력을 원동력으로 한 이들은 엄격한 자기관리를 통해 누구보다 먼저 목표를 달성한다.

기업가 리더들은 회사 조직 밖에 있을 때보다 안에 있을 때 더 빛을 발한다. 이들은 '기회 포트폴리오'를 만들고 상황과 자원 가용도에 따라 각 기회를 채택하거나 기각한다. 또한 프로젝트 지도를 작성하여 현실성 있게 접근한다. 이러한 기업가 정신은 전파성이 강하기 때문에 슬럼프에 빠진 조직에 의욕을 불붙이는 효과도 있다.

기업가 스킬의 핵심은 "배우면서 움직이고 움직이면서 배운다"는 현장 학습에 있다. 예를 들어 이들은 중간관리자일 때부터 틈새시장에 소규모로 진출하여 기업가 스킬을 배우고, 이 경험을 디딤돌로 활용하여 이후 더 어렵고 매력적인 시장에서 역량을 구축한다. 그 대표적인 예로 일본 기업인 교세라를 들 수 있다. 교세라는 사업 초기에 세라믹 가윗날 등 저가 틈새시장을 공략하여 산업 세라믹 시장에 진출했고, 이후 이 경험을 활용하여 더 수익성 높은 반도체 회로 기판 시장에 성공적으로 진출했다. 그리고 이 전략을 지휘했던 교세라 임원은 이후에 CEO가 되었다.

이 외에도 다수의 제품과 서비스에서 이러한 기업가 스킬이 발견된다. 이처럼 기업가 리더는 기술과 지능을 뛰어넘는 의지와 도전정신으로 탁월한 성과를 이루어내고 있다. 그렇다면 리더들이 기업가 스킬을 개발할 때 고려해야 할 요인으로는 무엇이 있을까?

● 먼저 기업 벤처 경험을 쌓으라

모든 비즈니스 리더들이 자기 사업을 꿈꾼다. 하지만 성급히 서두르기보다는 기업 벤처 경험을 먼저 쌓는 것이 도움이 된다. 이는 최고의 실험 환경이 될 수 있기 때문이다.

기업 벤처가 더욱 중요해지는 이유는 여러 가지가 있다. 첫 번째 이유는 인수합병 시장 가격이 너무 높기 때문이다. 막대한 자금이 소수의 업체들을 좇다 보니 매물 가격이 과도하게 높다. 따라서 신생

기업을 인수하는 것이 매력적인 대안으로 떠오르는 것이다.

두 번째 이유는 신생 기업이 진출한 수 있는 산업이 별로 없기 때문이다. 말 그대로 모든 산업이 포화 상태다. 많은 대기업들도 차세대 성장 동력을 찾지 못해 고심하고 있다. 새로운 아이디어도 많지 않다. 따라서 무턱대고 거친 광야에서 창업을 하기보다 기업 안에서 창의적인 아이디어를 개발하는 것이 대안이다.

세 번째 이유는 사모펀드의 상승 때문이다. 이로 인해 대기업이 유망한 제품에 대해 벤처 캐피털에 참여하고 경쟁하는 것이 점차 어려워지고 있다. 신생 기업의 소유주를 만나기도 전에 참여 자체를 거부당하는 경우도 많다고 한다.

● 인센티브 시스템을 구축하라

기업가 스킬이 뛰어난 임원에게는 별도의 인센티브를 지급하는 제도가 필수적이다. 이들은 프로젝트 결과가 실패로 돌아갈 시의 개인적 리스크를 감수하고서라도 리더의 비전에 동참한 사람들이다. 따라서 이들의 사명감과 동기를 더욱 고취시키고 프로젝트를 성공으로 이끌기 위해서는 그에 응당한 인센티브 시스템을 구축해야 한다. 물론 기타 임원들은 부당하다며 얼굴을 찌푸릴 수도 있다. 하지만 회사 입장에서는 프로젝트를 실패하거나 기업가 임원을 벤처기업에 빼앗기는 것에 비교하면 이는 적은 비용이다. 오늘날 모든 벤처기업의 최대 실패요인은 인재 유출, 즉 이직률이다.

● 비전을 공유한 사람을 리크루팅하라

기업가 리더가 성공하기 위해서는 같은 비전을 공유하는 사람들을 확보해야 한다. 이들은 리더의 꿈과 비전의 실현에 함께 동참할 동지들이다. 때문에 이들 한 사람 한 사람이 기업가 스킬을 갖춘 리더임을 인정해 주어야 한다.

리크루팅의 기준 역시 스펙이나 연봉의 많고 적음보다는 비전과 꿈이 우선이다. 당장 눈앞의 돈보다는 미래를 희망에 더 큰 가치를 둔 인재를 뽑는 것이 목표를 이루기에 더 현명한 판단이다.

● 자유로운 조직일수록 조직 관리 스킬을 강화하라

기업가 리더는 조직 관리에도 능숙해야 한다. 특히 기업 벤처나 리스크 있는 신규 사업에 진출하기 위해서는 더욱 그렇다. 기업가 리더 스스로가 자유로운 성향이 많은 편인데, 벤처의 조직 특성 때문인지 구성원 대부분도 자유로운 성향의 프리랜서일 가능성이 매우 높다. 그러므로 기업가 리더는 이들을 관리하는 방법을 배워야 한다. 복장, 언어습관, 행동방식, 그리고 무엇보다 사고방식이 모기업의 직원들과 크게 다를 수 있기 때문에 어려움이 따를 수 있다. 그렇다보니 대기업에 소속된 기업가 임원의 최대 도전과제가 자신의 부하직원들과 기업 내 기타 직원들과의 긴장을 관리하는 것이다. 때로는 시간소모적인 조율이 필요하기도 하고 두통과 속쓰림을 유발하기도 한다.

그러나 관료적인 조직 관리는 벤처의 장점인 창의성을 억누를 수 있으니 새로운 조직 관리의 스킬을 개발해야 한다. 그리고 이러한 조직 관리는 통제가 전제된 관리가 아니라 창의성 발휘와 성과를 창출할 수 있도록 뒷받침하는 관리임을 명심하라.

한국 사람이라면 누구나 어느 정도의 기업가 스킬을 가지고 있다. 자의든 타의든 한국 인구의 90% 이상이 일종의 자영업을 영위하는 것을 볼 때 이는 우리의 민족성일 수도 있다. 문제는 소수의 사람들을 제외하곤 이러한 기업가 스킬을 남들보다 더 잘 개발하려는 이들이 드물다는 것이다.

김우중 전 대우그룹 회장을 비롯하여 재벌기업 창립자들의 대부분이 소수의 뛰어난 기업가 리더에 속한다. 그리고 대다수 벤처기업 경영자들도 기업가 스킬이 남다름이 분명하다. 하지만 이 정도로 만족해서는 결코 안 된다. 한국은 기업가 스킬이 뛰어난 리더들이 더 많이 필요하다. 성장침체의 이유도 사실 한국 경영자들의 기업가 스킬 부족에서 찾을 수 있다.

과감한 도전 없이는 위대한 성과도 거둘 수 없다. 2차 세계대전 당시 패튼 장군은 연합군 총사령관의 승인 없이 독자적인 공격을 감행했다. 그리고 승리를 통해 영토를 점령했지만 몇몇 연합군 장군들은 패튼 장군의 불복종을 지적했다. 이때 패튼 장군이 "그럼 이 땅을 다시 독일군에게 반납하겠습니까?"라고 대꾸하자 아무도 답을 할 수 없었다.

로멜 장군은 기술 리더십으로 크게 존경받은 인물이었다. 탱크 전술에 대한 그의 저서는 성경이자 교과서로 통했다. 그는 사막을 통과하는 탱크 중대에 책 더미를 싣고 다녔다고 한다. 전쟁 중에 책을 탐독했다니 대단하다! 이는 굉장한 집념을 필요로 한다. 로멜 장군의 이러한 측면은 연방군 사령관들에게 높이 평가되었다. 특히 그는 북아프리카 전선에서 전력의 열세에도 불구하고 감각적인 기습공격과 전차의 기동력으로 영국군을 궁지에 몰아넣었다. 로멜은 '사막의 여우'라는 그의 별명처럼 사막의 특성과 전차의 장점을 극대화시키는 등 자신의 기술적 전문성을 내세워 전력에서 월등하게 우세한 위치에 있던 연합군을 거뜬히 물리칠 수 있었다.

기술 리더는 기술력과 전문성으로 차별화된 리더다. 면허, 교육, 훈련, 경험으로 총무장한 이들은 그야말로 '초특급 전문가'다. 하지만 한국에는 이러한 초특급 전문가가 부재하다고 해도 과언이 아니다.

대기업에서 기술 리더에 대해 한 분야의 전문가(스페셜리스트)가 옳은지 전 분야의 경험자(제너럴리스트)가 옳은지에 대해서는 의견이 분분하다. 전통적으로 한국은 후자를 택했다. 노동 시장이 경직된 한국에서 임원이 부서를 바꾸는 경우는 문제가 있거나 일시적인 경우로 국한된다. 타 기업으로 이동하는 경우도 마찬가지다. 유능한 LG 그룹 임원이 SK, 삼성 그룹의 임원 또는 경영진으로 이동하는 것은 극히 드문 일이다. 기업과 상관없이 자신의 전문 분야로 계속 일할 수 있는 게 아니라 한 기업에서 보직 관리를 해야 하니 전문성을 키우기 어렵다. 이렇듯 한국의 임원들은 별다른 출구전략이 없기 때문에 대기업에서 전문가가 되기 어려운 것이다. 한 분야로 역할을 제한할 수 없기 때문에 전 분야에 만능이 되도록 강제되는 셈이다. 이것이 바로 한국 대기업 임원들 중에 '초특급 전문가'가 없는 이유다.

하지만 변화하는 비즈니스 환경에서 기업은 점점 더 전문가를 필요로 하고 선호하게 될 것이다. 이도 아니고 저도 아닌 두루뭉술한 이력서보다 색깔 있는 이력서가 더 잘 팔릴 것이다. 미래 비즈니스에서 '무색 전략'은 결코 빛날 수 없다.

기술 리더십 개발을 위해 반드시 이해해야 할 두 가지 개념을 소개하면 다음과 같다.

● 전문성 반감기에 대비하라

아무리 뛰어난 지식과 기술이라도 흐르는 시간 앞에 버텨낼 재간은 없다. 기술 습득의 기쁨에 도취되어 멈추는 그 순간 누군가 쏜살같이 앞서 나가며 새로운 기술을 개발하고 습득하니 말이다. 이처럼 모든 지식이나 기술의 전문성에는 유효기간이 있고, 이것을 '전문성 반감기(professional half-life)'라고 한다.

'전문성 반감기'란 전문성을 보유한 사람이 애초의 역량의 50%를 상실하는 데까지 걸리는 시간을 측정한 지수이다. 이 개념은 특정 기술 분야의 발전과 동향을 추적하고 모니터링 하기 위해 기술 부문에서 시작되었다. 예를 들어 보자. 어떤 사람이 특정 분야에서 박사 학위와 100의 전문성을 보유하고 졸업한다. 졸업 후 아무 활동도 하지 않는다면, 그의 지식은 시장의 기술 발전에 도태되어 점차 '낡은 지식'이 될 것이고, 어느 시점이 되면 현재 지식의 50% 밖에 활용하지 못하게 된다. 전문성의 첫 50% 감소 후 또 나머지의 50%(즉 25%), 또 나머지의 50%(즉 12.5%)로 감소하는 데 어느 정도의 시간이 걸리는가? 반감기 지수를 계산하면 된다.

컴퓨터 과학 분야를 보라. 컴퓨터 과학 박사학위 소지자의 전문성 반감기는 2년 미만이다. 즉 2년 이내에 지식을 업그레이드하지 않으면 현 지식의 유용성과 가치가 50% 감소한다는 뜻이다. 4년 후에는 약 25%로, 6년 후에는 12.5%로 감소하게 된다. 결국 10년 후에는 초기 지식의 10%만을 보유하게 된다. 너무 이론적으로 들릴 수 있겠지만, 실제 많은 기술 분야의 기술 곡선과 R&D 발전을 측정해보면 놀라울 정도로 정확하다. 게다가 이런 전문성 반감기 개념은 기술 이외의 부문에도 적용되는데, 이들 부문도 유사한 패턴을 따른다는 점이 밝혀졌다.

전문성 반감기는 분명히 존재하며 약 3년이라는 의견이 대세이다. 따라서 기업이 지속적으로 임직원에게 전문성 교육과 기타 고등교육을 제공하지 않을 경우 해당 산업에서 뒤처지고 궁극적으로 경쟁력을 잃게 된다는 결론에 도달한다. 이는 재무, 마케팅 등에서도 마찬가지다.

어떤가. 스스로 기술 리더라고 자처하는 이들에게 경종을 울리는 대목이 아닌가. 계속 전문성을 업그레이드하지 않으면 기술 리더의 자리를 내놓는 것은 물론이고 아예 실직할 수도 있으니 말이다.

미래의 비즈니스 리더를 꿈꾸는 젊은이들이라고 해서 예외일 수 없다. 대학 졸업 후 3년이 지나는 동안 지식을 업그레이드 하지 않았다면 지식의 유용성 지수가 50%밖에 되지 않는다. 대학 졸업 후 20년 동안 지식과 기술을 방치했다면 실제 시장에서 필요로 하는 유용한 전문성은 채 5%도 남아 있지 않게 된다.

● 발전 없는 경력은 무의미하다

한국 임원들 중에는 특정 부서에서 20년 이상 경력을 자랑하며 자신이 해당 분야 전문가임을 강조하는 이들이 많다. 특히 대기업에 속한 임원이라면 경력에 비례하여 자동적으로 전문가가 된다는 논리가 강하다. 하지만 더 이상 이런 논리는 통하지 않는다.

최근 미국 출장 결과 한국 임원들의 갈 길이 멀다는 것, 한국과 미국 임원 간의 격차가 커지고 있다는 것, 그리고 소위 '경력이 많다는 것'이 국제 경쟁 환경에서는 별 의미가 없다는 것을 다시 한 번 확인할 수 있었다.

한국 시스템에 익숙한 대다수의 사람들은 이에 대한 문제의식을 느끼지 못할 수도 있다. 그러나 외국인 관점에서는 한국 임원들이 연공서열에 의해 보상받는 것이 이상하게 느껴진다. 물론 많은 기업이 성과 기반 평가체계를 도입했지만 기본적인 원칙과 철학은 전혀 바뀌지 않았다. 전문가의 가치는 여전히 과소평가된다.

언젠가 20년 베테랑 경력을 자랑하는 한 고객에게 비공식적으로 이런 이야기를 들은 적이 있다. 자신의 노하우와 스킬 중 90%를 1년 차에 터득했다는 것이다. 그러면 나머지 19년은 무엇을 했는가? 물론 그는 매년 자기계발을 했고, 경영자의 취향과 요구를 충족하기 위해 노력했다고 답했다. 그런데 그것이 고작 10%란 말인가?

그의 회사는 기업교육과 사내훈련에 상당한 투자를 하는 모범 사례였기 때문에 나는 그가 지난 19년 동안 쌓은 기술 스킬이 단 10%에 불과하다는 말을 도통 이해할 수 없었다. 그러나 사내교육 프로그램을 살펴보니 비로소 상황이 파악되었다.

사내교육 프로그램에는 영어 말하기 교육, 회사연혁과 경영철학 교육 등은 있었지만 임원의 비즈니스 스킬 개발을 위한 교육은 없었다. 임원들은 자신들의 체면 때문에 교육을 요청하지 않았고, 교육부서는 임원 교육을 전혀 생각하지 못했거나 생각했다고 하더라도 감히 제안하지 못했을 것이다. 결국 쓸모없는 교육만 되풀이할 뿐이었다.

다양한 조직에서의 경험과 학습을 통합하고 지속적으로 발전할 수 있는 기회가 있는 서구의 임원들에 비해 한국의 임원들은 얼마나 비생산적인 시간을 보내고 있는가. 서구의 임원들이 20년 경력을 쌓아가는 동안 한국의 임원들은 그저 1년치 경력을 20회 반복하고 있을 뿐이다.

그러면 기술 리더십은 어떻게 개발하는가? 다양한 방법이 있겠지만 그 중에서도 자기훈련이 가장 효과적이다. 다시 말해서 업무를 완전히 내재화하여 삶으로 승화시키는 것이다. 업무를 그저 돈을 벌기 위한 수단이 아닌, 자신의 정체성의 큰 부분을 차지하는 '사명'과

'본업'으로 받아들여야 한다. 그러려면 무엇보다도 자신의 일에 대한 자부심과 열정이 필요하다. '연구하지 않으면 죽는다'는 마음가짐으로 전문성을 키워나가야 한다.

책을 읽고 세미나에 참석하는 것은 이제 기본이 되었다. 동종 업계, 같은 부서나 전문성을 갖는 임원들과 접촉하여 인맥을 형성하고 최신의 정보를 얻는 데 더 많은 시간과 노력을 투자하라. 전문가란 절대적인 지식의 양뿐 아니라 타인에게 비춰지는 모습에 의해서도 만들어진다.

8

리더십 성격
LEADERSHIP STYLE

> 리더십 스타일을 살피
> 라. 리더십 성격은 4가지
> 차원으로 나누어진다.
> 자신의 성격과 가장 가
> 까운 유형을 찾아 리더
> 십 성격을 개선하고, 효
> 과를 극대화하라.

　아는 사람 중 가장 싫어하는 사람 한 명을 떠올려보라. 왜 그를 싫
어하는가? 아마도 십중팔구는 그의 스킬이 아니라 성격 때문에 싫어
하게 되었을 것이다. 마찬가지로 누구를 좋아할 경우에도 그의 성격
이 더 크게 작용한다.

　리더십도 마찬가지다. 리더를 좋아하고 따르는 것, 싫어하고 배척
하는 것은 그의 리더십 스킬보다는 리더십 성격이 더 크게 작용한다.
실제로, 이직을 경험한 이들을 인터뷰해 보면 동료 및 상사와의 '성
격차이'를 이직의 주된 이유로 꼽는다. 가장 흔한 이혼사유도 '성격
차이'라지 않은가. 이러한 맥락에서 볼 때 리더십 발휘에 있어서 스

킬보다는 성격이 훨씬 더 큰 역할을 한다고 할 수 있다.

그런데 리더십 성격은 지극히 개인적인 문제이며 조기에 파악하는 것이 어렵다는 문제가 있다. 자신이 원하는 리더십 성격과 외부에 비춰지는 성격, 그리고 자신이 실제로 탁월한 재능을 보이는 리더십 영역이 반드시 일치하지는 않는다. 대다수의 사람들이 자신의 리더십 성격 유형을 잘 모르는 것도 이런 이유에서다.

리더십 성격은 네 가지 차원으로 나누어진다. 첫 번째는 자신이 아는 성격과 외부에 비춰지는 성격이 일치하는 경우다. 이를 '공적 영역'이라고 하는데, 이런 경우 거의 즉각적인 피드백이 제공된다. 기업에서의 업적평가가 주로 이를 기반으로 이루어진다.

두 번째는 자신에게는 인지되지 않고 외부에만 나타나는 성격이다. 이는 강력한 피드백으로 연결되며 주로 자신의 행동에 의해 유발된다. 본인은 자신의 행동이나 지식을 인지하지 못하며, 따라서 외부에 의해 과소 또는 과대 해석될 수 있다. 그리고 이는 곧 자신의 성격과 연결되어 평가된다. "그 사람은 ~라고 생각하니까 ~하게 행동해"라는 식이다. 자신이 내보이는 성격과 외부에서 보는 성격이 일치한다면 별 문제 없겠지만, 그렇지 않을 경우 오해를 살 수 있다.

세 번째는 자신만 알고 외부에는 드러나지 않는 성격이다. 보통 가정에서 나타나는 성격이다. 회사와 집에서 성격이 똑같다고 하는 임원들도 있지만 대부분은 이중적으로 나타난다. 예컨대 밖에서는 열정적으로 일하고 솔선수범하지만 집에서는 물 한 잔도 자신의 손으로 떠먹지 않을 만큼 게으른 사람들도 있다.

네 번째는 자신도 인식하지 못하고 외부에서도 모르는 성격인데, 이 책의 범위를 넘어서는 영역이다. 이러한 내적 성격은 심리학적 연구 주제일 것이다.

위의 네 가지 리더십 성격에서도 알 수 있듯 많은 사람들이 자신이 인지하고 있는 리더십 성격과 실제 자신의 리더십 성격에서 크고 작은 차이를 보인다. 게다가 이러한 차이는 실제 리더십 발휘와 그 효과에도 영향을 끼친다. 예컨대 민첩하고 추진력이 뛰어난 활동적인 리더로 보이길 원하지만, 정작 자신은 꼼꼼하고 세심한 성격을 가진 정적인 리더십 성격을 지녔을 수 있다. 이때 자신의 리더십 성격에 대한 정확한 파악 없이 본인이 보이고자 희망하는 리더십을 발휘하려다 보니 당연히 그 효과가 미미할 수밖에 없다. "나는 리더십이 부족한가?" 하고 자책하기보다는 자신의 리더십 성격을 제대로 파악하여 그것을 더욱 개발하려는 노력이 중요하다.

나의 리더십 성격 유형은?

서로 다른 리더십 성격을 보이는 네 사람이 있다. 이들 중 자신은 어디에 속하는지 살펴보라. 물론 본인이 어떤 유형에 속하는지 확실히 아는 독자도 있겠지만 여러 유형이 조금씩 섞여 있다고 느끼는 독자도 있을 것이다. 그 중 자신의 성격과 가장 가까운 유형을 찾으면 된다.

● 뛰어난 판단력으로 과감하게 추진하는 P씨

나는 지루한 것은 참을 수 없어. 어디에 있든 늘 할 일을 찾지. 게다가 나는 싫증을 잘 내는 편이라 늘 다양한 자극이 필요해. 물론 자유도 있어야 해. 나를 가두고 제한하면 숨이 막힐 것 같아서 어떻게 해서든 그 상황을 바꿔버리지. 학습도 책이 아니라 직접 부딪히면서 하는 것이 내겐 가장 효과적이야. 이거다 싶은 최소한의 확신만 서면 곧바로 뛰어들어서 시작해보는 거야. 일단 시작해서 상황에 맞게 조정하면 되거든.

나는 예측 불가능한 일을 즐겨. 과거는 이미 지난 시간이고 현재와 미래는 내가 노력하기에 따라 얼마든지 바꿀 수 있잖아. 그야말로 기회의 시간이지. 기회만 주어진다면 무엇이든 가능하잖아. 그래서 나는 인생에서 최대한 많은 것을 얻어내고 최대한 즐기고 싶어.

나는 아무도 생각하지 못했거나 엄두내지 못했던 일을 곧잘 해. 방법을 찾아내는 데 선수라고나 할까. 그래서 위기나 어려운 문제가 발생하면 난 생기가 넘쳐. 내게 모든 걸 맡기기만 하면 순식간에 상황을 통제해버리지. 타고난 해결사인 것 같아. 난 상황 판단력이 뛰어나고 행동도 빨라. 오랫동안 고민하지 않아. 직감적으로 기회를 느끼고 잡지. 그리고 대부분 내 판단은 적중해. 직감을 무시하면 꼭 후회하게 되더라고.

● 책임감으로 권력과 카리스마를 움켜쥐고자 하는 C씨

나는 책임감이 강해. 그래서 가족, 친구, 동료, 지역사회, 업무에 대한 의무감과 충성심이 무척 강하지. 나를 비롯한 모든 사람들이 조직과 사회의 원활한 운영을 위해 최선을 다해 기여해야 한다고 생각해. 하지만 이런 사람을 찾아보기는 쉽지 않아. 나처럼 책임 있게 생각하고 행동하는 게 왜 그리 어려울까?

나에게는 나와 주변 사람들의 안전과 편안이 중요해. 그래서 늘 내 머릿속은 해야 할 일들로 가득해. 게다가 난 이것들이 해결되어야 직성이 풀려. 혹시 빼놓는 일이 있을까봐 계획을 세우고 꼼꼼하게 점검해. 주변 사람들이 필요한 자원을 확보했는지 확인하는 데 내 시간의 상당 부분을 사용하지. 업무량이 너무 많아서 스트레스를 받을 때도 있어. 특히 내게 물어보지도 않고 일을 떠맡길 때는 힘들어. 그렇지만 다른 사람의 도움을 요청하지는 않아. 어차피 내가 모든 것을 통제해야 마음이 놓이니까 말이야.

내가 이처럼 주위 사람들의 일까지 모두 책임지고 돌보는데 내 역할이 존중되지 않거나 주변 사람들이 내 기대에 부응하지 못하면 나는 상처받고 실망하기도 해. 좋게 말하면 나는 리더십과 카리스마가 있는 성격이지만 어떤 사람들은 나를 지배광, 독재자라고 하더라고. 뭐가 맞는지는 모르지만 어쨌든 그게 내 성격이야.

● 조직원의 성공을 돕고 멘토링 하는 S씨

내 인생에서 가장 중요한 건 주변 사람들과의 관계야. 나는 주변 사람들이 모두 성공하기를 진심으로 바라고 있어. 그래서 나는 그들이 성공할 수 있도록 지원하고 지도하는 것을 좋아해. 그 속에서의 내 역할에 보람을 느끼지. 마치 월드컵 축구팀의 성공을 돕는 감독처럼 말이야.

우리 모두 의미 있고 목적 있는 삶을 살아야 해. 그래서 나는 누군가가 인생의 목적과 의미를 찾도록 도와주는 촉매제가 되고 싶어. 사람들에게 영감을 주고, 그들을 인정하고 최고의 기량을 발휘하도록 자극하는 것이 나에겐 즐거운 일이야. 그래서 나는 늘 남들에게 귀를 잘 기울이는 좋은 친구이자 상담자이면서 멘토가 되어 주지. 그러기 위해서는 사람들과 공감하는 게 가장 좋은 방법이야. 누군가와 관계를 맺을 때, 그의 눈으로 상황을 볼 수 있어야 그를 가장 잘 도울 수 있는 거잖아. 이처럼 다른 사람들이 나에게 도움을 청하고, 내가 그들에게 도움을 줄 때 나는 가장 행복해. 남을 돕고 상담하는 것이 마치 내 천직처럼 여겨진다니까.

● 정보와 데이터를 기준으로 탐구와 분석을 즐기는 A씨

나는 영원한 탐구자야. 늘 해답과 근본적인 진실을 찾고 있지. 그런데 어떤 답이든 완전히 만족스럽지는 않아. 그보다 더 크고 복잡한 세계를 탐색해보아야 직성이 풀리거든. 그래서 나는 이면의 논리, 이면의 사고를 찾아내고 싶어. 사물의 현상과 작동 원리를 파헤치는 데 관심이 있지. 나는 이제까지 한 번도 시도되지 않고, 아직 알려지지 않은 영역을 창출하는 데 타고난 재능이 있어.

내 인생의 강력한 동력은 자기훈련이야. 내 자신에 대해 높은 목표를 세우고 이를 반드시 달성하지. 다른 사람들이 내 성과를 일일이 인정해주길 기대하지는 않지만 적어도 나의 혁신적인 성과만큼은 꼭 인정받고 싶어.

나는 일이 가장 재미있어. 내 자신의 한계에 도전하면서 짜릿함을 느끼거든. 이때 주제에 대한 전문성과 완전한 지식이 정말 중요해. 나는 모든 면에서 정확한 게 좋아. 특히 어떤 개념을 정의하고 이에 대한 내 의견을 표현함에 있어서 정확성은 아주 중요한 요소야.

기업의 최대 자산은 사람이야. 그러나 기업들은 최고의 인재를 유치하고 투자하는 데 큰 노력을 기울이지 않는 것 같아. 나는 나만큼 분석적인 사람들을 존중하고 이들과 친하게 어울릴 수 있어. 지적인 사람들이 좋아. 그렇지만 똑똑한 척하는 사람들은 못 봐주겠어!

리더십 성격의 대표유형 네 가지

위 네 사람의 리더십 성격을 그 특성에 맞게 분류하면 다음과 같이 네 가지 대표유형으로 구분된다. 자신이 해당되는 유형의 객관적 평가와 함께 장·단점을 파악하여 리더십 성격을 개선하는 데 활용하면 유용할 것이다.

● 추진자

위의 네 사람 중 P씨는 '추진자(Promoters)'형이라고 할 수 있다. 이들은 새로운 아이디어와 프로젝트에 대해 늘 열정적이다. 이들은 강한 매력과 추진력을 발휘하여 일을 성사시키며, 모두가 자신의 능력을 높이 평가해주기를 바란다. 박수갈채를 좋아하고 청중의 적극적인 피드백을 즐기며, 긍정적인 피드백으로 전환할 수 있다면 어떤 피드백이든 두려워하지 않는다. 이들은 홍보, 마케팅 환경에서 탁월한 성과를 보여주며, 회의 때 멋진 발표자이고 자신의 관점을 설득력 있게 표현한다. 그래서 이들은 카리스마 넘치는 리더로 비춰진다. 시원시원한 결정과 생각, 행동의 민첩함 덕분에 기업 오너들의 사랑을 받는다.

반면 단점도 있다. 이들은 특정 사안에 대해 매우 긍정적이거나 매우 부정적인 극단적 입장을 취하는 경향이 있으며, 이런 이유로 종종 다혈질이라고 평가받는다. 지나친 의욕 때문에 타인의 노력과 업무를 자기 것으로 취하는 우를 범하기도 한다. 노력보다는 결과를 중시하는 성향이 강하다.

이들은 역동적이고 스트레스가 많은 분야에서는 그 특유의 민첩함과 추진력으로 두각을 나타내지만 고도의 정밀성이 요구되는 반도체나 정밀공학 등의 분야에서는 오히려 이것이 장애가 된다. 즉, 원칙, 절제, 저속 운영이 중요한 환경에서 이들은 허풍쟁이나 실력 없는 사람으로 찍힐 수 있다. 물론 이것이 절대적인 법칙은 아니다. 실제로 많은 엔지니어들이 추진자 유형이면서도 스스로의 성격을 컨트롤하며 훌륭하게 업무를 수행한다.

추진자 유형의 장점을 표현할 때 외향적, 열정적, 따뜻함, 세심함, 직관적, 충동적, 극적인, 카리스마 있는 등의 수식어를 사용할 수 있다. 단점으로는 말이 많음, 충동적, 완고함, 경쟁적, 이기적, 기회주의적, 정치적, 개인주의적 등으로 표현할 수 있다.

● 지배자

늘 책임을 떠맡고 통제하는 성격인 C씨는 '지배자(Controllers)' 형 리더다. 이들은 보통 '믿을 수 있고 결함 없는 사람'으로 통하지만 지나친 경우에는 자신의 영역에만 관심 있는 '이기적인 지배광'으로 비춰질 수 있다.

이들은 과정보다 결과를 중시한다. 보고를 강조하며 부하 직원들의 끊임없는 업데이트 리포트를 기대한다. 어떤 문제에 대해 결정권이 없더라도 마치 자신이 책임자인 듯 느껴야 직성이 풀린다. 게다가 매우 경쟁적이며 위압적이다. 이길 때 자부심을 느끼며, 이는 자신의 지식과 통제력 덕분이라고 여긴다.

뛰어난 지배자 유형의 리더는 매우 막강하고 그의 조직은 늘 빛난다. 하지만 기업의 오너가 지배자 유형이라면 임원들에게는 악몽이다. 권력과 지식으로 오너와 경쟁해서 이길 수 없으니까 말이다. 그러나 만약 전쟁에 데려갈 사람을 하나 골라야 한다면 지배자 임원이 적격이다. 충직한 그는 상사의 신뢰만 얻을 수 있다면 목숨 바쳐 싸운다. 그는 부하에게도 동일한 충성심과 보고를 기대하기 때문에 라인 관리자로서는 흠잡을 데 없지만 대기업 말단 사원으로는 최악인 성격이다.

지배자 유형의 장점은 행동 지향적, 지휘 성향, 원칙적, 강력한, 결단력 있는, 독립적인, 신속한, 논리적인, 효율적인, 지식 있는, 주도적인, 결과 중심적 등을 꼽을 수 있다. 단점은 친밀함 부족, 완고함, 인내심 부족, 비밀 선호, 거만함, 조급함, 경쟁적, 위험을 무릅씀, 겸손함 부족, 위압적인 등으로 표현할 수 있다.

● 보조자

결코 튀지 않으면서 조직 내에서 상당한 영향력을 발휘하는 S씨는 '보조자(Supports)'형의 리더다. 이들은 덕망 있는 사람으로 평가되며 상담자, 멘토로서 부하 직원들에게 인기가 많다. 또한 아래 사람들을 진심으로 배려하는 상사로 비친다.

이들의 힘은 수년에 걸쳐 쌓은 인간관계에서 나온다. 이들과 반대 진영에 있는 사람들은 그를 두려워하기보다는 그의 영향력과 인기를 두려워한다. 어떻게 보면 마피아 신드롬 같다. 각각의 사람은 그다지 무섭지 않지만 그 뒤에 버티고 있는 거대한 마피아 조직이 두려운 것과 같은 이치다.

이들은 사람들의 긴장을 풀고 유쾌하게 만드는 재주가 있다. 또 조직을 조화시키는 데도 탁월한 능력이 있다. 심지어는 스트레스가 심한 환경에서도 사람들에게 긍정적인 면을 상기시키면서 높은 의욕을 유지한다. 그러므로 인간적인 친밀도가 중시되는 조직에서는 이들의 역할이 매우 크다.

그러나 성과를 중시하는 경쟁적인 환경에서는 입지가 흔들린다. 이들의 스킬이 그다지 필요하지 않기 때문이다. 게다가 기업회생이나 구조조정 같은 과도기적 상황에서 이들은 과감한 인사 결정을 하지 못하여 회사 또는 부서 전체를 희생시키기도 한다. 인사에 관한 문제만 없다면 아무리 스트레스를 받아도 잘 버티는 것이 보조자 유형이다.

보조자 유형의 장점은 도움을 줌, 팀 지향적, 세심함, 협력적, 조심스러움, 사려 깊음, 의지 있음, 편안함, 조용함 등이다. 단점으로는 마음이 약함, 양보함, 감정적, 소심함, 간접적, 조용함, 100% 개입하지 않음, 뒤로 물러섬, 행동이 느림, 고분고분함 등이 있다.

분석자

분석을 좋아하며 방대한 지식을 소유함으로써 영향력을 발휘하는 A씨는 '분석자(Analyzers)'형의 리더다. 지적 호기심이 이들의 강점이자 약점이 된다. 지혜롭게 사용하지 못하면 커리어를 망치는 독이 될 수도 있기 때문이다.

이들은 꼼꼼하고 정확하다. 결정을 내리기 전에 모든 데이터와 정보를 수집하기 때문에 이들의 결정은 현재까지의 최고의 데이터와 논리의 산물이라고 할 수 있다. 따라서 이들은 방대한 데이터가 합리적으로 업데이트되는 조직에서 힘을 발휘한다. 또한 고도로 구조화된 비즈니스 환경, 그리고 명확한 변수와 인과관계가 정의되는 환경에서 탁월한 성과를 창출한다.

이들은 새로운 개념과 아이디어 실험을 좋아한다. 인터넷은 이들에게 최고의 선물이다. 일부에서는 근시안적이고 숫자 지향적이라고 비판하지만, 대부분은 이들의 과학적이고 사실 기반 접근을 높게 평가하기도 한다.

장점은 정신적, 조용한, 겸손한, 보수적, 논리적, 꼼꼼함, 협력적, 믿을 수 있는, 정확한, 사실 지향적, 인내심 등이다. 단점은 차가움, 숫자 의존적, 감정 부족, 거리감, 객관적인 자료가 없는 이들에 대해 비판적임, 엄격함, 간소함, 과묵함 등을 들 수 있다.

리더십 성격 백분 활용하기

조직을 이끌고 성과를 창출하는 등 모든 비즈니스 영역에 있어 리더십 성격이 크게 작용하는 만큼 이를 갈고닦을 필요가 있다. 물론 타고난 리더십 성격과 전혀 다른 모습으로 변신하는 것은 힘든 일이다. 하지만 자신이 해당되는 리더십 성격의 장점을 극대화하고 단점을 줄이는 것은 노력을 통해 가능한 일이다. 이를 위해 제일 우선해야 할 것은 자신의 리더십 성격을 정확하게 파악하는 일이다. 이는 오로지 본인만이 할 수 있다. 외부에 비치는 모습과 자신이 실제로 잘하는 것은 다를 수 있기 때문이다. 리더십 성격 유형을 요약해 둔 아래의 표를 보고 자신의 리더십 유형을 먼저 파악해보자.

다음 단계는 외부에 비춰지는 자신의 모습과 실제 자신이 잘하는 것 간의 격차를 좁히는 것이다. 만약 당신이 추진자 유형이라면 다른 사람들도 당신을 그렇게 보도록 해야 한다. 이 격차를 좁히지 못할

전략적스킬 Strategic	전술적스킬 Tactical	병참학적스킬 Logistics	전문가적스킬 Technical	기업가적스킬 Entrepreneurial	관계적스킬 Relationship

역할모델	맥아더	마셜	아이젠하워	로멜	패튼	브래들리
핵심단어	• 비전 • 전략 • 과감 • 도약	• 믿을 수 있음 • 신뢰할 수 있음 • 배후 조종 • 컨트롤	• 치밀함 • 디테일 • 신뢰도 • 꼼꼼함	• 전문성 • 전문직 • 교육 • 학습	• 속도 • 자유 • 동물적 • 유연성	• 외교적 • 배려 • 이해 • 덕
최적의 직책	• CEO • M&A 부서	• COO • 수익 센터 • 사업부서장	• 기획 • 물류 • 제조/재무	• CXO • 참모 • R&D부서장	• 신규사업 • 신제품 • 기업벤처	• 회장 • 인사 • 물화관리 • 윤리담당관

[6대 주요 리더십 스킬 모델]

경우 힘들어질 수 있다.

나 또한 이런 격차 때문에 많은 노력을 기울여야만 했다. 나는 미국에서 사관학교에 다녔지만 전형적인 군인 스타일과 다소 거리가 멀다. 나를 아는 많은 사람들이 인정하듯, 나는 부드럽고 친밀하고 편안한 성격이다. 그런데도 사람들은 내 소개를 들으면 색안경을 끼고 엄격한 기준을 적용하는 경우가 많았다. 단지 사관학교를 다녔다는 이유로 말이다.

나는 더욱 더 신경 써서 말을 하고 행동해야 했다. 그래야 오해를 피할 수 있기 때문이다. 예를 들어 내가 조금만 무거운 목소리로 말해도 상대방은 내가 자신을 부하 군인들을 다루듯이 한다며 비약해서 받아들였다. 억울하게도 말이다! 그래서 나는 새로운 사람들을 만날 때 신중하게 단어를 고르고 최대한 부드럽게 말하는 버릇이 생겼다.

다음 단계는 주변 사람들, 특히 상사의 성격을 파악하는 것이다. 빨리 파악할수록 모든 것이 수월해진다. 다음에 나올 '월요일 아침 과제'에 나오는 성격 테스트를 활용하는 것도 좋은 방법이다. 물론 약간의 추측이 필요하겠지만 짧은 시간 내에 상대방의 성격을 파악하기에는 유용하다. 성격은 스킬보다 더 중요하기 때문에 이에 선제적으로 대응하는 것이 바람직하기 때문에 이를 적극적으로 활용하면 도움이 될 것이다.

마지막 단계는 자신의 리더십 성격을 최대로 개발하는 것이다. 만약 추진자에 속한다면 그야말로 최고의 추진자가 되어야 한다. 주변 인물 중 최고의 추진자를 모방하는 것도 좋다. 그런데 스킬이 부족할 경우 이에 능한 사람들을 채용하거나 끌어들여서 이를 보완해야 한다. 사실 리더라면 다양한 성격으로 구성된 팀이 필요하다. 축구에서 수비와 공격이 모두 필요한 것과 마찬가지로 다양한 리더십 성격이 모여 팀을 구성해야 서로의 장·단점을 보완해줄 수 있다.

4

BUSINESS ATTITUDE QUOTIENT

임의적	① ② ③ ④	질서
준비된	① ② ③ ④	망설임
즉흥적	① ② ③ ④	계산된
정리되지 않음	① ② ③ ④	정리됨
도전적	① ② ③ ④	수용적
따뜻함	① ② ③ ④	차가움
고압적	① ② ③ ④	수줍음
외향적	① ② ③ ④	내성적
시끄러운	① ② ③ ④	조용한
표현하는	① ② ③ ④	억제하는
관계	① ② ③ ④	업무/일
추진자	① ② ③ ④	수용자
리더	① ② ③ ④	추종자
충동적	① ② ③ ④	계산적
거리낌 없는	① ② ③ ④	수줍은
가까운	① ② ③ ④	먼
열정적	① ② ③ ④	유보적
릴렉스	① ② ③ ④	자기통제
수다스러움	① ② ③ ④	청취형
구조 없음	① ② ③ ④	구조화된

밀어붙임	① ② ③ ④	과묵형
선언, 발표형	① ② ③ ④	질문형
사교적인	① ② ③ ④	경계함
공개적	① ② ③ ④	비밀스러움
논쟁적	① ② ③ ④	동의함
변화 추구	① ② ③ ④	함께 따라감
유연	① ② ③ ④	경직
격식 없음	① ② ③ ④	격식을 갖춤
지배형	① ② ③ ④	순종적
감정적	① ② ③ ④	정신적
진취적	① ② ③ ④	고리타분함
느슨한	① ② ③ ④	긴장된
외향적	① ② ③ ④	겁 많음
체계적인	① ② ③ ④	직관적인
다가갈 수 있는	① ② ③ ④	폐쇄적인
창의적인	① ② ③ ④	고지식한
확장적	① ② ③ ④	수렴적
확산적	① ② ③ ④	규제된
규범에 반하는	① ② ③ ④	관례적
적극적	① ② ③ ④	뒤로 물러섬

목록 1 　 목록 2

1. _____ 　 2. _____
3. _____ 　 5. _____ 　 X좌표＝목록1의 총합/20＝ _____
4. _____ 　 7. _____ 　 Y좌표＝목록1의 총합/20＝ _____
6. _____ 　 8. _____
10. _____ 　 9. _____
11. _____ 　 12. _____
14. _____ 　 13. _____
16. _____ 　 15. _____
17. _____ 　 19. _____
18. _____ 　 21. _____
20. _____ 　 22. _____
23. _____ 　 24. _____
27. _____ 　 25. _____
28. _____ 　 26. _____
30. _____ 　 29. _____
32. _____ 　 31. _____
35. _____ 　 33. _____
36. _____ 　 34. _____
38. _____ 　 37. _____
39. _____ 　 40. _____

총합 _____ 　 _____

Business
Networking Quotient

4
SECTION

비즈니스
네트워크 지수

Business skill

상사 관리 스킬
수평적 스킬
네트워킹 스킬
나의 브랜드 관리 스킬

Business skill

9
상사 관리 스킬
MANAGING YOUR BOSS

> 상사에 집중하라. 상사에게 잘 보인다는 것은 단순한 아부가 아니다. 조직에서 상사와 관계가 원만하지 못하다는 것은 무능의 다른 표현이다. 진정한 성공을 위해서는 수직적 위계구조 스킬을 개발해야 한다.

10년 전 나는 한 자동차 회사의 임원이었던 김완벽(가명) 씨를 만났다. 오랜 세월동안 성공적인 커리어를 쌓아가던 임원이었다. 그는 언제나 주어진 일에 열심이었고, 한 치의 실수도 없이 완벽하게 업무를 수행했다. 그런 그에게 어느 날 갑자기 불행이 찾아왔다. 사내 평가에서 최하점을 받고, 승진에서 누락되고, 급기야는 회사를 그만두는 일까지 발생했다. 도대체 그에게 무슨 일이 있었던 것일까?

그는 한 눈에 보기에도 '성실맨' 그 자체였다. 그렇게 열심히 일하는 사람은 정말 오랜만이었다. 시골의 가난한 집 장남으로 태어난 김완벽 씨가 서울대에 합격하자 동네 잔치가 열렸다고 한다. 그가 서울로 상경하던 날, 기차역에 동네 사람들이 즐비하게 서서 손을 흔들었다. 한마디로 그는 동네의 자랑거리이자 영웅이었다.

4년 내내 장학금을 놓치지 않던 김완벽 씨는 수석 졸업의 영광도 거머쥐었다. 그리고 소개팅 자리에서 첫눈에 반한 여인과 운명적인 사랑을 하고, 결국엔 결혼까지 골인했다. 자동차 회사에 입사한 후에도 그는 늘 그랬듯 열심히 일하며 실력을 쌓아갔다. 일에도 사랑에도 늘 승승장구하며 그는 임원의 자리까지 오르게 되었다.

회장은 김완벽 씨의 실력을 굉장히 높이 평가했다. 그의 업무는 흠잡을 데 없이 모든 면에서 완벽했다. 그는 열심히 일했고 업무 기한을 넘기는 법이 없었다. 당시 그 기업과 생산성 향상 컨설팅을 수행 중이었던 나는 사무직 인력의 전반적인 생산성 개선을 모색하는 과정에서 그와 인터뷰를 하게 되었다.

그를 처음 만났을 때 그는 나에게 노골적으로 적대감을 표시했다. 사실 이해 못할 것도 없었다. 20년간 컨설턴트로 일하면서 컨설턴트를 좋아하는 임원은 아직 만나보지 못했으니 말이다. 아마도 우리를 그들의 업무를 감시하려는 국세청의 수사관처럼 느끼는 모양이었다. 하지만 그의 적대감은 유별났다. 성공에 대한 경쟁의식이 강한 만큼 다른 사람이 자신에게 조언하는 데 대해 거부감을 느꼈던 것이다.

몇 번의 인터뷰 후 나는 그가 '완벽남 증후군'이 있음을 느꼈다. 일종의 기업형 왕자병인데, 자기 능력에 대한 자부심이 강해서 누군가가 자신의 의견에 이의를 제기하면 "당신이 뭘 안다고 나를 평가해?"라며 상대방의 실력을 깎아내렸다. 그의 행동과 말투 등 모든 곳에서 그의 자존심과 자신감이 배어나오고 있었다.

그의 회사 생활은 타 부서에서 새로운 상사가 부임하기 전까지는 모든 게 평화로웠다. 그러나 새 상사는 부하직원들을 평가하는 데 있어서 남다른 방법을 가지고 있었다. 무엇보다 그는 조화와 협력을 강조했다. 첫 평가에서 김완벽 씨는 임원들 중 꼴찌를 했다. 주된 지적 사항은 부하 직원들이 그를 '노예감독관'으로 본다는 것이었다. 신임 상사는 김완벽 씨와 일해본 경험이 없었기 때문에 그 평가를 곧이곧대로 받아들였다. 임원 동료들도 질투심 때문인지 그에게 후한 점수를 주지 않았다.

1년 후 두 번째 평가가 있었지만 결과는 거의 동일했다. 그는 갑자기 왕따가 되었다. 더 이상 자신감도 생기지 않았으며 비통하고 분노가 끓었다. "상사가 나를 이해하지 못한다"는 말만 되풀이했다. 부하 직원과 동료 임원들에게도 마찬가지였다. "내가 저들을 위해 얼마나 애썼는데 이렇게 배신하다니!"

첫 인터뷰 후 18개월이 지나 그를 다시 만났을 때 그는 극심한 우울증과 스트레스에 시달리고 있었다. 소주잔을 기울이면서 그는 회사가 자신의 실력을 알아주지 않는다며 한탄했다. 그리고 나서 "성공을 위해 아부나 하는 간신배가 될 수 없다!"며 여전히 건재한 자신의 자존심을 내보였다. 결국 6개월 후 그는 사퇴하고 협력업체의 임원으로 자리를 옮겼다. 몇 달 후 함께 점심식사를 하는 자리에서 그는 또 불만을 토로했다. 작은 회사라서 직원들 수준이 낮고, 자신의 실력을 알아주지도 않을 뿐더러 자신이 성과를 내도 고마워하지도 않는다는 것이었다. 그는 그곳에서 18개월을 더 버티다가 결국 오너와 트러블이 생기면서 또다시 회사를 떠났다. 그 후에는 직접 회사를 창업했지만 오래지 않아 파산했다는 소식이 들려왔다.

김완벽 씨와 같은 안타까운 사례는 비즈니스 세계에서 심심치 않게 발생한다. 이들은 뛰어난 재능과 열정에도 불구하고 조직에 적응하지 못하여 이리저리 부서를 옮기고 직장을 옮기다 낙오자로 전락하고 만다. 특히 이런 일은 성공한 사람들에게, 그리고 입사 후 얼마 되지 않은 시점에 발생하는 경우가 더 많다. 언젠가 만난 한 젊은이는 대학 졸업 후 곧바로 취업을 했는데, 회사에 적응하지 못한다는 간단한 이유로 고용된 지 1년 만에 해고되었다.

기업, 그리고 비즈니스 세계는 오로지 목표를 위해 달리기만 하면 되던 학창시절과는 다르다. 마음에 들지 않는 동료들과도 화합하는 법을 배워야 하고 자신과 뜻이 맞지 않는 상사에게도 고개를 숙일 줄 알아야 한다. 특히 진정한 성공을 위해서는 수직적 위계구조, 즉 상사를 관리할 수 있는 스킬을 개발해야 한다.

왜 상사를 관리해야 하는가?

상사에게 잘 보인다는 것을 단순히 아부 정도로 치부하며 과소평가하고 부정적으로 생각하는 사람들이 많다. 그런데 상사와 친하다는 이유 하나로 아부꾼이고, 상사와 껄끄럽다는 이유 때문에 지조 있는 인재라 할 수 있을까? 대부분의 사람들은 아무리 아부꾼을 싫어해도 상사와의 관계가 좋지 못한 사람에게 엄지손가락을 치켜세우지는 않을 것이다.

조직에서 상사와의 관계가 원만하지 못하다는 것은 무능한 것이나 다름없다. 따라서 상사와의 원활한 관계 또한 비즈니스 스킬의 한 영역임을 인정하고, 균형을 맞추면서 튀지 않게 상사를 관리하는 '상사 관리 스킬'을 익혀둘 필요가 있다.

상사와의 관계를 긍정적으로 유지하기 위해서는 우선적으로 비즈니스 세계의 특성, 특히 의사결정 과정을 이해할 필요가 있다.

비즈니스는 철저히 주관적이다

한국 청년들은 객관식 문제에 아주 능하다. 딱 떨어지는 객관적 판단과 객관적 문제해결 과정은 한국의 많은 교육과정의 근간이 되어 왔고, 아직도 그렇다. 그러나 비즈니스 세계는 이보다 훨씬 더 주관적이다. 다양한 시각을 가진 이들에 의해 많은 것이 결정된다.

물론 어떠한 문제에 대해 당신의 생각과 답이 정답일 수도 있다. 그러나 상사는 당신과 다른 답을 가지고 있을 수 있다. 그렇다고 정답을 두고 당신과 상사가 힘겨루기를 할 수도 없는 일 아닌가. 동등한 동료 관계라면 모두 정답이 될 수 있겠지만, 안타깝게도 수직적 위계구조가 분명하게 존재하는 비즈니스 세계에서는 자신의 답만을 고집할 수 없다.

물론 그렇다고 "상사가 늘 옳으니 상사의 말만 따르면 된다"고 생각해서도 안 된다. 이는 당신을 소신 없는 사람이라 단정 짓게 만드는 위험한 처세다. 따라서 여기서의 핵심은 당신의 상사가 어떤 방법으로 그 답에 도달했는가를 이해하는 것, 그리고 상사의 의사결정 프로세스를 개선하거나 단순히 모방함으로써 당신 스스로 더 나은 상사가 될 수 있도록 준비하는 것이다.

우리는 일반적으로 사회적 스킬을 학교와 가정에서 배운다고 생각한다. 그러나 사실은 그렇지 않다. 우리는 이를 상사에게 배운다. 잘못 배우면 또 하나의 문제 사례가 탄생하는 것이고, 지나치게 자신의 방법만을 고집하면 또 다른 김완벽 씨가 탄생하는 것이다.

● 비즈니스에는 정답이 없다

비즈니스 세계에서 정답을 정의하는 것은 무의미한 일이다. 지금 오답이었던 것이 6개월 뒤엔 정답이 될 수도 있으니 말이다. 몇 년 전 치토스 과자를 수입하는 라면 회사와 컨설팅 업무를 수행한 적이 있었다. 치토스는 워낙 인기가 있었기 때문에 한국에서도 마땅히 성공했어야 했지만 결과는 실패로 돌아갔다. 한국 소비자들이 치즈 향 과자에 익숙하지 않았기 때문이다. 그런데 몇 년 후 다른 회사가 이를 다시 수입했고 결과는 대성공이었다. 그 몇 년이라는 시간이 흐르는 동안 한국 소비자들 대부분이 치즈 맛에 익숙해졌기 때문이다.

이처럼 비즈니스에서는 타이밍이 중요한 요소이다. 따라서 과거에도, 미래에도 비즈니스 세계에는 정답이 없다. 제한적인 정보를 바탕으로 한 최선, 최적의 솔루션만 있을 뿐이다. 동일한 결정이 3개월 후, 6개월 후에는 재난이 될 수도 있다. 물론 운도 좌우하지만 본인과 전혀 상관없는 의사결정의 영향을 받기도 한다. 마치 1년 후 발생할 세계 금융위기를 예측하지 못하고 큰 투자를 하는 것과 같다. 비즈니스 세계에는 분명히 우리의 통제 범위를 벗어나는 요인들이 존재한다.

비즈니스에 정답은 없지만 매순간 최선의 선택은 있다. 그러므로 확보된 정보의 양이 많을수록 더 나은 결정을 할 수 있게 된다. 학교에서는 모든 학생들에게 정보가 동일하게 공유되지만 비즈니스 세계에서는 그렇지 않다. 그렇다면 문제는 '누가 양질의 정보를 더 많이 가지고 있는가'이다. 안타깝게도 이것은 당신과 상사가 동일 선상에 있을 수 없는 대목이다. 상사는 더 많은 정보에 접근하여 이를 활용할 수 있다. 물론 일부 스마트한 직원들은 자체적으로 정보를 확보함으로써 이를 극복하기도 하지만 보편적인 일은 아니다.

● 정보의 내용보다 정보의 전달이 더 중요하다

정보의 내용보다 전달이 더 중요한 곳이 바로 비즈니스 세계이다. 실제 답보다 답에 도달한 과정, 즉 태도나 기법 등이 더 중요할 수 있다. 예컨대 당신의 답이 맞든 틀리든, 상사에게 이를 설득할 때 당신의 관점만 강요한다면 실패할 확률이 높다. 아무리 좋은 답도 심기를 건드린다면 거부감부터 드는 것은 당연한 이치다. 김완벽 씨가 좋은 예이다. 설령 자신의 생각이 옳더라도 여러 사람들 앞에서 이를 고집하는 것은 지혜로운 방법이 아니다.

전달 기법에 있어서도 효과적인 스킬을 익혀둘 필요가 있다. 비즈니스 세계는 글씨체가 어떻든 정답을 적기만 하면 점수를 주던 학교 시험과는 다르다. 비즈니스 세계에서는 답의 제시가 답의 일부이며, 이 또한 관리하도록 요구한다. 이는 정보 전달의 효율성을 좌우하는 미세하지만 중요한 요소이다. 예를 들어 주관식 답안을 작성할 때, 다른 사람들과 당신의 답이 대동소이하다고 가정한다면 결국 관건은 포장이다. 다른 사람이 연필로 답을 작성할 때 당신은 워드 프로세스나 파워포인트 등 다양한 문서양식을 사용하거나, 필요에 따라 사진을 삽입할 수도 있다. 즉, 포장을 맛깔나게 하면 정보가 더욱 효과적으로 전달될 확률이 높아진다.

상사를 관리하는 5가지 원칙

비즈니스 세계에서 상사와의 관계가 중요하다는 것은 상사의 말에 무조건적으로 수긍하는 '예스맨'이 되라는 의미는 아니다. 물론 그렇다고 해서 무조건 반대하라는 것은 더더욱 아니다. 상사의 눈 밖에 나는 일은 그동안 순탄했던 나의 앞날이 더 이상 예전과는 같지 않다는 의미이다. 따라서 상사의 눈 밖에 나지 않기 위해, 나아가 그의 마음에 쏙 드는 스마트한 인재가 되기 위해 상사를 관리할 필요가 있다. 내가 지켜본 훌륭한 비즈니스 리더들은 아래의 5가지 원칙을 지키며 상사를 효과적으로 관리했다.

● 원칙 1 : 상사의 체면을 세우라

조직 내에서 평판과 소문은 놀라울 정도로 빠르다. 예전에 소비재 제품 회사의 마케팅 임원과 일한 적이 있다. 그는 젊고 에너지가 넘쳤으며 무엇보다 제품 개발의 창의력이 뛰어났다. 그의 아이디어로 탄생한 신제품 덕분에 그의 부서는 큰 성공을 거두었고 그는 곧 부서장으로 승진했다. 이 과정에서 그는 결코 자신의 역할과 기여에 대해 떠벌리지 않았다. 회사에서는 이런 그에 대한 평판이 좋게 나돌았고, 임원들은 저마다 그를 영입하기 위해 안간힘을 썼다. 그가 히트상품을 내놓는 '킹메이커'인 이유도 있었지만 무엇보다도 그는 자신의 공을 떠벌리지 않음으로써 상사의 체면을 세워주는 배려 깊은 사람이었기 때문이다.

뛰어난 실력으로 성과 창출에도 탁월하고, 그 성과 앞에 겸손하기까지 하다면 상사는 당신을 붙잡아두기 위해 온갖 애를 쓸 것이다. 상사에 대한 최고의 충성은 입에 발린 아부가 아니라 열심히 일해서 그의 체면을 세워주는 것이다.

● 원칙 2 : 상사와 동일한 기대수준인지 확인하라

자신이 생각하는 업무의 역할과 상사가 기대하는 수준이 다를 경우, 트러블이 발생하는 것은 불을 보듯 뻔하다. 언젠가 컨설팅 과정에서 구매 담당 임원을 인터뷰한 적이 있다. 그의 역할에 대해 질문했을 때, 그는 "구매 담당 임원으로서 제 업무는 구매비용을 작년 대비 3% 줄이는 것, 그리고 모든 조달과 품질 요건을 충족하는 것입니다"라는 지극히 표준적인 답을 했다. 이는 그 업무를 맡은 누구에게나 해당되는 단순한 직무 기술서에 불과했다. 그러나 '역할'은 그 이상이며, 이보다 훨씬 더 개인적으로 정의되어야 한다. 특정 협력사의 품질문제 해결이 될 수도 있고, 공급망의 해외 확장이 될 수도 있다. 무엇이 되었든, 자신의 업무에 대해 상사의 기대수준을 이해하고 자신의 역할을 명확히 하는 것이 중요하다. 그리고 이것은 상사에게 직접 질문하면 쉽게 해결된다. 많은 이들이 상사와 상관없이 임의로 자신의 역할을 정의하고 업무를 수행하는 것을 볼 수 있다. 하지만 업무와 기대수준을 정확히 파악하지 못하여 늘 불만족스러운 평가를 듣게 되느니 차라리 처음부터 상사의 기대치를 정확히 이해하고 업무를 시작하는 것이 현명하다.

● **원칙 3 : 업무의 타이밍과 전달에 역점을 두라**

예전에 알게 된 한 임원은 보고를 세 부류로 나누어 한다고 했다. 첫째 그룹은 좋은 소식, 둘째 그룹은 판단을 요하지 않는 단순한 정보 전달, 셋째 그룹은 나쁜 소식이다. 그는 보고 내용을 분류한 뒤 상사의 일정을 비서를 통해 알아보고 보고의 타이밍을 세심하게 계획한다. 예를 들면 나쁜 소식은 절대로 혼자서 보고하지 않는다. 또 좋은 소식을 먼저 보고한 후 나쁜 소식을 보고하는 식이다. 금요일 오후에는 상사와 함께 30분간 금주 내용을 요약하고 다음 주를 계획한다. 이를 통해 그는 앞으로 있을 뉴스를 선점하고 특정 사건에 어떻게 접근해야 하는지 아이디어를 얻게 된다. 이러한 방식을 통해 그와 상사는 돌발 상황을 어느 정도 방지할 수 있게 된다고 했다. 그의 상사가 상관이나 경쟁자로부터 조직에 대한 소식을 접하게 되는 것만큼 나쁜 것은 없다.

그 임원으로부터 이런 이야기를 처음 들었을 때 나는 지나친 시간과 노력의 낭비라고 생각했다. 그러나 그는 상사에게 커뮤니케이션을 잘하지 못하는 것은 맛있는 스테이크를 쓰레기통에 던지는 것과 같다고 역설했다. 아무리 맛있고 먹음직스러운 스테이크라도 쓰레기통에 있으면 무슨 소용이 있겠는가? 따라서 그는 상당 시간을 보고서 전달에 할애한다고 설명했다. 물론 보고서 그 자체도 좋아야 하지만, 이와 더불어 효과적인 커뮤니케이션까지 더해진다면 이는 뛰어난 보고로 등극된다. 때로는 간단한 노력이 마법을 발휘하기도 한다.

● 원칙 4 : 상사의 강점과 약점을 알라

상사의 강점과 약점을 파악하는 일은 그리 어렵지 않다. 사람들도 이를 알고 있고 평판도 있기 때문이다. 상사의 약점을 파악했으면 당신이 그것을 보완해줄 수 있는 사람임을 보여주어야 한다. 즉, 상사가 절대적으로 필요로 하는 스킬이 바로 당신의 강점임을 제시해야 한다. 이때 주의해야 할 점은 '당신의 약점을 해결하고 도와주겠다'는 식으로 접근해서는 절대 안 된다는 것이다. 상사는 마음이 상할 뿐 아니라 당신을 곧바로 '건방진' 부하로 낙인찍을 것이다. 가장 좋은 방법은 당신이 상사에게 먼저 취약점을 내보이며 도움을 구하는 것이다. 그래야 상사도 당신에게 약점을 보인다. 이때 당신이 그에게 도움을 주면 된다. 이러한 상호보완적인 관계를 통해 당신과 상사는 군건한 파트너가 될 수 있다.

● 원칙 5 : 상사의 평판을 관리하고 조직 내에서 그의 귀가 되라

많은 사람들이 공식적인 채널을 통해서 정보를 수집한다. 그러나 전문가들에 따르면 이 정보의 절반 이상이 가십, 인터넷 등 비공식적인 채널에서 비롯된다. 물론 일부 부정확한 것도 있지만 다수는 정확하다. 이에 당신은 상사의 귀와 눈이 되어주고, 나아가 그의 평판을 관리하는 사람이 되어주어야 한다. 당신의 이러한 충성심이 믿음을 쌓게 되어 당신과 상사는 정보를 공유하는 파트너 관계가 되고, 향후 당신의 가장 큰 힘의 원천이 될 것이다.

많은 사람들이 회사와 상사의 험담을 즐긴다. 특히 식사나 술자리에서 상사를 '썹는 것'만큼 최고의 술안주는 없다. 그러나 이는 가장 위험한 방법이며 당신의 커리어를 마감하는 지름길임을 명심해야 한다. 당신은 믿을 수 있는 친구들에게만 말했기 때문에 안전하다고 생각하겠지만, 말을 꺼내기 전에 거듭 생각하라. 낮말은 새가 듣고 밤말은 쥐가 듣는다는 속담이 정답이다.

상사와의 관계를 급상승시켜주는 T-계정 관계

상사와의 관계를 향상시켜주는 상사 관리 스킬 중 오늘 당장 실천

내 업무 향상을 위해 상대방을 지원함	내 업무 향상을 위해 상대방의 지원을 받음

T-계정 관계

으로 옮길 수 있는 것들은 의외로 많다. 그 중 'T-계정 관계'는 생각보다 간단하며, 상사가 당신을 부하직원이 아닌, 서로 윈-윈 하는 동료로 인식할 수 있다는 장점까지 가지고 있다.

'T-계정 관계'는 영어 'T'를 그려 놓고 좌우에 상대방과의 관계와 관련된 항목을 기재하는 것이다. 이를 위해 기본적으로 3단계의 면담이 성사되어야 하며, 면담은 반드시 상사와 당신만의 일대일 미팅이어야 한다. 다음은 'T-계정 관계'를 원활하게 진행시키기 위한 3단계 면담 전략이다.

● 1단계 면담 : 멘토가 되어 달라 부탁한다

첫 번째 면담 날짜는 가능한 사전에 미리 정하는 것이 좋다. 부하직원의 면담 신청에 대해 상사는 궁금함과 함께 기대를 가지게 되는 효과가 있다.

첫 면담에서 대화의 시작은 이렇게 열어보자. "부장님, 이 일을 맡은 지 몇 주(몇 달)가 되었습니다. 부장님의 기대보다 여러 가지로 부족했을 줄 압니다. 이 자리를 통해 기대수준을 명확하게 설정하고 특히 부장님의 기대를 정확하게 이해했으면 합니다."

보통 이 단계에서 느닷없는 이야기에 대부분의 상사들은 약간 당황하고 긴장한다. 하지만 당신을 평가하고 있는 것은 아니니 걱정할 필요는 없다. 이렇게 자연스럽게 대화를 시작한 뒤 개인적으로 당신이 멘토링과 지도를 얼마나 필요로 하는지를 설명하고, 상사에게 멘토와 코치가 되어달라는 부탁을 한다. 이때 반드시 기억해야 할 것은 절대로 종이에 필기하지 말라는 것이다. 고개만 끄덕이고 머릿속에 대화내용을 저장해야 한다. 펜과 종이를 꺼내면 갑자기 형식적인 미팅이 되기 쉽고, 그가 멘토가 아닌 상사 모드로 돌아올 수 있다.

이 시점에서 보통 상사는 당신에게 "지금도 잘하고 있어"라고 할 것이다. 이때 그의 말을 끊지는 말되, 당신이 앞으로 몇 주 또는 몇 달간 집중하거나 개선해야 할 부분이 무엇인지 물어보라. 상사가 먼저 언급하지 않을 경우 유도 질문을 해야 한다. 예컨대 "저 ○○ 프로젝트에 시간을 많이 투자할 생각입니다. 괜찮을 것 같습니까? 제가 신경 써야 할 다른 곳은 없습니까?" 등과 같이 질문하면 된다. 이때 상사가 스스로 가장 중요한 것이 무엇인지를 말하도록 해야 한다. 그렇다고 해서 너무 공격적으로 접근할 필요는 없다.

당신이 집중해야 할 항목 1~3개에 대해 상사가 동의했다면 첫 면담은 일단 성공이다. 사실, 첫 면담의 목표는 상사의 입에서 어떤 말을 끄집어내는 것이 아니라 다음 면담 날짜에 수긍하도록 하는 것이다. 이를 위해 다음과 같은 대화를 이끌어보라. "부장님, 오늘 정말 도움이 많이 되었습니다. 바쁘신 줄 알지만 4~6주 후 오늘 같은 자리를 다시 가져서 그간 성과를 말씀 드리고 피드백을 받았으면 합니다." 이러한 대화가 자연스럽게 나올 정도라면 1단계 면담은 99% 성공이다. 이 대목에서 상사가 거절할 이유가 없기 때문이다. 여기서 중요한 것은 상사가 수첩과 펜을 꺼내서 정해진 날짜에 동그라미를 치도록 하는 것이다. 상사의 사정으로 취소 또는 연기될 경우 상사가 먼저 당신에게 일정 조정을 위해 전화하게 되어 있다. 상사가 당신에게 코 꿰이는 셈이다!

● 2단계 면담 : 도움을 요구하고 도울 수 있는 것도 제시하라

T- 계정 관계의 핵심은 2차 면담에서 시작된다. 이때도 1차 면담과 마찬가지로 저녁식사를 겸하며 편안하게 시작하면 된다. 그러나 끝 부분에서는 지난 면담 이후 당신의 성과와 활동 1~3가지가 적힌 문서를 꺼낼 필요가 있다. 2차 면담에서는 문서가 중요하다. 이제 상사가 더 형식적으로 참여하게 되기 때문이다. 당신이 진지하게 접근하는 상황에서 상사도 동일하게 할 수밖에 없다.

이렇게 대화를 시작해보라. "부장님, 지난 면담에서 제가 집중했으면 하신 항목들이 여기 있습니다. 부장님께서 피드백을 주시기 전에 제가 먼저 설명 드리겠습니다."

단, 여기서 중요한 것은 당신이 못한 것부터 설명을 시작하는 것이다. 그 중 어떤 것들은 당신의 통제 범위 밖이고 당신의 잘못이 아닌 것들도 있다. 하지만 상사에게 이야기할 때는 자신을 탓해야 한다. 어설픈 변명보다는 '내 탓이오'라고 하는 것이 훨씬 더 책임감 있어 보인다. 그 후 잘한 것들도 언급하라. 아부나 공치사할 필요는 없고 사실을 열거하면 된다. 짧은 자체평가 후 상사의 의견을 구하라. 당신의 자체 평가가 구체적일수록 상사도 구체적인 피드백을 준다. 반면 추상적인 평가에 대해서는 추상적인 피드백만이 가능하다. 상사의 말을 경청하고 피드백의 방식도 주의해서 살펴보라. 이것이 상사를 관리하는 핵심이다.

상사가 피드백을 주면 "네. 알겠습니다"라고 대답하지 말고 "아, 정말 그렇습니다. 그런데 A안은 어떠십니까? B안에 대해서는 생각해보신 적 있으십니까?"로 응대하라. 상사가 더 많은 의견을 개진하도록 유도하라. 이러한 주고받기 대화가 중요하다. 그가 전문적인 자문을 제공할 것이고, 분위기가 괜찮으면 "부장님이 저라면 어떻게 하셨겠어요?" 등의 역질문을 던지라. 이러한 논의가 바탕이 되어 진정한 T-계정 관계가 구축된다.

그에게 또 이렇게 물어보라. "부장님, 정말 도움이 많이 되었습니다. 제가 도와드릴 수 있는 게 있을까요? 제 코가 석자지만 부장님을 도와드릴 수 있는 부분이 있을 것 같습니다." 일에 대한 논의 직후에 이런 질문을 하면 논리적으로 상사도 일 관련 내용을 대답하게 된다. 상사의 답을 T 계정 왼편에 꼼꼼히 필기하라. 그 다음에는 궁극적인 관계 강화 발언을 할 차례다. T- 계정 왼쪽에 "부장님, 예전에는 몰랐는데 이제 보니 우리 팀을 위해 △△△가 필요할 것 같습니다"에 대한 내용을 필기한다. 그리고 "부장님께서 △△△을 지원해주시면 좋을 것 같습니다"에 해당되는 내용은 T- 계정 오른쪽에 기입한다. 요약하자면, 왼쪽에는 '내가 상사를 도울 수 있는 것'을 쓰고 오른쪽에는 '상사가 나를 도울 수 있는 것'을 쓴다.

마지막으로 그의 피드백에 감사하고 면담을 끝내라. 물론 차기 면담 날짜를 반드시 정해야 한다. 그리고 "부장님, 정말 도움이 되었습니다. 오늘 내용을 요약해서 보내드리겠습니다"라고 덧붙이는 것도 잊지 말라. 단, 곧바로 요약 기록을 보내면 안 된다. 상사가 과민 반응할 수 있으므로 면담 내용을 잊을 때쯤, 즉 다음 면담 1~2주 전까지 기다리다 기록을 보내면 된다.

● 3단계 면담 : 윈-윈 관계를 구축하라

3차 면담은 T-계정 문서를 펼쳐놓고 시작한다. 위에서 언급했듯이 왼편과 오른편에 각각 '내가 상사를 도울 수 있는 것'과 '상사가 나를 도울 수 있는 것'이 작성된 문서의 실행 결과를 보며, 만약 좋지 않은 결과가 있다면 사과를 하고 스스로를 탓하는 모습을 보여야 한다. 그래야 상사가 당신을 도와준다.

상사의 과거 성과가 명시적으로 언급되지는 않지만 논의 주제에 포함되기 때문에 3차 면담부터는 그에게 조금 더 불편한 자리가 될 수 있다. 어떻게 보면 당신과 상사가 서로를 평가하는 것이다. 그래서 이 간단한 세 차례의 면담은 사소해 보이지만 매우 강력한 효과를 발휘한다. 윈-윈 관점에서 상사와 합의하고 상사를 평가할 수 있는 자리가 된다. 이 방법의 장점은 상사와 개인적으로 가까워질 뿐 아니라 1년 후 당신의 업무평가에 새로운 내용이 포함되지 않는다는 것이다.

혹시 새로운 내용이 있다면 면담 기록을 보고 "부장님, 그건 6개월 전에 제가 말씀 드린 건데요. 부장님께서 ~라고 말씀하셨습니다"라고 말할 수 있다. 즉, 상사가 당신의 알리바이이자 공범이 되는 셈이다. 상사는 당신의 평가자라기보다는 선배 팀원이 되는 것이다. 당신 또한 상사의 사고 프로세스를 읽음으로써 그와 가까워질 수 있다. 게다가 정말 당신이 실력 있는 직원이라면 상사가 자신의 성과에 대한 당신의 평가와 의견을 물어올지도 모른다.

상사를 관리하고 상사를 평가하는 것은 꿈 같은 이야기처럼 들리지 모르지만, T-계정 면담 3회를 통해 신중히 계획하고 실천한다면 결코 불가능한 일이 아니다.

처음엔 누구나 어설플 수 있다. 초보자이니 실수를 하는 것은 당연하다. 하지만 이것은 '90일 황금봉투' 안에서만 가능한 이야기다. '90일 황금봉투'는 당신의 모든 행동이 황금 봉투에 포장된 것처럼 보이는 기간을 의미한다. 다시 말해서 당신이 어떤 실수를 하든 환경이나 조직에 대한 이해 부족, 인력 문제 등을 탓할 수 있다. 전임자를 탓할 수도 있다. 그러나 '황금의 90일'이 지났는데도 당신의 성과나 상사의 기대수준이 파악되지 않는다면 어떻게 할 것인가?

'90일 황금봉투'에 의존하기보다는 상사에게 좀 더 적극적으로 다가가고, 나아가 당신에 대한 그의 기대수준을 정확히 아는 것이 중요하다. 'T-계정 관계'를 활용하여 상사와 데이트를 즐겨보라.

10

수평적 스킬
DEVELOPING HORIZONTAL SKILLS

> 수평적 리더십에 주목하라. 리더십이란 상사와 부하직원이라는 수직적 차원의 리더십 외에 동료와 친구 등 수평적 차원의 리더십도 있다. 수평적 리더십은 당신이 비상하는 데 든든한 자원이 될 것이다.

모 기업의 임원인 K는 회의의 '스타'로 유명했다. 그는 어떤 논쟁에서도 지는 것을 참지 못했다. 주장이 옳고 그름을 떠나 K는 늘 이겼다. 특히 사장 앞에서 그는 전사로 변신했다. 이기기 위해 상대를 무참히 짓밟는 일도 서슴지 않았다. 이러한 K의 언변 덕분에 그는 늘 승승장구했고, 사내에서 그를 따르는 사람들도 제법 있었다. 하지만 그보다 더 많은 사람들이 이를 갈면서 그의 추락을 기다리고 있었다. 물론 이들의 대부분이 그의 뜻과 어긋나서 고배를 마신 사람들이었다.

모든 잔치에는 끝이 있다고 했던가. 그가 아픈 아내의 간병을 위해 6개월 휴직을 하는 동안 나머지 임원들이 들고 일어났고, 그가 복귀

했을 때 그의 자리는 없어져 있었다. 그는 비통한 표정으로 소리 질렀다. "어떻게 동료 아내의 장례식을 기회로 이럴 수 있는가!"

비즈니스는 씨실과 날실처럼 모든 것이 조화를 이룰 때 비로소 한발 한발 앞으로 나아간다. 상사와의 관계가 제아무리 원만해도 동일한 직급의 사람들과 함께 협력하는 기술, 즉 '수평적 스킬'이 부족하면 결국엔 업무에 차질이 생기게 되고, 성과는커녕 회사에 누를 끼치는 결과를 얻고 만다.

수평적 스킬은 일종의 '팀플레이'라고 볼 수 있다. 최고의 팀이 되기 위해 모든 팀원이 스타 선수일 필요는 없다. 저마다 골을 넣는 영광을 차지하기 위해 팀의 조화나 협력 따위는 무시한 채 골대를 향해 무조건 돌진한다면 어떤 결과가 생길지는 불을 보듯 뻔하다. 2002년 월드컵을 생각해보라. 한국 팀 전체의 연봉을 합쳐도 베컴의 연봉을 넘지 못했지만 히딩크 감독은 그 팀으로 4강에 올랐다. 어떻게 가능했을까? 바로 팀워크다!

종잇장 한 장도 맞들면 나은 것, 그것이 바로 팀워크다. 회사 입장에서는 더욱 그렇다. 회사는 베스트 플레이어 한두 명의 활약보다는 여러 직원들이 협력하여 '시너지'를 창출하는 것을 더 원한다. 이를 위해 필요한 것이 바로 수평적 스킬이다.

승진하기를 바라지 않는 사람이 있을까. 조직에서 승진하고 상승하는 것은 성공을 향한 수직 사다리를 올라가는 것과 같다. 그래서 우리의 시선은 너무나 자연스럽게 사원, 대리, 과장, 차장, 부장, 이사를 거쳐 상무, 부사장 등으로 올라가는 수직 방향으로 눈을 돌리게 된다.

그러나 실제 업무는 어떤가? 단지 상사에게 지시를 받아 부하에게 수직적으로 전달할 뿐인가? 그렇지 않다. 실제 업무는 수평 방향으로 이루어진다. 자동차 회사의 예를 들면, 업무가 마케팅 기획부서가 계획을 수립하는 것부터 시작된다. 계획이 수립되면 R&D를 거치고 오랜 시간의 개발과 엔지니어링을 거친 후 안전성 시험과 평가를 받게 된다. 그 후 시범 생산 단계에 들어가고, 최종적으로 양산에 돌입한다. 자동차의 양산을 전후로 마케팅 부서가 광고를 계획하고, 영업부서가 이를 홍보하며 유통 채널을 통해 판매를 시작한다. 그리고 A/S 서비스 부서가 보증과 결함문제를 해결하게 된다.

당신이 이 부서들 중 하나에 속할 경우 아마도 전체 프로세스를 원활히 하기 위해 타 부서 동료들과 전화 통화를 하게 될 것이다. 전체 프로세스뿐만 아니라 이와 관련한 모든 직무와 직급을 그린 후 CEO를 제외한 주변 모든 부서들과 협력하게 된다. 이 과정에서 원활한 수평적 관계를 유지하며 협력과 조화를 이루어내는 사람도 있겠지만, 그 중에는 업무평가에 대한 칼자루를 쥔 상사에게만 충실한 이들도 있다. 바로 이 때문에 최근에는 많은 기업들이 360도 다면적 평가체제를 도입하고 있다. 상사에게만 점수 딸 궁리만 하는 대신 주변 동료들과의 협력정도를 평가하는 것이다. 비즈니스의 수평적 흐름을 무시하고는 결코 수직적 상승이 있을 수 없음을 일깨워주기 위해서다.

비공식적 채널을 최대한 가동시켜라

자동차 주유등에 불이 켜져야 주유소에 가는 친구가 있다. 그의 이론은 단순하다. 차에 기름이 없으면 경고등이 켜져서 알려주므로 그 전까지는 걱정할 필요가 없다는 것이다. 물론 이론적으로는 맞다. 경고등이 켜지기 전까지는 자동차가 달리긴 하니 말이다. 그러나 경고등이 켜졌을 때 주유소에서 가까이 있어야 한다는 문제가 있다.

나는 이를 '바보등'이라고 부른다. 경고등이 켜질 때까지 기다리면 이미 늦을 수 있기 때문이다. 막상 불이 들어왔는데 고속도로를 달리고 있거나 꽉 막힌 거리에 있다면 어떻게 할 것인가? 매번 등이 켜질 때마다 주유소 근처에 있도록 미리 계획을 해두어야 하는가?

사실 이 불은 경고등이 아니라 독촉등이다. 경고등이라면 훨씬 먼저 켜져야 한다. 기업에서도 모든 직원들이 보고 들을 수 있는 등이 있다. 만약 당신과 관계가 좋은 상사라면 그는 이 경고등을 적절한 타이밍에 조절할 것이다. 그러나 그렇지 않은 상사라면 오랜 시간을 지켜보다 정말 마지막 경고로 이 경고등을 울릴 것이다. 그야말로 독촉등인 것이다. 차를 운전할 때와 마찬가지로 경고등이 켜진 뒤에야 기름이 없음을 깨닫는 것은 좋지 않다. 후회하지 않으려면 미리 신호를 감지해야 한다.

수평적 스킬은 앞으로 발생할 수 있는 일을 미리 보고 들을 수 있는, 일종의 안테나를 세우는 일이다. 이 안테나를 제대로 작동만 시킨다면 웬만한 일은 상사가 알기 훨씬 전에 먼저 알 수도 있다. 남들보다 한 발 앞서 행동하고자 한다면 안테나, 즉 이 비공식적인 채널은 강력한 친구이자 필수품이 된다.

몇 년 전에 만난 한 임원은 해고된 후 배신감에 분통을 터뜨리고 있었다. 그는 장기근속 후 상당히 높은 위치에 있었고, 훨씬 더 좋은 대우를 받아야 마땅했다. 몇 주 후 나는 같은 회사의 다른 임원들을 만났다. 그들이 들려주기를, 좋지 않은 일을 당한 그 임원에게는 해고를 알리는 모든 신호와 조짐이 진작부터 일어나고 있었다. 하지만 그는 외골수인 성격 때문에 앞으로 발생할 일에 대해 누구에게 물어보지도, 스스로 돌아보지도 않았던 것이다. 게다가 해고나 실직은 불편한 주제이기 때문에 다른 임원들은 굳이 그에게 이를 직접 알리지 않았다. 당사자가 이미 알고 있을 거라고 생각했던 것이다. 그러나 실제 해임 통지 일주일 전까지도 그는 이 사태를 전혀 눈치 채지 못하고 있었다.

남의 이야기같이 들릴지 모르지만 우리 중 그 누구도 이와 같지 않으리라 자신할 수 없다. 20년간 일하면서 나는 이러한 비공식적 채널과 경고등에 신경 쓰지 않았던 것을 땅을 치고 후회하는 이들을 많이 보았다. 이들 중 누구도 능력이 모자라서 그런 일을 당한 사람은 없다. 그러니 주변 사람들에게 눈과 귀를 기울이고 미리 경고등의 신호를 알아채어 행동의 방향을 수정해야 한다.

패스냐 슛이냐, 독점이냐 화합이냐

20세기 최고의 농구 감독을 꼽으라면 아마도 필 잭슨일 것이다. 그는 1990년대 초, NBA 시카고 불스 감독을 지내면서 '시카고 다이너스티'라는 말을 유행시켰다. 시카고 불스는 수많은 우승컵을 거머쥐었을 뿐 아니라 마이클 조던, 스코티 피펜, 호라스 그랜트 등 역대 최고의 스타만을 모아놓은 팀이었다. 그야말로 드림팀이었다.

어느 날 한 기자가 잭슨 감독에게 물었다. "감독님, 선수들을 어떻게 코치하십니까? 농구의 신 마이클 조던에게 도대체 뭐라고 지시하십니까?" 실은 나도 프로 감독들이 이토록 훌륭한 선수들을 어떻게 코치하는지 늘 궁금했다.

"패스냐 슛이냐"가 감독의 짤막한 답이었다. 어리둥절해 하는 기자에게 그는 다음과 같이 설명했다.

"선수들은 드리블이나 리바운드를 할 수도 있고 농구대를 향해 달려갈 수도 있다. 이 모두 자연스럽게 나오는 반응이다. 그러나 정말 중요한 진짜 결정은 '패스할 것인가, 슛할 것인가?'이다."

슛은 선수들에게 있어 자신을 빛낼 수 있는 절호의 기회이다. 물론 이것은 슛이 성공할 경우에만 적용된다. 일단 경기에 이기려면 좋은 슛 기회를 잡아야 하지만 패스하는 것이 좋은 경우가 더 많다. 스타가 되고 싶은 욕심에 실력과 상관없이 무조건 슛을 날린다면 골에도 실패할뿐더러 그에게 패스해줄 동료도 잃게 된다.

비즈니스 세계에서 수평적 스킬은 결국 슛과 패스, 즉 실력과 화합의 균형을 찾는 것이다. 아무리 동료들과 관계가 좋아도 실력이 형편 없다면 결국 조직에서 고립된다. 따라서 단거리 슛부터 시작하여 실력을 쌓아야 한다. 득점률이 높아진 후에 차근차근 장거리 슛을 시도하면 된다.

득점률이 높은 선수가 되면 될수록 동료들로부터 더 많은 패스를 받는다. 크런치 타임에 스타 선수들에게 공이 집중되는 것도 마찬가지 논리다. 그러나 실력이 출중하게 뛰어나 모든 슛이 득점으로 연결되어도 혼자 독불장군처럼 모든 슛을 독점하려 하면 이 역시 조직에서 외톨이가 되는 길이다. 프로의 세계에서 동료들은 자신들이 들러리가 되면서까지 당신을 스타로 만들어주지는 않는다.

정말 현명한 사람은 득점이 확실한 상황에서도 다른 선수에게 패스할 줄 안다. 그 패스야말로 당자의 슛이 아니더라도 게임의 승부를 좌우하는 결정적인 계기가 될 수도 있다. 단지 그 계기를 살리는 것에 최선을 다한 것만으로도 '최고의 동료', 동료를 위해 희생할 줄 아는 사람이라는 명성을 얻는다. 괜히 스포츠에서 어시스트 분야를 선정해 최고의 선수를 뽑는 게 아니다. 비즈니스에서도 패스와 같은 어

시스트는 충분히 각광받을 만한 행위이자 스타로서 자리매김할 수 있는 기회가 될 수 있다.

동료를 친구로 만드는 수평적 스킬

동료는 친구인가, 경쟁자인가? 선뜻 대답하기 힘든 질문이다. 하지만 마음이야 어떻듯 겉으로 드러난 모든 태도와 행위만큼은 그들을 친구처럼 대해야 한다. 그래야 그들도 당신을 경쟁자가 아닌 친구로 대한다. 경쟁자에게는 모든 정보를 함구하지만 친구에게는 가능한 많은 도움을 주고자 하는 것이 인지상정이다. 동료에게 경쟁자가 아닌, 친구로 다가설 수 있는 수평적 스킬을 개발하기 위한 비법은 다음과 같다.

◉ 모두가 꺼리는 일을 자원하라

더럽고 힘들고 위험한 일은 누구나 하기 싫어한다. 하지만 사회에도, 기업에도 이런 일들은 반드시 있기 마련이다. 누군가 해야 할 일이지만 '나'는 그 누군가가 되기 싫다는 이기주의를 일컬어 우리는 님비(NIMBY)라고 한다. 님비(NIMBY)란 '내 앞마당에는 안 돼(Not In My Backyard)'의 약자로, 어떤 명분에 대해 모두 동의하지만 막상 실행단계가 되면 아무도 자원하지 않는다는 뜻이다. "나는 안 돼. 네가 해. 네가 먼저 해보고 괜찮으면 나도 할게" 식이다.

님비의 핵심은 나의 님비적 생각이 다른 사람의 님비적 생각과 같다는 것이다. 즉, 내가 싫은 건 다른 사람도 싫은 것이다. 수평적 스킬을 개발하기 위해서는 이러한 남의 생각을 존중해주어야 한다. 내가 싫은 것을 상대에게 강요하거나 권해서는 안 된다. 특히 3D라고 불리는 지저분하고 어렵고 위험한 일에 대해 내가 아닌 다른 사람에게 그 일을 하도록 억지로 설득해서는 안 된다. 너무 열심히 설득하면 오히려 역효과가 나고 당신의 평판에 금이 갈 수 있다.

내 경험을 통해 볼 때, 그 3D 업무가 불가능한 것만 아니라면 차라리 내가 맡는 편이 낫다. 아무도 원하지 않는 일을 자원해서 최선의 결과를 도출하면 상도 받고 동료들의 진심 어린 축하도 받는다. 두 마리의 토끼를 한 번에 잡을 수 있다.

● 나만의 색으로 그들과 화합하라

동료를 친구로 만들고 화합과 협력을 이끌기 위해서는 색깔 있는 사람이 되어야 한다. 즉, 그들과는 구분되는 당신만의 컬러를 가져야 한다. 물론 그렇다고 해서 성격적으로 모가 나거나 독특하다면 그들과 융화되기는커녕 왕따당하기 십상이다. 비즈니스 환경에서 자신만의 독특한 컬러란 재능이나 능력을 의미한다. 그들에게는 없는 독특한 한두 가지 재능만으로도 당신은 그들에게 도움을 주는 '유익한 친구'가 될 수 있다.

몇 년 전 알게 된 어떤 임원은 직무 스킬이 그야말로 평균이었지만 짧은 글을 쓰는 능력이 뛰어났다. 하이테크 회사에 근무하는 그는 사실상 엔지니어로서는 꽝이었다. 본인이 기계치임을 공식적으로 인정할 정도였다. 그런데도 그는 가장 인기 있는 임원 중 하나였다. 어떻게 그것이 가능했을까?

답은 간단하다. 그의 인기 비결은 그의 글 솜씨에 있었다. 그는 모든 제품의 설명서를 간결하고 명확하게 작성할 수 있었기에 제품개발 부서에서 없어서는 안 될 '유익한' 존재였다. 그는 이것이 자신에게 필요한 스킬이라는 것을 깨달았고 이를 더욱 갈고 닦아서 마침내 CEO와 회장의 연설문을 쓰기까지 발전했다. 그리고 이후 기업의 대변인까지 되었다.

어느 날 그가 말했다. "엔지니어도 아닌 내가 문장력 하나로 이렇게 성공할지 누가 상상이나 했겠는가? 아무에게도 없는 스킬을 발전시키면 기회가 생긴다네."

현재의 직무에 적절한 재능을 갖지 못했다고 한숨 쉬기 전에 곰곰이 생각해보라. 분명히 당신에게도 동료를 친구로 만들고, 나아가 명성을 쌓을 훌륭한 발판이 있다. 미처 발견하지 못했을 뿐이다.

● 사람 냄새를 맡으라

인터넷 세상이 열린 덕분에 블로그나 트위터 등으로 먼 곳, 먼 나라에 있는 다수의 사람들과 너무나 쉽게 교류할 수 있게 되었다. 사람들은 더 많은 사람들과 이웃을 맺고 1촌을 맺으며 인맥을 과시한다. 하지만 정작 내 옆집에, 내 이웃에 누가 사는가에 대해서는 그다지 관심이 없다.

회사라고 별반 다르지 않다. 업무의 효율성을 높이기 위해 제각각 칸막이를 한 채 자신의 세계에 갇혀버린다. 같은 배를 타고 항해를 하는 동지인데도 업무와 상관없는 부서의 사람들과는 기껏해야 눈인사 정도만 주고받는 정도이다.

수많은 연구 결과에 따르면, 대부분의 사람들은 8시간 근무하는 동안 책상 20미터 반경을 거의 벗어나지 않는다. 20미터를 벗어나는 경우는 엘리베이터를 타거나 바깥으로 나갈 때다. 근무가 끝나면서 사회생활도 끝나는 셈이다.

일을 하기에도 모자란 시간에 사람까지, 그것도 업무에 상관없는 사람까지 알아야 하는 거냐고 반문할 수 있다. 하지만 그들은 남이 아닌, 나와 한 배를 타고 같은 비즈니스 운명에 놓인 공동체다. 그들과 안다고 해서, 정보를 교류한다고 해서 내가 손해볼 것은 없다는 말이다. 게다가 현대 사회에서 기업 근로자들의 평균생산성은 40% 미만이라는 연구 결과가 말해주듯 우리는 그다지 시간에 쫓기지 않는다. 시간이 없다는 것은 핑계에 불과하다.

상대방과 가까이 다가가는 방법에 대한 많은 연구가 있다. 가장 큰 비결은 근접성이다. 거리가 가까워지면 냄새를 맡을 수 있기 때문이다. 물론 시각, 청각도 중요하지만 본능적으로 인간은 상대방의 냄새를 맡을 수 있어야 친밀한 관계를 형성할 수 있다. 따라서 수평적 스킬을 개발하는 가장 첫 단계이자 중요한 방법은 서로의 냄새를 맡는 것, 즉 직접 만나서 악수를 하는 것이다.

● 모든 상사와 네트워크를 형성하라

누가 내 상사인가? 엄격히 따지면 회사 내에서 나보다 직급이 높은 사람 모두가 상사가 된다. 그러나 많은 이들이 오직 한 명의 상사, 즉 직속상관에게만 집중한다. 이는 매우 위험하다. 그러나 실제 많은 이들이 그렇게 하고 있다.

다른 상사들과도 비공식적인 네트워크를 형성해야 한다. 이는 프레젠테이션을 자원하거나 부서 간 활동을 담당함으로써 가능하다. 이러한 방법들은 당신의 이름을 타 부서의 상사에게 알릴 수 있는 가장 좋은 방법이다. 직무 제의가 늘 회사 내에서만 오는 것이 아니다. 경쟁사에서 스카우트 제의를 할 수도 있다. 이때 타 부서 상사가 당신의 커리어 개발에 큰 도움을 줄 수 있다. 직속 부하직원이 아니기 때문에 당신을 타사에 추천하는 것이 덜 어색할 수 있다. 주변의 상사들을 파악하고 늘 안테나를 세우라.

● 이름을 불러 의미를 부여하라

한국에서는 사람들의 이름을 기억할 일이 별로 없다. 웬만하면 모두가 '사장'으로 통하는 데다, 직장 내에서도 김대리, 최과장처럼 성과 직급만을 부르면 된다. 이름을 부를 일이 없으니 이름을 잘 기억하지 못하게 되는 것이다. 그러나 수평적 스킬을 개발하기 위해서는 더 많은 노력이 필요하다. 김차장이라고 부르는 것만으로는 충분하지 않다. 그의 정확한 이름을 불러야 한다. 이에 CJ는 '홍차장' 대신 '홍길동 님'이라고 부르는 문화적 혁신을 도입했다. 성과 직급만으로는 사람을 정확히 구분하는 것이 어렵기 때문에 이러한 조치를 도입했고, 이는 긍정적 변화를 가져왔다.

물론 문제도 따랐다. 모든 사람들의 이름을 정확하게 외우는 것이 생각보다 쉽지 않았던 것이다. 특히 임원이거나 고위 관리자의 경우 수많은 부하 직원들의 이름을 외워야 하니 진땀을 흘려야 했다. 그러나 서로의 이름을 기억하고 불러주는 것은 인간적인 친밀감을 높이는 등 긍정적 효과가 훨씬 더 컸다.

수평적 스킬의 개발은 동료들의 이름을 기억하는 것부터 시작하면 된다. "내가 그의 이름을 불러주었을 때 그는 나에게로 와서 꽃이 되었다"지 않는가. 많은 동료들의 이름을 외우고 부르면 그들 모두가 나에게 의미 있는 존재로 다가온다.

● 'COPETITION'을 받아들이라

협력(Cooperation)과 경쟁(Competition)의 합성어인 'COPETITION'은 경쟁 관계에 있는 기업끼리 서로의 이익을 위해 전략적으로 협력하는 경영을 뜻하는 말이다. 이들은 경쟁자이긴 하지만 경우에 따라서 최고의 파트너가 될 수도 있다. 물론 그렇다고 해서 그들이 진정한 동지가 되는 것은 절대 아니다.

COPETITION은 동료 관계를 잘 묘사하는 단어이기도 하다. 직무상 파트너십을 유지하긴 하지만 절대 불알친구는 될 수 없다는 뜻이다. 직무 환경에서는 상대방과 가까워지는 데 한계가 있기 때문이다. 이들 사이에는 보이지 않는 방어벽이 존재한다. 그래서 동료는 최고의 아군인 동시에 최악의 적군이 될 수도 있다. 가장 가까운 정보원인 동시에 당신의 약점을 아는 가장 위험한 사람일 수도 있다. 자신의 비밀을 말해주는 동시에 당신의 비밀을 폭로할 수도 있다.

직장 동료들과 친구 관계가 힘들다고 서글퍼할 필요는 없다. 불알친구가 당신의 동료가 될 수 없다고 서글퍼하는 사람은 아무도 없는 것과 같은 이치다. 동료는 공적인 관계에서 최고의 파트너십을 유지하면 된다. 따라서 당신은 동료들과 친구이자 경쟁자인 관계를 형성해야 한다. 조직 내에서 승진하고 나이를 먹으면서 이러한 상호존중 관계는 더욱 성숙하게 발전할 것이다. 마치 제2차 세계대전에서 연합군 사령관들이 몇몇 독일 사령관들에게 존경을 표한 것과 같다. 반대편에서 싸웠지만 서로의 군사적 스킬에 대해서는 존경한 것이다. 따라서 적군과 아군, 흑과 백이라는 이분법적 사고에서 벗어나 이를 삶의 일부로 받아들이라. COPETITION의 개념을 빨리 수용할수록 수평적 스킬 개발에 도움이 될 것이다.

동료들을 잘 알수록 직장에서 더 많은 지원군을 얻을 수 있다. 동료들에게 다가가고 이들의 필요를 파악하고 도움을 구하는 방법은 많다. 당장 월요일부터 직장 동료와 가까워지는 10가지 방법을 실험해보라.

☐ 커피를 두 잔 사서 (단, 자판기 커피는 금물!) 예고 없이 동료에게 다가가라. 어젯밤 방영된 드라마나 시사 이야기를 하라. 일 얘기 빼고는 아무 주제나 좋다. 그가 커피를 보답할 것으로 기대하지 말고 가끔씩 이런 만남을 가지라. 아침도 좋고 점심식사 직후도 좋다.

☐ 다음 만남에 타 부서 동료를 데려와서 함께하고 그의 관점을 들어보라. 경계할 필요는 없다. '만남' 자체에 대한 의견이 될 수도 있고, 자신의 부서 관점을 말할 수도 있다. 그는 언젠가 보답할 것이다.

☐ 매일 같은 사람들과 점심 먹지 말고, 주 1~2회 정도 동료의 날을 정해 타 부서 직원들과 어울리라. 좀 더 큰 그룹의 일원이 되는 것이다. 이때 일대일 만남이 더욱 강력하다. 당신과 관련된 모든 부서의 누군가와 일대일로 만나기 위해 노력하라.

☐ 동료의 관심사나 부서에 관한 신문 기사, 혹은 흥미로운 주제를 발견하면 이를 스크랩하여 "재미있네. 읽어봐"라는 메시지와 함께 보내라.

- 가끔씩 사내 통신망에 접속하여 타 부서 소식을 살펴보라. 부정적인 글을 올리지 말고 좋은 소식이 있는 동료에게 직접적인 칭찬과 축하를 전하라. 오프라인, 온라인 동아리에서 활발하게 활동하라.

- 부서 간 스포츠 또는 레저 활동을 기획하라. 화기애애한 분위기를 만들되 주기적이고 자발적으로 임하라. 직접 주최하거나 행사의 사회자를 자청하라. 회사의 지원이나 큰 규모를 기대하지 말고 가볍게 진행하라.

- 부정적 소식을 전달하는 방법을 배우라. 회의에서 부정적인 결과가 예상될 경우 영향받을 이들을 준비시켜야 한다. 이들에게 차후 발생할 일에 대한 정보를 주라.

- 동료와의 모든 대화를 긍정적인 톤으로 시작해서 긍정적인 톤으로 끝내라. "살 빠졌어? 날씬해 보이네", "요즘 늘 웃는데 무슨 좋은 일이 있어?" 등 작은 인사가 중요하다.

- 회사에서 만난(아는) 사람들을 기록하고 이들의 이름을 외우라. 복도에서 누군가를 마주칠 때 늘 웃으며 반기라. 5분 자리를 비우더라도 늘 행선지를 밝히라.

- 빈말하는 습관을 버리라. 진심이 아니라면 "언제 밥 한 번 먹자"는 말은 자제하라. 식사 이야기가 나오면 바로 그 자리에서 바로 날짜와 시간을 정하거나 일정을 확인하라. 빈말로 약속하기보다는 약속하지 않는 편이 낫다.

11

네트워킹 스킬
NETWORKING SKILL

> 내가 누구를 아는가보다
> 내 주변 사람들이 누구
> 를 아는가에 주목하라.
> 내 주변 사람들이 나를
> 홍보하는 역할을 담당하
> 기 때문이다. 네트워크
> 는 새로운 관계를 맺어
> 주며 필요한 인맥을 증
> 폭시킬 수 있다.

'사람이 재산이다'라는 말이 있다. 인맥의 중요성을 강조하기 위해 사용되는 이 말의 위력에 고개를 끄덕이는 사람이 많을 것이다. 현대 그룹 정주영 회장은 젊은 시절 그가 세운 자동차 정비공장이 화재로 빚더미에 앉게 되었을 때, 그를 다시 일으켜 세워준 것은 다름 아닌 '사람들'이라 회상했다. 특히 그가 종업원으로 일했던 쌀가게 주인은 빌려준 돈을 채 받지도 못한 상황에서 다시 큰돈을 빌려줄 만큼 든든한 힘이 되어주었다.

물론 인맥에 대해 부정적 견해를 가진 이들도 있다. 어쩌면 이들은 학연, 지연, 혈연을 들먹이며 크고 작은 청탁을 해오는 인맥들 때문에 불편한 상황에 놓였던 경험이 있었을지도 모른다. 하지만 비즈니스 세계에서 인맥이란 단순히 학연, 지연, 혈연을 무기로 삼아 덤비는 사람들을 일컫지는 않는다. 비즈니스 인맥은 철저히 신뢰로 형성된 윈-윈 관계의 사람들을 말한다. 그래서 비즈니스 인맥, 즉 비즈니스 네트워크의 힘은 생각보다 막강하다.

비즈니스 네트워크에서는 '내가 누구를 아는가'보다는 '내 주변 사람들이 누구를 아는가'가 더 중요하다. 즉, 주변 사람들이 나를 홍보하는 역할을 담당하는 것이다. 그들은 "내가 아는 사람이 있는데 도움을 드릴 수 있을 겁니다"라는 말 한마디로 곧바로 새로운 관계를 맺어주고, 이를 통해 인맥은 일순간 배수로 증폭된다.

물론 '주변 사람들 중 몇 명이 나에 대해 좋게 말해주는가'라는 문제가 있다. 100%는 아니더라도 그 중 일부는 긍정적인 소개를 할 수 있을 것이다. 이러한 '긍정적 네트워크'는 엄청난 효과를 낸다. 아래 표는 건설적인 인맥을 통한 네트워크 확대 가능성을 보여준다.

표에서 알 수 있듯이 인맥에는 두 가지 차원이 있다. 첫째는 연차인데, 인맥 관리 기간이 길수록 역량이 개선된다. 둘째는 유지율인데, 유지율이 높을수록 네트워크 효과가 높아진다. 이 표에서는 매년 새롭게 다섯 명을 만나고 이들이 각각 1/2명으로 가지를 뻗게 되는 상황을 가정하고 있다. 1년에 다섯 명의 새로운 인맥이 형성되는 것은 얼핏 보면 적은 수로 보일 수도 있겠지만 결코 그렇지 않다. 커리어 기간 중 매년 이렇게 새로운 사람을 만나고 유지한다면 20년간 1,400명의 네트워크를 구축하게 된다! 비록 한 알의 불씨라 하더라

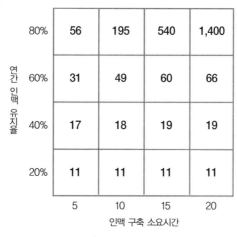

[인맥을 통한 네트워크 확대]

도 광야를 불태우는 것은 순식간이다. 이 다섯 명은 길에서 만나 명함을 교환하며 웃는 관계가 아니다. 진정한 인맥으로서 치열한 정글의 비즈니스 세계를 헤쳐나갈 수 있도록 도와줄 든든한 동맹군이다.

인맥도 구분하여 관리하라

네트워크를 넓히기 위해 반드시 마당발이 될 필요는 없다. 단지 꾸준히 인내와 성실을 발휘하여 기존 인맥들과 신뢰를 쌓고 새로운 네트워크를 구축하는 노력을 기울이면 된다. 이때 인맥의 성향에 따라

[비즈니스 인맥 유형]

그룹을 구분하여 관리하면 더욱 효과적이다. 그와의 관계 및 그의 충성도에 따라 그룹을 구분하는데, 일반적으로 다음의 4가지 유형으로 나눌 수 있다. 첫 번째는 '친밀형'이다. 이는 친밀도는 높지만 충성도가 낮은 그룹이다. 두 번째는 '배수형'이다. 이 유형은 친밀하면서도 충성도가 높기 때문에 막강한 효과를 낼 수 있다. 세 번째는 '잠재형'으로 충성도도 낮고 친밀감도 낮다. 네 번째는 '옹호형'인데 충성도가 높은 반면 친밀감은 낮을 수 있다.

● 친밀형

친밀도는 높지만 충성도가 낮은 그룹인 이들과 어떻게 친해질 수 있을까? '친밀형'은 말 그대로 마당발을 자랑하는 사람들이며, 일단 관계가 구축되면 이들은 나의 영업사원이 되어 준다. 최고의 네트워킹 전략은 자기 자신이 마당발이 되는 것이 아니라 주변에 마당발을 두고 활용하는 것이 아닌가! 이들은 매우 외향적이고 사교적인 성격이라 다양한 사람들을 알고 지내며 인간관계에도 탁월한 재능을 보인다. 이런 성향 때문에 우리 모두 친밀형이 되고 싶어 한다. 그러나 실제 통계수치나 스킬을 보면 친밀형에 속하는 사람은 소수에 불과하다.

친밀형은 그의 직업(기자 등), 직책(마케팅 에이전트 등), 직급(임원 등)을 활용하여 인맥을 넓히거나, 아니면 그저 유쾌한 성격으로 모든 사람들을 친구로 만든다. 그러니 어딜 가도 친밀형은 쉽게 알아볼 수 있다. 이렇게 친밀한 성향을 가진 사람들은 나를 대신해서 네트워크를 확장시켜 줄 사람들이니 잘 사귀어 내 편으로 만들어야 한다.

● 배수형

'배수형'은 나와 친밀하고, 무엇보다 나를 아주 잘 아는 사람들이다. 이들은 잠재 인맥을 끌어오는 자석과도 같은 인물들이다. 배수형 인물들과 끈끈한 인맥관계를 유지하기 위해서는 이들이 나를 위해 투자하는 만큼 나도 이들에게 투자해야 한다. 물이 자연스럽게 흘러가도록 배수의 기능을 제대로 발휘해야 홍수나 가뭄 등 문제가 발생하지 않는 것처럼 인간관계도 마찬가지이다. 그래서 일방적인 관계가 아니라 상호 도움이 되는 관계로 자연스러운 흐름을 강조하는 것이 특징이다. 일종의 허브 역할을 자처하며 원활한 인맥의 배수 기능을 담당하는 것이다.

인간관계에서 무조건적인 희생과 베풂을 주는 사람은 그리 많지 않다. 이러한 배수형 인물과의 관계에서는 친구를 소개받으면 마찬가지로 친구를 소개하고, 도움을 받으면 나 역시 그에게 도움을 주어야 한다. 그래야지만 이들은 강력한 배수 역할을 하며, 이들의 지지를 받게 되면 수용도와 연결고리가 훨씬 강하고 *끈끈*해진다.

일반적으로는 평생에 걸쳐 이러한 허브는 3~5개면 충분하다. 허브의 숫자가 매우 적어 보이지만 커리어에 있어서 막강한 클럽이 된다. 이때 허브를 '모임'과 혼동해서는 안 된다. 커리어적인 목적의식이 없는 실망스러운 '모임'은 별 의미가 없다. 비즈니스 세계에서의 만남은 샛강이 허브로 몰려들어 다시 장강으로 이어지듯 네트워크의 분명한 목적이 있어야 한다.

● 잠재형

'잠재형'은 충성도도 낮고 친밀감도 낮지만 어떻게든 알아두고 싶은 사람들이다. 즉, 우리 모두가 꿈꾸는 드림 리스트가 바로 잠재형이다. 예를 들어, 주부들이 꽃미남 탤런트나 운동선수의 팬클럽에 가입하고 중년 아저씨들이 아름다운 여배우에 열광하는 것처럼 말이다. 잠재형의 인물들은 한마디로 비즈니스계의 스타들이라고 할 수 있다. 하지만 이 스타들은 실제 배우들처럼 스크린에서나 만날 수 있는 존재가 아니다. 유명한 배우들과는 전화 통화를 하거나 만날 수는 없으나 비즈니스 세계의 스타들은 노력을 통해 충분히 관계를 만들어갈 수 있다. 나 또한 '설마?' 하는 심정으로 만남의 가능성을 극히 어렵게 생각했던 인물과 어렵게 만났던 적이 있다.

컨설턴트로서 내가 정부 관료들을 만날 수 있는 기회는 거의 없다. 게다가 독보적인 재능이 있지 않는 한 대통령을 만나기란 거의 불가능한 일이다. 개인적으로 나에게 대통령은 늘 선망과 존경의 대상이었다. 특정 개인의 성격이나 인품 때문이라기보다는 다른 어느 직업과도 비교할 수 없는 능력과 스킬이 필요하기 때문이다. 이러한 나의 직업적 호기심 때문에 나는 대통령과의 만남을 늘 꿈꿔왔다.

그런데 어느 날 내 꿈이 현실이 되었다! 몇 달 전, 베인 앤드 컴퍼니의 지식경제부 프로젝트가 계기가 되어 대통령을 독대할 수 있는 기회가 온 것이다. 나는 90분 이상에 걸쳐 대통령에게 프로젝트 결과를 단독 보고했는데 매우 뜻깊고 흥분되는 시간이었다. 회사 차원에서도 좋은 마케팅 기회였지만 개인적으로도 오래 간직할만한 경험이었다. 이렇듯 잠재형을 인맥으로 만들기란 쉬운 일이 아니지만 그렇다고 불가능하지도 않다. 그러니 지레 포기하지 말고 늘 만남의 기회를 노리고 있어야 한다.

● 옹호형

'옹호형'은 친밀형보다는 개인적인 관계가 가깝다고 할 수 없지만 개별적으로 나를 소개하고 추천해줄 수 있는 이들이다. 이들은 업무와 관련한 것 말고도 개인적으로 나를 지원하며 비즈니스 파트너들에게 내 존재를 인정해주고 추천해줄 수 있는 인맥이다.

그러나 옹호형 인맥이 친밀형보다 인맥 효과가 늘 부족한 것은 아니다. 가끔씩 옹호형 인맥을 통해 친밀형에 못지않게 막강한 효과를 발견하게 되는데, 이들은 개인적인 성향이 강해서 친밀도는 강하지 않지만 일단 적극적으로 지지해주기로 결심하면 배수형이나 친밀형보다 훨씬 더 강력한 효과를 발휘한다. 사실, 친밀형이나 배수형은 어느 정도 기대감을 가질 수 있는 강력한 인맥이기 때문에 그들의 지지나 도움에서는 특별한 맛이 덜 느껴진다. 하지만 그다지 기대하지 않았던 옹호형에게서 지지와 도움을 받는다면 특별 보너스를 받는 것 이상의 감사와 기쁨을 느낄 수 있다. 따라서 특별 보너스의 즐거움을 더 자주 누리고 싶다면 옹호형 인맥의 관리에도 더 신경을 써야 한다.

비즈니스 인맥들을 이렇게 네 유형으로 분류하는 것은 매우 효과적이다. 이를 통해 각 포트폴리오 별로 인맥을 관리할 수 있기 때문

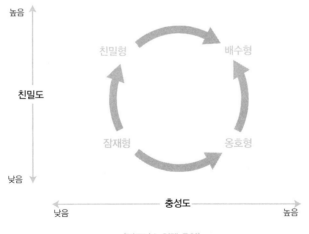

[비즈니스 인맥 유형]

이다. 네 그룹에 각 25%씩 골고루 속할 것 같지만 현실적으로 우리의 지인 또는 목표 대상의 상당수는 왼쪽에 속한다. 인맥이 넓어질수록 하단에서 상단으로 비중이 이동하는 것이 바람직하고, 궁극적으로는 대부분의 인맥을 우측 상단으로 옮기는 것이 우리의 과제라고 할 수 있다. 물론 이는 하룻밤에 되지는 않는다. 장기적인 만남과 신뢰를 쌓아가는 꾸준한 노력이 필요하다.

인맥 쌓기 노하우

많은 사람들을 안다고 해서 그들이 모두 나의 인맥이 되어주는 것은 아니다. 아는 사람과 인맥은 다르다. 인맥은 아는 것을 넘어 서로 도움을 주고받을 수 있는 사이를 말한다. 그래서 얼마나 많은 사람을 탄탄한 인맥으로 엮어두느냐가 비즈니스의 성패를 좌우하는 중요한 요인으로 작용하기도 한다.

그렇다면 더 넓고 탄탄한 인맥을 쌓기 위해 어떻게 해야 할까. 무조건 잘해준다고, 무작정 시간을 함께 보낸다고 해서 탄탄한 네트워크가 형성되는 것은 아니다. 상황에 따라, 대상에 따라 네트워크 효과를 극대화할 수 있는 테크닉은 따로 있다.

● 우선순위를 정하라

모든 사람과 친한 친구가 될 수는 없다. 모든 사람에게 동일한 시간, 노력, 관심을 가질 수도 없다. 따라서 우선순위 리스트가 필요하다. 이것은 반드시 종이에 쓴 목록을 만들어두어야 한다. 그래야만 명확하고 제대로 된 관리가 이루어진다. 그리고 매달 이 리스트를 보고 우선순위가 높은 사람들에게 실제 투자된 시간을 체크할 필요가 있다.

● **소개를 부탁하라**

한국에서는 소개를 부탁하는 것을 부끄럽게 생각하는 경향이 강하다. 그래서 주변 사람들이 알아서 소개해주기를 기대하고 간접적인 압력을 행사한다. 그러나 우리에게 독심술이 없는 한 상대방의 의중을 알 수 있는 방법이 없다. 따라서 직접적으로, 공식적으로 소개를 요청해야 한다.

● **스스로를 소개하라**

세일즈를 위해 제품을 소개하듯 네트워킹을 위해 스스로를 적극적으로 소개할 필요가 있다. 대부분의 한국 사람들은 자기소개에 소극적인 태도를 보인다. 하지만 비즈니스를 위한 네트워킹 구축을 위해서는 점잖이 앉아 있기보다는 스스로 멍석을 깔고 그 위에 올라가 주인공이 되어야 한다. 그래야 시선을 집중시키고, 상대에게 나를 각인시킬 수 있다.

● 입금하고 출금하라

누군가를 정식으로 소개받고 어느 정도 친밀감을 형성한 다음부터는 소위 '입출금' 테크닉을 활용해야 한다. 은행처럼 먼저 돈을 입금해야 출금할 수 있다는 단순한 개념이다. 입금도 하지 않은 상황에서 대뜸 출금부터 하려고 덤벼서는 안 된다는 말이다. 따라서 상대를 먼저 대접하고 어느 정도 신뢰를 쌓은 다음 나도 대접을 받아야 한다. 물론 이때의 대접이란 다음의 표에서 알 수 있듯 네트워킹에 필요한 각종 도움을 이야기한다. 비즈니스 네트워킹의 입출금이 실제 은행입출금과 다른 점은 상대가 만족할 만한 수준의 은행 잔고를 적립하는 데 수년이 걸리는 관계도 있고, 며칠 만에 가능한 관계도 있다는 것이다. 따라서 상대방과 속도를 맞추는 것이 중요하다. 또한 출금하지 않고 입금만 하는 것도 좋지 않다. 잘못된 인상을 줄 수

입금	출금
● 내용 : 유용한 지식과 정보 공유	● 소개 : 소개를 받음
● 연결 : 관계자들에게 소개	● 개인적 부탁 : 적시에 도움 요청
● 개인적 도움 : 개인적 또는 전문적 관심사나 필요한 사항에 대한 지원	● 비즈니스 지원 : 양측에 좋은 기회라면 비즈니스 협력 요청
● 흥미 : 재미있는 경험 공유	● 연결 : 지인들에게 소개 부탁
● 연락 : 잊지 않고 안부 연락	

[비즈니스 네트워크 입출금 항목]

있고 관계가 악용될 수 있기 때문이다.

● 반복하라

네트워킹의 핵심은 반복이다. 즉, 이를 일상에 포함시켜 반복하는 것이다. 아무리 기억에 남는 좋은 만남이라 해도 몇 달이 지나고 몇 년이 지나도록 연락이 없다면 상대의 기억이나 마음에서 지워지기 마련이다. 따라서 안부를 묻거나 만나는 등 네트워킹을 위한 노력을 지속적으로 반복할 필요가 있다. 이러한 노력이 반복될수록 서로의 관계가 더욱 단단해진다.

● 내 브랜드를 구축하라

25년 전 군대에 있을 때 나는 콜린 파월 장군을 곁에서 모신 적이 있다. 당시 그는 미 합참의장으로 추천된 상태였다. 흑인으로서는 최초로 합참의장이 된 그는 정말 전설적인 리더였다. 나는 파월 장군이 순환 근무하는 부하들의 이름을 모두 외우고 있다는 사실에 놀라지 않을 수 없었다. 어느 날 나는 용기를 내어 그에게 질문을 던졌다.

"장군님, 부하들의 이름과 성격을 어떻게 다 외우십니까?"

"써니, 나는 각 사람에 대해 한 가지만 기억하지. 난 누군가를 처음 만나면 '가장 잘하는 것이 뭔가?'를 묻는다네. 스포츠든 취미든 젊은 시절 활동이든 업무와 상관없는 것들 말이야. 그의 답을 그의 이름과 연결하여 기억하는데, 그것은 일종의 '브랜드'가 되는 거야."

파월 장군의 이 방법은 비즈니스에서 '나'를 특화할 수 있는 전략으로 사용될 수 있다. 즉, 나만의 특성과 장점을 활용하여 스스로를 브랜드화 하는 것이다. 장동건이나 고소영 같은 외모라면 걱정할 필요가 없지만 우리 중 대부분은 모든 가능한 수단을 활용해야 한다. 그렇게 해서라도 자신의 존재감을 알려야만 새로운 기회도 찾아온다. 그러니 머뭇거리지 말고 자신의 브랜드에 공을 들이라.

● 도구를 사용하라

네트워킹의 좋은 점은 다양한 도구가 존재한다는 것이다. 예컨대 간단한 이메일만으로도 비즈니스 파트너에게 즉각 연결될 수 있다. 명함수첩이나 서신의 시대는 이제 과거의 유물이 됐다. 트위터, 페이스북, 수많은 블로그와 웹 메일, 스마트폰, 클라우드 컴퓨팅, 인트라넷 등을 통해 언제 어디서나 의사소통이 가능하다. 더 이상 연장 탓하며 꾸물댈 수 없는 노릇이다. 그보다 비즈니스 인맥의 우선순위를 매기고 네트워킹 계획을 실천하기만 하면 된다. 그것도 당장 실행에 옮기라. 인터넷에서 생일카드 한 장 보내는 것은 식은 죽 먹기다. 그야말로 손끝에서 모든 것이 이루어지는 세상이 온 것이다. 뭘 꾸물거리고 있는가. 클릭 한 번으로 비즈니스 인맥을 만들 수 있다는데!

그러나 인맥을 만들기 위해서는 가장 먼저 상대방을 위해 뭔가를 하는 것부터 시작되는 경우가 많다. 대부분의 네트워킹은 입금, 즉 상대방을 대접하는 것에서 시작된다. 대접이라고 하면 값비싼 선물이나 골프 접대, 술 접대를 떠올릴 수도 있겠지만 비즈니스에서 그 범위는 훨씬 넓다.

● 상대방의 업무적 이슈에 대해 지원하라

네트워킹에 있어 소위 말하는 접대는 대부분 비즈니스 이외 상황에서 생각하기 쉽다. 술자리나 골프 접대 등이 그렇다. 그러나 많은 네트워킹 접대들이 비즈니스의 연장선상에서 이루어지고 있다. 즉, 상대방의 업무적 이슈를 마치 나의 일처럼 여기며 지원하는 것이다. 그에게 비즈니스 관련 서적이나 기사를 보내는 것, 또는 관련 세미나를 추천하는 것 등이 이에 해당된다.

● 상대방의 네트워킹에 적극 지원하라

비즈니스 파트너를 더 큰 세계로 연결시키는 고리가 되어준다. 즉, 비즈니스 파트너가 알면 도움이 될법한 사람들의 저녁식사 자리나 기타 행사에 소개해주는 것이다. 이때 등록비까지 내주면 더욱 좋다. 그도 비슷한 방식으로 보답하기 때문에 결국 이것은 나에게 도움이 된다.

● 공통적인 흥미로 다가가라

비즈니스 세계에서는 성격이나 가치관 등이 나와는 전혀 맞지 않는 상대를 만나는 경우도 있다. 하지만 비즈니스를 위해 그와의 네트워킹이 필수적이라면 상대방의 취미나 흥미 등에 좀 더 많은 관심을 가져보자. 상대방이 아무리 나와 달라 보여도 분명 공통의 흥밋거리가 있기 마련이다. 공통의 흥미를 찾으면 그것에 대해 이야기를 나누고, 나아가 함께 즐기는 것도 네트워킹을 위한 대접이라 할 수 있다.

● 개인적 도움을 제공하라

모든 것을 다 가져서 필요할 것이 전혀 없어 보이는 사람들도 좀 더 깊이 알게 되면 분명 갈증을 느끼는 부분이 있기 마련이다. 상대가 사적으로 도움을 필요로 하는 부분을 찾아내어 조언과 도움을 아끼지 말라. 자녀 교육, 연로한 부모님의 건강과 같은 개인적, 인간적, 가족적 접점은 매우 효과적이며, 많은 직종과 문화에 공통으로 적용된다.

비즈니스 인맥 확장을 위한 '쿠네오' 리스트

베인 앤드 컴퍼니에는 전설적인 파트너가 한 명 있다. 이태리인으로서 이태리 최대 컨설팅 사업을 구축한 '쿠네오'가 바로 그 주인공이다. 그가 구축한 '베인 앤드 컴퍼니 이태리'는 오늘날 최대 시장 점유율을 자랑하며 유사한 경제 규모인 한국보다 10배 높은 매출을 기록하고 있다. 믿기 힘들겠지만, 이태리 내 중견기업과 대기업의 100%가 베인 앤드 컴퍼니 이태리의 고객이며, 이들 CEO와 긴밀한 네트워크가 구축되어 있다.

베인 앤드 컴퍼니 이태리가 이런 대단한 성공을 이룰 수 있었던 가장 큰 요인은 단연 '쿠네오의 마케팅 능력' 덕분이다. 소위 '쿠네오 리스트'로 통하는 그의 네트워킹 및 마케팅 기법은 회사 내부에서도 전설적이다. 그런데 이 마법과도 같은 그의 능력은 의외로 단순한 원칙으로부터 발휘된다. 그 원칙은 그가 출장을 간 뒤에 귀국하여 공항에서부터 집까지 절대로 혼자 오지 않는다는 것이다. 특히 비가 오는 날은 더욱 그렇다.

쿠네오는 늘 차에 타고 공항을 몇 바퀴 돌면서 이미 알고 있거나 알 필요가 있는 회사 임원들을 찾는다. 그리고 이들이 어딘가로 간다고 하면 꼭 목적지까지 데려다준다. 공항에서 도심까지 들어오는 차 안에서 비즈니스에 대한 이야기를 나누며 인맥을 만드는 것이다. 귀국할 때마다 이 과정을 반복한다고 하니 그 인맥의 규모를 가히 짐작하고도 남음이다. 이 외에도 네트워킹에 대한 그의 일일 활동을 정리하면 다음과 같다. 간단한 활동이지만 쿠네오는 365일 이를 반복한다. 당연히 주말도 예외가 아니다.

- 오늘 전화할 10명의 임원 리스트를 작성한다.
- 오늘 전화할 1명의 오피니언 리더를 정한다.
- 1명의 동료와 잠재적인 네트워킹을 논의한다.
- 오늘 만난 고객사 임원들을 위해 할 수 있는 것을 고민한다.
- 오늘 만난 고객사 임원들이 회사 밖에서 나에게 해줄 수 있는 것을 고민한다.
- 내 책이나 기사를 누구에게 보낼지 고민한다.
- 오늘 신문 기사 중 세일즈 리드가 있는지 고민한다.
- 다음 달 저녁식사 약속을 1~2건 계획한다.
- 다음 출장을 누구와 갈지 정한다.

- 오늘 생일을 맞은 사람이 있는지 알아본다.
- 다음 몇 달간의 연설 내용을 계획한다.
- 주소록 중 20분의 1에 해당하는 사람들에 대해 각 15초간 생각한다.

대면 효과를 대체할 네트워킹 통화

네트워킹에 있어 대면 만남처럼 강력한 효과를 발휘하는 것은 없다. 하지만 시간과 장소의 제약으로 대면 만남이 불가능할 때가 많다. 이럴 경우, 문자나 이메일보다는 음성통화를 통해 안부를 묻고 이야기를 나누는 것이 도움이 된다. 컴퓨터를 비롯한 다양한 통신 수단이 네트워킹에 활용되고 있지만 여전히 음성통화의 효과를 넘어서지 못하고 있다.

음성 통화의 효과를 더욱 배가시키기 위한 7가지 '네트워킹 통화 전략'에 대해 살펴보자.

- **소원했던 관계를 회복시켜주는 '리마인드' 통화**
오랫동안 연락이 없었던 사람과의 관계를 다시 회복하기를 바랄 때 '리마인드 통화'가 효과적이다. 리마인드 통화는 특별한 용건으로 전화한 것이 아니라고 먼저 밝혀둘 필요가 있다. 굳이 용건을 만들면 오히려 더 어색하다. 바빠서 여유가 없었지만 앞으로는 자주 연락하겠다고 해도 괜찮다. 상대방도 같은 상황이었으므로 이해할 것이다.

리마인드 통화에서는 부탁을 하지 않는 것이 좋다. 최근 근황을 업데이트하는 것으로 충분하다.

● 약속을 지키는 '후속' 통화

"다음에 전화할게." 많은 사람들이 전화를 끊으며 습관적으로 내뱉는 말이다. 하지만 지킬 수 없는 약속이라면 이런 말로 전화를 마무리해서는 안 된다. 만약 이런 말을 했다면 반드시 약속을 지켜야 한다. 그러면 자신이 내뱉은 말에 책임을 지는 성실한 사람이라는 이미지를 얻게 되어 신뢰가 형성된다.

● 첫 만남 이후 관계를 공고히 다지는 '신규' 통화

대부분의 사람들은 방금 만난 사람에게 다시 전화하는 것을 어색해한다. 하지만 비즈니스 네트워킹에서 이러한 '신규 통화'는 상대에게 나를 다시 한 번 각인시키고 서로의 관계를 공고히 하는 데 효과가 크다. 단, 관계수립의 초기 단계이므로 너무 공격적으로 하지 말아야 한다. 특히 개인적인 의견을 강요하는 것은 최악이다. 통화 내용은 "앞으로 친하게 지내자"는 정도가 가장 적절하다.

● 장기적 관계를 만들어주는 "네 생각했어!" 통화

상대의 마음을 얻는 데 매우 효과적인 통화이다. 특별한 용건 없이 단지 상대방 생각이 났다는 정도의 내용이면 가장 적절하다. 생일이나 기념일과 연계되면 더 좋다. 이는 네트워킹 통화의 가장 강력한 방법 중 하나로 장기적인 관계구축에 효과적이다. 특히 상대방이 힘들 때 이런 특별한 메시지를 담은 전화는 그 효과가 아주 크다.

● 원-윈 관계를 다지는 "도와줘" 통화

예금 잔액이 많고 출금 내역이 없을 때 유용한 통화이다. 예금만 있고 출금이 없다면 상대는 당신이 보여준 대접에 대해 부담을 느끼고 있었을 가능성이 크다. 적절한 타이밍에 당신이 '도와줘' 통화를 한다면 상대는 당신과의 관계가 더욱 깊어짐을 느낄 것이다. 이때 주의해야 할 점은 상대방이 영향력이 있고 의사결정권이 있는 문제에 대해 부탁해야 한다는 것이다. 또 부탁 내용을 정확하고 간결하게 표현하여 상대방이 제대로 이해하도록 해야 한다.

● 상대가 가장 취약할 때 "어떻게 도와줄까" 통화

네트워킹이란 상대방이 가장 취약할 때 도와줌으로써 더욱 강력해진다. 예컨대 상대방이 해임되었을 때 "어떻게 도와줄까"라고 전화한다면 상대방은 당신에게 아주 감사한 마음을 가질 것이다. 언젠가 나는 명예퇴직을 한 어떤 임원 댁으로 난을 보낸 적이 있다. 그는 자신의 상황에 대해 매우 창피해 했지만 나는 제2의 인생을 시작할 기회가 왔다는 메시지와 함께 축하 난을 보냈다. 예상을 뒤엎는 선물이었지만 효과는 강력했다. 약해졌을 때 감사의 마음이 커지는 것은 인간의 본성이기 때문이다.

● 우선순위 상위 그룹을 관리하는 '우정 쌓기' 통화

우리가 일상적으로 말하는 "감사합니다", "만나서 반가웠습니다" 통화가 여기에 해당된다. 이 역시 빈말은 금물이다. 그동안 만났던 모든 사람에게 일일이 "감사하다", "만나서 반가웠다"고 통화할 수도 없으며, 그럴 필요도 없다. 대신 우선순위 리스트를 작성해 상위그룹에는 반드시 이런 우정 쌓기 통화를 할 필요가 있다. 그래야 그들과 건설적인 비즈니스 관계로 발전할 수 있다.

PRP(인간관계 계획) 개발하기

☐ 각 유형별로 10대 우선순위 연락 대상을 작성하라.

옹호형	친밀형	잠재형	배수형

☐ 이들의 유형분류를 개선하기 위한 계획을 작성하라.

▶ 잠재형에서 친밀형으로

이름 _____ 계획 _____

이름 _____ 계획 _____

이름 _____ 계획 _____

이름 _____ 계획 _____

이름 _____ 계획 _____

▶ 친밀형에서 배수형으로

이름 _____ 계획 _____

이름 _____ 계획 _____

이름 _____ 계획 _____

이름 _____ 계획 _____

이름 _____ 계획 _____

▶ 옹호형에서 배수형으로

이름	계획
이름	계획
이름	계획
이름	계획
이름	계획

☐ 매일 2건(일주일에 10건)의 네트워킹 통화를 하라

요일	통화유형	상대방	내용
월 오전			
오후			
화 오전			
오후			
수 오전			
오후			
목 오전			
오후			
금 오전			
오후			

☐ 본인의 어떤 전문성을 지인들과 인맥에 알리고 싶은가?(개인 브랜드)

☐ 본인의 브랜드나 이미지를 확인할 수 있는 방법이 무엇인가?

☐ 개인 브랜드를 위해 앞으로 6개월 동안 어떻게 단계적으로 노력할 것인가?

12
나의 브랜드 관리 스킬
MANAGING YOUR BRAND

팬을 확보하라. 나의 브
랜드에 감동은 하되 충
성하지 않으면 성과로
이어질 수 없다. 평판을
높이고 브랜드를 개발하
는 데 가장 중요한 지표
는 단순한 '만족도'가 아
닌 '팬'을 얼마나 확보했
는가이다.

한때 찍어내기만 하면 팔리던 시대가 있었다. 기업의 입장에서는 이만저만 좋은 것이 아니었을 텐데, 안타깝게도 그런 좋은 시절은 이미 끝났다. 게다가 큰 이변이 없는 한 그런 시절이 다시 오기란 불가능하다. 분야를 불문하고 대다수의 산업에서 공급이 수요를 초과하는 현상을 겪고 있다. 소비자의 선택받지 못한 제품은 덤핑으로 판매되거나 아예 창고에 묵혀두어야 하는 상황이 벌어진 것이다. 결국 팔지 못하면 죽게 되고, 살기 위해서는 어떤 식으로든 소비자에게 선택되어야 한다.

이는 이미 10년 이상 지속된 현상이다. 이러한 현상의 원인은 여러 가지인데, 그 중 가장 명확한 원인으로 생산성 개선과 무역장벽 붕괴로 인한 시장 접근성 증가를 꼽을 수 있다. 이에 따라 대형업체들은 제품 및 서비스의 품질 개선과 비용절감을 주도함으로써 결과적으로 고객편익을 증진하고 있다.

일반 소비자에게는 긍정적인 현상이지만 이로 인해 발생하는 비용도 분명히 있다. 바로 선택의 비용이다. 선택의 폭이 너무 넓을 경우 우리 중 대부분은 선택에 어려움을 겪으며, 제조업체들은 소비자의 주목과 관심을 끌고자 치열하게 경쟁하게 된다. 그렇다면 소비자의 이목을 자사 제품에 집중시키는 데 드는 비용은 얼마나 될까? 〈하버드 비즈니스 리뷰〉의 연구 결과에 따르면 20년 전보다 소비자의 주목을 끄는 데 드는 비용이 5~7배 증가한 것으로 나타났다. 제조업체의 수가 워낙 많아진데다 인터넷상의 오픈 가격제와 제품 관련 지식 덕분에 고객들이 과거보다 영리해진 탓에, 고객에게 동일한 효과를 전달하려면 과거보다 훨씬 많은 비용이 소요되는 것이다.

이러한 현상은 제품 판매에만 국한된 것이 아니다. 비즈니스 리더로서 선택받고 인정받기 위해 나의 브랜드를 만들고 마케팅을 하는 것에도 이러한 노력과 비용이 필수적이다. 많은 사람들이 자신의 경쟁력을 키우기 위해 스펙 쌓기에 열중하고, 심지어는 성형까지 감행하는 사람들도 늘고 있는 것도 다 이러한 이유 때문이다.

안타까운 현상이긴 하지만 어쨌든 비즈니스 세계에서 잠재적 구매자들과 동료들 앞에서 자기 자신을 어떻게 마케팅을 하느냐가 핵심이 된 것만은 사실이다. 마케팅에 대한 개개인의 호불호와 관계없이 어떤 형태로건 스스로를 마케팅해야 할 필요성이 분명해진 것이다.

세상엔 공짜란 없다

앞서 말했듯, 오늘날의 기업은 과거보다 5~7배나 많은 비용을 마케팅에 지출한다. 그렇다면 우리가 자신을 마케팅하기 위해서는 과연 얼마를 지출해야 하며, 시간은 얼마나 들여야 할까?

다음은 최근 〈GQ〉 지에 실린 정보이다.

● 최근 10년간 성인 1인당 의복비 지출이 2.5배 증가함
● 최근 10년간 데이트 비용이 생활비보다 35% 높은 증가율을 보임
● 최근 10년간 성형산업 규모가 23배 확대됨
● 노화방지 클리닉이 70억 달러 규모 산업으로 성장함
● 체중 감량 산업이 연 10% 성장률을 기록하면서 무려 250억 달러 규모에 달하는 산업으로 자리 잡음
● 패션산업, 특히 명품산업이 꾸준히 성장했으며, 전체 시장에서 아시아가 차지하는 비중이 70% 이상이고 그 중 중국의 비중이 가장 높음
● 남성 1인당 의복비 지출액이 가장 높은 국가는 이탈리아로, 매년 총수입의 1/5가 넘는 6,000달러를 의복비로 지출함
● 미용제품(화장품, 로션, 이발 등) 산업의 성장률이 연 15%에 달함

'의복비 지출이 마케팅 활동의 일환일까?'라고 생각하는 사람들도 있겠지만, 실제로 의복비 지출도 마케팅 활동에 해당하며, 이는 사람이 일생 동안 세 번째로 많은 시간을 투자하는 활동유형이기도 하다.

그렇다면 사람들 눈에 멋지게 보이고자 의복을 구매하고 몸단장을 하는 일반적인 활동 이외에 우리가 현재의 동료들, 그리고 미래의 동료들에게 스스로를 브랜딩하고 마케팅하는 데 얼마만큼의 시간을 투자하고 있는가?

사실 대부분의 사람들은 새로운 친구를 사귀러 나서는 일이 별로 없다. 누군가를 새롭게 사귄다는 것이 수줍기도 하고 어색하기도 해서 그저 오랜 기간 동안 친숙해진 친구 집단에 역점을 두는 경향이 강하다. 게다가 새로운 친구에 대한 필요성을 느껴도 우리가 적극적으로 그들에게 다가가기보다는 그들이 우리에게 자연스레 다가와주기를 바란다. 하지만 현실은 그 반대이다. 우리가 직접 나서서 사람들을 만나지 않으면 사람들은 결코 나의 존재에 대한 필요성을 느끼지 못한다. 대부분의 사람들은 커리어를 마무리할 시점이 되어서야 이러한 사실을 깨닫는다. 우리에게 영향을 미치는 집단의 범위, 즉 '영향력의 원(circle of influence)'을 일찍 구축할수록 그들과 오랜 기간 좋은 관계를 유지할 수 있다는 것을 너무 늦게 깨닫게 되는 것이다.

'영향력의 원'을 넓히고자 하는 사람은 '나'의 마케팅 활동에 시간과 노력을 투자해야 한다. 집이나 사무실에 눌러앉아 책상머리에서 하루 12시간 일하는 것만이 나의 커리어를 쌓는 최선의 방법이 아니다. 동아리 또는 학과활동, 교회활동, 학부모 모임 등 어떤 형태의 모임이라도 좋다. 나를 마케팅하기 위한 다양한 활동의 목록을 정리한 다음, 목표 달성을 위한 구체적 행동에 들어가야 한다.

의사, 변호사에서 경찰, 청소부, 택시기사에 이르기까지 대한민국에 존재하는 모든 직업을 한 번 떠올려보자. 다양한 직업유형을 직접 체험하지는 못할지라도, 최소한 다양한 직업을 가진 사람들을 곁에 두어야 한다. 독자들 중에는 자신의 '영향력의 원'을 왜 이들 직군까지 확장해야 하는지 의문을 제기하는 사람도 있을 것이다. 답은 간단하다. 인생에서 언제 어떤 사람이 필요할지는 아무도 모르는 법이다.

만족을 넘어 충성을 구하라

어떤 형태의 거래가 최고의 비즈니스 거래일까? 크게 힘들이지 않았는데 고객이 제 발로 기업을 찾아와 구매하는 경우, 즉 마케팅 비용을 지출할 필요가 없는 경우가 될 것이다. 이를 개인의 맥락으로 바꾸어 생각해본다면, 다른 사람으로부터 어떤 일을 해달라는 '요청'을 받거나 자신은 얻으려는 시도조차 하지 않았던 무언가를 '그냥 받는' 경우가 최고의 인간관계가 될 것이다. 그렇다면 이 같은 선순환의 혜택을 누릴 수 있는 사람이 되려면 과연 어떻게 해야 할까?

높은 신뢰도와 만족도를 달성해 해당 비즈니스 환경에서 고객이 가장 선호하는 인물 또는 공급업체가 되는 것, 이것이 위 질문에 대한 가장 분명하고 간단한 답이다. 이와 관련해서 오늘날 활용할 수 있는 최고의 지표는 고객만족 수준을 측정하는 고객만족지수인 CSI(Customer Satisfaction Index)이다.

물론 요즘은 고객만족에서 한 단계 더 나아가 고객감동, 심지어 '고객졸도'까지 가야한다는 주장도 나오고 있다. 즉, 고객이 좋아서 졸도할 정도가 되지 않는 한 성급히 폭죽을 터뜨려서는 안 된다는 것이다. 기업의 목표가 고객만족, 아니 고객감동이건 혹은 고객졸도건 간에, CSI는 기업의 인기도를 효과적으로 가늠할 수 있는 중요한 지표임은 분명하다. 그렇다면 과연 '만족한다', 즉 인기가 높다고 해서 최고의 판매율을 자랑하는 선도기업이 될 수 있을까?

CSI와 관련해 한 가지 흥미로운 사실은 고객이 특정 업체의 제품 또는 서비스에 만족하는 경우에도 해당 업체를 버리고 경쟁사로 이탈할 수 있다는 점이다. 해당 업체로서는 속이 쓰릴 수밖에 없는 문제이다. 그래서 기업들은 이 문제에 대해 수많은 연구를 진행한 바 있다. 일례로 유사 제품 및 서비스를 제공하는 경쟁업체로 이탈한 고객들을 살펴보고 6개월 전 이들이 참여한 고객만족도 조사 답변내용을 다시 추적하는 작업을 진행했는데, 놀랍게도 이들 중 80% 이상이 기존 업체에 '만족한다'고 응답했다. 즉, 기존 업체에 만족했음에도 불구하고 이들은 경쟁업체로 이탈한 것이다. 비록 만족도는 높았지만 충성고객은 아니었기 때문이다.

성과와 브랜드 인지도의 관계 역시 마찬가지이다. 당신이 일반적으로 일을 잘한다는 평가를 받고 당신의 업무수행에 대한 사람들의 만족도 역시 일반적으로 높다고 하더라도, 정작 결정적인 순간이 오면 다른 사람에게 일을 맡길 수도 있다. 당신의 일 처리가 마음에 안 드는 것은 아니지만, 반드시 필요한 인재라고는 생각하지 않아 충성도가 낮은 것이다. 인간관계에 비유하자면 좋은 친구이되 가장 친한 친구는 아니며, 데이트하고 싶은 수많은 이성 중 하나지만 결혼하고 싶은 배우자감은 아닌 것이다. 즉, 만족은 하되 선택할 만큼은 아니란 뜻이다.

CSI와 관련해 해결해야 할 중요한 문제가 바로 이것이다. 즉, 위에서 언급했듯 브랜드를 좋아하는 고객의 수는 측정할 수 있어도 진정으로 충성도가 높은 고객, 즉 '팬'의 수를 정확하게 측정하지는 못한다는 점이다.

이것은 '나'의 마케팅을 하는 데 있어서도 중요한 점을 시사한다. 나의 브랜드에 감동은 하되 충성하지 않으면, 즉 '팬'이 되지 않으면 성과로 이어질 수 없다. 결국 나의 평판을 높이고 브랜드를 개발하는 데 가장 중요한 지표 역시 단순한 '만족도'가 아닌 이러한 '팬' 확보 여부라고 할 수 있다.

나의 '팬'을 어떻게 알아볼 것인가

팬은 나의 인지도를 높여주는 것을 넘어 위급한 상황이 닥치면 나를 구하러 기꺼이 나설 수 있는 사람이다. 따라서 우리가 얼마나 많은 팬을 보유하고 있는가는 중요한 문제다. 진정한 친구라 여겼지만 위기 상황에서 뒷걸음질하는 이가 어디 한둘인가. 그렇다면 우리는 가장 먼저 '그냥 친구'와 '팬'을 구분할 수 있어야 하고, 나아가 팬들의 충성도 역시 측정할 수 있어야 한다.

'팬 지수(fan index)를 어떻게 측정할 것인가?'라는 화두는 베인 앤드 컴퍼니가 여러 해에 걸쳐 고민해 온 문제이기도 하다. 말은 쉬워 보여도 종합적인 관점에서 팬들의 충성도를 측정하는 것은 매우 어려운 일이었다. 그러던 어느 날 마침내 돌파구가 열렸다. 엔터프라이즈(Enterprise)의 CEO와의 만남이 계기가 된 것이다.

엔터프라이즈는 미국에 본사를 둔 렌터카 업체이다. 렌터카 산업 전체가 연 마이너스 2% 성장을 보이던 기간에도 엔터프라이즈만은 홀로 연 10%라는 놀라운 성장을 기록했다. 나머지 경쟁사들의 시장 점유율이 하락하는 와중에도 유일하게 시장점유율을 확대한 것이다. 그렇다면 엔터프라이즈가 이렇게 눈부신 성장을 거둔 비결은 무엇이었을까?

우리는 엔터프라이즈의 CEO 앤디 테일러(Andy Taylor)와 인터뷰를 잡았다. 성공의 비결을 묻자 테일러가 내놓은 해답은 비교적 간결했고, 우리의 신념과도 일맥상통했다. 테일러는 설문조사 응답자들이 점수를 실제보다 후하게 주는 경향이 있다고 설명했다. 10점 만점인 설문조사라면 5점이나 6점을 '보통'으로 간주하고 점수를 매긴다는 것이다. 테일러는 고객에게 잘하는 것만으로는 경쟁에서 승리할 수 없다고 보았다. 엔터프라이즈의 '팬', 즉 단골고객을 확보해야 한다고 생각한 것이다. 이러한 팬들은 충성도가 높고 다른 잠재고객에게 영향력을 행사하는 '인플루언서(influencer)' 역할을 할 수 있기 때문에 반드시 필요한 존재라는 것이 테일러의 계산이었다.

다음으로 테일러는 고객들이 자사 서비스를 선택하는 이유와 방식을 살펴보았다. 테일러는 사람들의 제품과 서비스 구매 행위가 두 가지 차원에서 이루어진다고 보았다. 첫째로 이성에 기반을 둔 제품과 서비스를 구매하는 사람들이 있는데, 테일러는 이들의 구매행태를 '분석적 구매(analytical purchase)'라고 명명했다. 가격 등 모든 기능요소를 평가하고, 확실한 정보와 데이터를 바탕으로 비교와 대조를 통해 최적의 제품과 서비스를 선택하는 것이다.

테일러가 지적한 두 번째 차원은 감성에 기반을 둔 구매이다. 경쟁사 제품보다 가격이 높아도 과거 구매경험 또는 브랜드나 관련 활동 등 특정 요소에 대한 애착으로 인해 감성적으로 구매하는 것이다.

물론 사람들이 이 중에서 한 가지만 고집하며 구매하지 않는다. 우리 모두 제품을 구매할 때 이성과 감성을 결합해 판단한다는 점이다. 다만 두 가지 차원 중에서 어느 것이 더 비중이 높으냐가 다를 뿐이다. 그러나 이 과정에서 각각의 고객이 이성과 감성에 정확히 어느 정도의 비중을 두는지는 기업의 입장에서 판단하기가 거의 불가능하다. 아무리 기업이 마케팅과 가격 조절에 모든 자본을 쏟아붓는다고 해도 결국 실제 구매결정은 온전히 잠재고객의 몫인 것이다.

이 같은 팬 지수를 측정하고자 테일러는 여러 가지 질문을 고안했는데, 그 중 가장 중요한 질문이 바로 '귀하의 친구와 가족에게 본 제품 또는 서비스를 추천할 의향이 있으십니까?'이다. 가까운 가족이 제품을 추천한다면 실제 구매로 이어질 가능성이 100%라는 것이 테일러의 생각이다. 위 질문은 테일러가 개발한 질문 지수 중 가장 강력한 것으로, 엔터프라이즈는 이 같은 질문 지수를 전사적으로 확대 적용해 고객 충성도를 측정하는 데 적극 활용하고 있다.

이와 비슷한 맥락에서 우리가 '친구'라고 생각하는 사람들에게 '귀하의 친구와 가족에게 나를 추천할 의향이 있으십니까?'라는 질문을 던진다면 한 치의 망설임 없이 '예'라고 대답할 사람은 과연 몇 명이나 될까?

안타깝게도 우리의 인간관계 중에는 마치 짝사랑 같은 일방적인 관계가 매우 많다. 우리가 충직한 친구라고 생각하는 사람들에게 위의 질문을 던져보면 이들에게 있어 우리는 사실상 수많은 친구 중 하나에 불과하다는 것을 알게 된다. 친구는 많지만 진정으로 충직한 친구는 드물다. 따라서 나에게 중립적인 입장을 취하는 친구가 아닌 나의 팬 또는 추천인을 확보하는 데 역점을 두어야 한다.

나의 NPS는 얼마나 될까?

충성도 지수의 정식 명칭은 순추천인지수, 즉 NPS(Net Promoter Score)이다. 현재 NPS는 세계적으로 가장 큰 인기를 모으는 경영 툴

중 하나로 자리매김했으며, GE 등의 기업 역시 NPS를 널리 도입해 활용하고 있다. 비교적 단순하고 실행이 용이한 메커니즘인 NPS의 활용방식은 다음과 같다.

먼저 충성도 측정을 위해 목표집단에 '귀하의 친구와 가족들에게 나를 추천하실 의향이 얼마나 됩니까?'라는 질문을 던지고 그에 대한 답변을 10점 만점 기준으로 채점한다. 1점부터 10점까지의 척도 중 10이 '매우 높음', 0점은 '전혀 없음'을 의미한다.

이때, 9~10점을 준 사람은 '추천인(promoter)', 7~8점은 '중립인(neutral)', 0~6점은 '비추천인(detractor)'으로 분류된다. NPS는 추천인 점수에서 비추천인 점수를 빼서 얻은 점수이다. NPS 점수가 마이너스일 경우 추천인보다 비추천인이 많다는 뜻이고, 반대로 비추천인보다 추천인이 많은 사람의 경우 플러스 점수가 나올 것이다.

9~10점은 거의 완벽에 가까운 높은 점수이다. 이 정도로 높은 점수를 얻으려면 사람들을 진심으로 감동시켜야 한다. 앤디 테일러의 말에 따르면 이것이야말로 NPS의 핵심이다. 팬을 얻으려면 반드시 그가 나에게 반하게 만들어야 하기 때문이다. 이들은 그야말로 '도시락 싸 들고 다니며' 나를 칭찬하는 사람들이다. 얼핏 보기에는 7~8점도 높은 점수로 보이겠지만, 사실 이들은 중립적인 입장을 나타낸다. 나에게 7~8점을 준 사람은 앞으로도 결코 나의 '팬'이 되지는 않을 것이다. 그 밑으로는 6점을 받건 0점을 받건 실제 효과는 동일하게 미미하다. 이 사람들이 팔을 걷어붙이고 나서서 나를 추천할 일은

결코 없을 것이기 때문이다.

한편, NPS는 질문을 살짝 변형해서 회사에 대한 임원 충성도 지수를 측정할 때도 종종 사용한다. 모두들 자신의 충성도가 높다고 주장하지만 실상은 그렇지 않은 경우가 더 많기 때문이다. 우리가 즐겨 던지는 질문은 '귀하가 현재 재직하는 회사를 아들에게 추천하시겠습니까?'이다. 자신이 주장하는 바처럼 회사에 대한 충성도가 실제로도 높은 사람이라면 자신이 다니는 회사를 아들에게도 추천하지 않겠느냐는 생각에서 나온 질문이다. 놀랍게도 우리가 국내 여러 기업을 대상으로 NPS 조사를 실시했을 때 플러스 점수가 나온 기업은 단 한 곳도 없었다. 심지어 국내 최고 기업인 삼성전자의 임원진조차도 NPS 점수는 마이너스였다.

만약 자신에 대한 NPS 조사를 실시한다면 어떤 결과가 나올까? 만약 추천인보다 비추천인의 수가 더 많다면 당신이 아무리 선량하고 똑똑한 사람이라고 하더라도 결코 비즈니스 세계에서 성공할 수 없을 것이다. 당신을 적대시하는 사람들의 마음을 돌려 팬으로 만드는 것이 바로 '나의 브랜드 관리 스킬'의 핵심이다.

내 브랜드를 스스로 갉아먹지 말라

우리는 흔히 사람과 사람과의 관계를 농사짓는 것에 비유한다. 자식을 키우고, 친구를 만들고, 비즈니스 파트너를 만들 때 농사를 짓듯 정성을 들이지 않으면 관계는 금세 시들어버리기 때문이다. 말 한 마디에도 진심을 담고, 사소한 행동 하나도 허투루 하지 말아야 사람과 사람 사이에 신뢰가 쌓이고, 그것이 곧 나의 브랜드 가치를 상승시키는 결과를 낳는다.

그러나 많은 사람들이 자신의 브랜드를 깎아먹는 행동을 서슴없이 자행하고 있다. 특히 평소에는 친절하게 굴다가도 이익 앞에서는 언제 그랬냐는 듯 돌변하는 사람들이 있다. 심지어 자신의 이익을 위해 상대에게 손해를 입히기까지 한다. NPS 점수를 올려도 모자라는 상황에 NPS를 깎아먹는 행동을 하고 있는 것이다.

몇 년 전에 이탈리아의 한 호텔에서 겪었던 불쾌한 사건은 브랜드 가치에 대해 다시 한 번 생각하게 해주었다. 비록 개인이 아닌 기업의 경우이지만 개인 역시 사소한 이익 때문에 보이지 않는 비추천인을 양성하고 있는 것이 아닌가 하는 생각이 든 것이다.

그곳은 이탈리아에서 꽤나 명성 있는 호텔이었는데, 나는 체크아웃을 하면서 전화요금을 보고 경악을 금치 못했다. 사업상 팩스와 해외 전화를 잠시 사용했는데, 전화비가 1,000달러 가까이 나온 것이었다. 숙박비가 300달러 정도 하던 곳이었는데! 물론 호텔에서 전화를 쓰면 부가요금이 붙는다는 것은 알고 있었지만 이 정도일 줄은 전혀 몰랐다. 게다가 팩스는 한 장당 5달러씩 돈을 받았다.

매니저에게 항의했으나 돈을 지불하는 것 말고는 뾰족한 수가 없었다. 나중에 호텔 업계에 종사하는 사람들에게 물어보니 객실 임대료 가지고는 돈을 벌기가 어려워 식음료와 전화비 등의 일회성 비용을 주된 수익 원천으로 삼고 있다고 했다. 그의 표현에 의하면, 호텔은 수익을 극대화하기 위한 노력을 했을 뿐이었다.

문제는, 이 호텔에서 기분 나쁜 경험을 한 나는 적어도 수십 명에게 이 호텔에 대한 험담을 늘어놓았다는 것이다. 실제로, 이탈리아라는 단어만 들으면 이 호텔이 생각났고, 유럽이라는 주제만 나와도 입에 거품 물고 그때의 사건을 떠벌렸다. 이 호텔은 나에게서 1,000달러를 벌었는지는 모르겠지만, 나의 험담은 적어도 그들에게 1만 달러의 손실을 입혔을 것이다.

이익이라고 모두 좋은 것은 아니다. 이 호텔이 창출한 이익은 나쁜 이익이다. 그들은 손님을 일회성 사냥감으로 본 것이다. 호텔의 예와 유사하게 사람과 사람 사이에서도 관계를 일회성 거래로 치부하는 경우가 종종 있다. '오늘 그가 나를 위해 무엇을 해줄 수 있지?', '오늘 손해를 안 보려면 어떻게 해야 하지?' 이런 생각들을 하며 사람을 만난다. 하지만 인생이라는 사업은 훨씬 장기적인 마라톤 게임이다. 사적인 관계에서 이해득실만 따지고 들면 당장의 이득을 상쇄하고도 남을 마이너스 효과가 생겨나기 마련이며, 자신의 이득을 극대화 하는 데 치중하다 보면 앞의 사례와 같은 불미스러운 사건이 발생할 수 있다.

비추천인은 자신의 쓰라린 경험을 한 번의 기분 나쁜 과거로 버려 두지 않는다. 그들은 적극적인 안티가 돼서 평생의 커리어를 위협할 수 있다. 손해를 보는 한이 있더라도, 자신의 꿈을 좇기 위해 다른 사람을 짓밟고 일어서는 행동은 하지 말자. 이는 곧 자신을 갉아먹는 가장 어리석은 짓이다.

포트폴리오를 적극적으로 관리하라

당신이 아는 사람들을 머릿속에 찬찬히 떠올려보라. 사업상 그리고 개인적으로 아는 사람들까지 포함하면 꽤 많은 사람들이 떠오를 것이다. 하지만 막상 그들의 이름을 적어 내려가다 보면 대부분 100명 정도에서 한계를 맞는다. 사회성이 뛰어나고 발이 넓다고 자부하는 사람들도 결과가 별다르지는 않을 것이다.

명단을 적었으면, 이들이 나에게 몇 점의 NPS 점수를 줄 것인지를 최대한 객관적으로 평가해 '추천인(9~10점)', '비추천인(0~6점)', '중립인(8~9점)'으로 분류해보라. 안타깝게도 대부분의 사람들이 비추천인 또는 중립인에 해당할 것이며, 더욱 실망스러운 것은 가장 많은 사람들이 바로 비추천인의 부류에 속한다는 사실이다. 물론 이들이 모두 당신을 싫어하거나 증오하는 것은 아니다. 하지만 분명한 것은 그들이 결코 당신의 열렬한 팬은 아니라는 사실이다.

이제 좀 더 정확하게 주변인들을 분석해보자. 일단 각 사람마다 알고 지낸 기간을 햇수로 옆에 적는다. 이와 더불어 추천 그룹을 분류하여 표시를 한다. 자, 어떤가? 일반적으로는 알고 지낸 기간이 길수록 자신의 충성된 팬일 것이라 짐작한 것과 상당히 거리가 멀지 않는가? 게다가 오래 알고 지낸 사람이 오히려 가장 위험하고 적군이 될 가능성이 높을 수도 있다는 사실 또한 깨닫게 될 것이다. 믿었던 사람이 뒤통수치는 일이 얼마나 많은가.

당신 앞에 놓인 그 종이가 바로 당신의 사업 인맥 포트폴리오이다. 물론, 사람마다 각 그룹별 비중은 다를 것이다. 하지만 대개의 경우, 현실은 자신이 준 점수보다 50% 더 짜다. 즉, 인맥 중 10%가 추천인이라고 생각했다면, 실제로는 5% 정도일 것이다.

여기서 중요한 것은 현재 상황이 어떠하냐보다는 이 포트폴리오를 개선하기 위해 앞으로 어떤 노력을 할 것이냐이다. 1년 후에 다시 점검을 해본다고 했을 때, 대부분의 사람들은 추천인 수를 늘리고자 노력할 것이다. 하지만 실제로는 자신도 모르는 사이 관계가 오히려 엉뚱한 방향으로 나가서 상황을 더욱 악화시키기도 한다. 그래서 첫 번째로 해야 하는 일은 인맥 현황을 파악하고 이를 정기적으로 검토하는 것이다. 6개월에 1회 정도가 적당하며, 1년을 넘기지 않는 것이 좋다.

그렇다면, 각 그룹 별 인맥을 어떻게 관리해야 하는지 알아보자.

● 비추천인 관리하기

앞서 말했듯 가장 오래 알고 지낸 사람들이 비추천인이 될 가능성이 크다. 따라서 이들은 가장 높은 관심과 시급한 대처를 요하는 그룹이다. 이들이 치명적일 수 있는 이유는 당신에 대해 속속들이 알고 있고 다른 사람들도 이들의 이야기를 신뢰한다는 데 있다. 나의 경험과 베인 앤드 컴퍼니의 연구조사 결과에 의하면, 비추천인은 추천인보다 6~8배 더 큰 파괴력을 갖는데, 이는 사람들이 긍정적인 이야기보다 부정적인 이야기를 훨씬 잘 기억하기 때문이다.

언제 어떤 이유로 관계가 틀어지기 시작했는지를 명확하게 집어내기는 어렵겠지만, 어쨌든 0이나 1점을 준 사람의 마음을 바꾸는 것이 가장 어려운 임무임에는 틀림없다. 이들을 중립으로 바꾸는 정도만으로도 충분히 목표를 달성했다고 볼 수 있다. 따라서 비추천인의 행동을 포착하는 즉시 이들과 대화로 상황을 풀어나가야 한다. 그렇다고 모든 문제가 해결되는 것은 아니지만, 중요한 것은 상황을 개선하기 위한 노력을 기울인다는 점이다. 이러한 노력은 실제로 상당한 위력을 갖는다.

비추천인과의 관계를 개선하기 위한 또 다른 방법으로는 전자 카드나 이메일로 생일 등의 기념일을 챙기는 것을 들 수 있다. 그다지 부담스럽지 않으면서도 충분히 사적인 의미를 전달할 수 있다. 이때 중요한 것은 일회성에 그치지 말고 정기적으로 이어져야 한다는 것이다. 그래야 서로의 관계를 더욱 돈독히 하고 신뢰를 쌓기가 용이하다. 다양한 행사, 모임, 미팅에 정기적으로 참여하는 것도 도움이 될 수 있다.

많은 사람들이 얽히고설킨 비즈니스 관계에서 당신이 먼저 성의를 보인다면 대부분의 사람들은 중립적인 입장으로 돌아설 것이다. 왜냐하면 그들이 당신의 비추천인을 고집한다면 당신도 그들의 비추천인이 될 수 있다는 것을 알기 때문이다. 당신에게 정말 깊은 원한이 있지 않은 한 양날의 칼 같은 비추천인 관계를 굳이 고집할 어리석은 사람은 없을 것이다.

● 중립인 관리하기

더 많은 사람을 추천인으로 만들기 위해서는 먼저 중립인들을 관리해야 한다. 물론 모든 중립인을 추천인으로 만들면 더없이 좋겠지만 현실적으로 아주 힘든 일이다. 따라서 선택과 집중의 전략이 필요하다. 즉, 적절한 상대를 찾고 적절한 시간, 에너지, 노력을 투자해 관계를 가꾸어나가는 것이다.

《티핑 포인트》에서 말콤 글래드웰은 소수의 사람들이 어떻게 눈덩이 효과를 만들어내는지 이야기한다. 눈덩이 몇 개를 잘 고르는 것만으로 어마어마한 눈사태를 만들 수 있다. 이러한 현상은 또한 네트워크 효과로도 풀이될 수 있다. 간단히 말해, 중립이었던 사람이 당신의 팬이 되어 다른 중립적인 친구들에게 당신에 대해 호의적으로 이야기하는 것이다. 이는 충성도 높은 고객이 영업사원을 자처해 회사를 홍보하는 것과 유사하다. 이것이 바로 추천인의 힘이다. 정작 나는 아무런 노력을 기울이지 않아도 알아서 나의 이미지와 브랜드를 쌓는 것이다.

일례로, 나는 최경주의 열렬한 팬이다. 그는 골프로 유명할 뿐 아니라 선행을 많이 하기로도 유명하다. 그는 한국의 그 어떤 스포츠 스타보다 긍정적인 이미지를 자랑한다. 하지만 내가 직접 그의 선행을 본 것은 아니다.

하루는 10명 정도가 모인 모임에 참석했는데, 그 중 한 명이 최경주가 얼마나 많은 시간을 봉사활동에 투자하고 재벌보다 훨씬 많은 봉사 활동을 하는지 등을 열심히 이야기했다. 재미있는 점은, 이 사람 역시 최경주를 직접 만난 적이 없다는 것이다. 그는 최경주를 칭찬하는 누군가의 이야기를 주워듣고 그대로 옮겼을 뿐이었다. 하지만 모임에 참석한 사람 모두가 최경주에 대한 좋은 이미지를 가지고 집에 돌아갔을 것이라고 나는 장담한다.

나를 알지도 못하는 사람이 자처해서 나의 명성을 쌓아주는 이런 꿈 같은 상황. 이것이 바로 중립적인 사람을 추천인으로 전환했을 때 발휘되는 위력이다.

● **추천인 관리하기**

추천인을 확보하기란 생각보다 힘든 일이다. 유행가 가사처럼 내가 그를 부르면 '무조건' 달려올 사람은 그다지 많지 않기 때문이다. 하지만 비즈니스 세계에서 이는 아주 불가능한 임무는 아니다. 진정성을 가지고 상대를 대하고 신뢰를 쌓아간다면 한 명에서 두 명, 세 명이 되는 것은 시간문제다. 게다가 이들은 당신의 이러한 정성에 대한 보답으로 또 다른 팬을 확보해주기까지 한다. 이들의 마음속에 이미 당신은 '최고 중의 최고'로 인식되어 있기 때문이다. 어디 이뿐인가. 일단 확보된 추천인은 관리하기도 쉽다. 그들은 당신을 깊이 신뢰하고 있기에 웬만하면 당신의 모든 것을 좋게 보려고 노력한다. 하지만 만약 당신이 이들의 충성심을 기만하는 일을 행한다면 최악의 상황을 각오해야 한다. 믿었던 만큼 배신감은 더욱 큰 법이다.

나는 10년이 넘게 특정 통신회사를 사용하고 있다. 그런데 문득, 통신 회사들이 번호이동 또는 신규 가입을 하는 고객에게 무료 통화를 포함한 각종 판촉 행사를 벌이는 비용이 어디서 나오는지 의구심이 들기 시작했다. 즉, 나 같은 충성고객에게 필요 이상의 요금을 부과해 여기서 거두어들인 수익으로 이러한 판촉 행사를 진행하는 게 아닌가 하는 생각이 든 것이다.

물론 이것은 내가 이용하는 특정 통신사만의 문제가 아니란 것도 안다. 하지만 이들이 나와 같은 충성고객과의 관계를 악용했다는 것이 사실로 드러날 경우 나는 일순간 그들의 비추천인으로 돌아설 것임을 각오해야 할 것이다. 비추천인으로서의 나의 복수전은 그들에게 있어 최악의 악몽이 될 테니 말이다.

심각한 배신행위 앞에서 추천인은 최악의 적으로 돌변할 수 있다. 최측근이었던 이들이기에 이들이 하는 이야기와 전달하는 방식은 훨씬 그럴듯하게 비춰진다.

특별한 계기가 있어 10년 동안 이용해 오던 통신회사를 버리고 다른 회사로 옮겼다고 한다면 그 사람의 말에 귀가 솔깃하지 않겠는가? 그들은 아주 불미스러운 일이 있지 않고서는 그러한 관계를 버릴 이유가 없을 것이라고 생각한다. 안 그래도 몇 안 되는 추천인인데, 이들을 관리할 때는 더욱 신중을 기해야 한다. 이들의 충성을 당연하게 받아들여서도 안 되며, 나아가 관계를 망치는 배신행위를 해서는 더더욱 안 된다.

명심하라. 비추천인을 추천인으로 만드는 일은 추천인이 계속해서 추천인으로 남도록 하는 것보다 5배는 많은 노력이 들어간다. 한 번 팬이 영원한 팬으로 남도록 하는 것이 당신의 브랜드 관리 전략이 되어야 한다!

□ **첫 번째, 다음 도표를 사용해 인맥의 현주소를 파악하라**

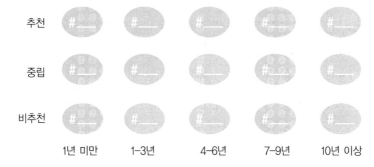

	1년 미만	1-3년	4-6년	7-9년	10년 이상
추천	#___	#___	#___	#___	#___
중립	#___	#___	#___	#___	#___
비추천	#___	#___	#___	#___	#___

[관계 포트폴리오]

□ **두 번째, 개괄적인 전략을 수립하라**

- **나의 전반적 계획**
  - −3년 계획 :
  - −1년 계획 :
  - −분기별 계획 :

- **_____ (년)까지 다음 포트폴리오로 이동**
  - −추천자 : _____에서 _____로
  - −중립자 : _____에서 _____로
  - −비추천자 : _____에서 _____로

- **포트폴리오 이동을 위해 특히 집중할 대상**
  - −중립자에서 추천자로 이동 _____
  - −비추천자에서 추천자로 이동 _____

- **다음 관계 구축을 위해 각 투자된 시간**
  - −관계구축활동A : _____시간
  - −관계구축활동B : _____시간
  - −관계구축활동C : _____시간

[관계 이동 전략]

□ 세 번째, 세부적인 계획을 짜라

● 이름 _____ ● 이름 _____ ● 이름 _____
● 분류 _____ 중립자 _____ ● 분류 _____ ● 분류 _____

● 20 년 목표 ● 20 년 목표 ● 20 년 목표
  - _____   - _____   - _____
  - _____   - _____   - _____

● 30일 계획 ● 30일 계획 ● 30일 계획
  - _____   - _____   - _____
  - _____   - _____   - _____
  - _____   - _____   - _____

● 90일 계획 ● 90일 계획 ● 90일 계획
  - _____   - _____   - _____
  - _____   - _____   - _____
  - _____   - _____   - _____

● 180일 계획 ● 180일 계획 ● 180일 계획
  - _____   - _____   - _____
  - _____   - _____   - _____
  - _____   - _____   - _____

[활동 계획]

Business
Networking Quotient

5
SECTION

긍정이
충만한 삶

Business skill

부정적 마인드부터 몰아내라

성공을 계획하고 구체적으로 그려라

긍정은 긍정을 낳는다

긍정은 삶의 역전승을 선물한다

Business skill

13

삶을 성공으로 이끄는 긍정적 마인드

LIVING YOUR FULL POTENTIAL

> 긍정의 마인드를 삶에 적용하라. 우울하거나 문제가 발생했을 때만 긍정을 외치면 이미 때는 늦었다. 지속적으로 긍정적 사고를 해야 한다. 긍정의 마인드가 무의식의 영역까지 지배할 수 있는 방법을 찾으라.

성공한 사람들에게는 분명한 공통점 4가지가 있다. 그들 모두 인생의 목표라 할 수 있는 '꿈'을 꾸고, 그 꿈을 이루기 위해 일찍부터 자신의 인생을 '계획'했으며, 지속적인 배움을 통해 그 계획을 '실행'으로 옮겼다는 점이다.

그리고 그들 모두 삶의 전반에 걸쳐 '할 수 있다'는 '긍정적 마인드'를 유지했다. 성공한 사람들 중 이 4가지 가운데 어느 한 가지라도 소홀히 했던 인물은 단 한 명도 없다.

이 책 서두에서 언급한 '결정적 순간(defining moment)'이 꿈에 해당되는 부분이다. 즉, 결정적 순간이 계기가 되어 인생 전반에 걸쳐 커리어의 방향과 모양을 결정짓는 것이다. 이 꿈을 바탕으로 인생의 틀이 되는 커리어 여정을 설계하는 것이 바로 계획이다. 그리고 계획을 차근차근 실행하고 목표한 것을 이루어냄으로써 비로소 성공적인 인생을 살게 된다.

물론 실행의 단계에는 예기치 못한 변수들로 인해 좌절을 맛보기도 한다. 길을 가다 보면 높은 산도 만나고 깊은 골도 만나며 때론 험한 강을 만날 수 있는 것과 같은 이치다. 그런데 삶의 결정적 성패는 이때 좌우된다. 높디높은 산 앞에서 걸음을 멈춘 채 '나는 할 수 없어', '나는 왜 이렇게 운이 없지?'를 외치는 사람은 결코 성공적 삶을 살 수 없다. 성공한 사람은 '할 수 있다!'를 외치며 기꺼이 산을 넘고 강을 건넌다. '할 수 있다'는 긍정적 마인드 앞에서는 못할 것이 없기 때문이다.

긍정적 마인드란 삶의 태도이기도 하지만 구체적 행위이기도 하다. '할 수 있다'는 긍정적 생각이 확신으로 이어지고, 이러한 확신은 곧 일을 성사시키게 만드는 구체적 행위로 이어진다. 이는 자동적인 프로세스다. 그러므로 긍정적 마인드가 있으면 아무리 복잡한 문제라도 대부분 곧바로 답을 찾고 해결할 수 있다.

긍정적 마인드의 힘을 믿지만 이것을 삶에 적용하는 방법을 모르는 사람들도 있다. 이들은 우울하거나 문제가 발생했을 때만 '긍정적으로 생각하자'를 외치는 유형이다. 이는 제대로 된 긍정적 마인드가 아니다. 즉, 문제가 발생한 뒤에야 긍정적 사고를 하는 경우인데, 이미 때는 늦고 문제는 발생한 상태다. 좋을 때든 힘들 때든 늘 지속적으로 긍정적 사고를 해야 한다. 그래야만 긍정적 마인드가 무의식의 영역까지 지배하게 되어 기대하는 것이 실현되도록 하는 방법을 찾는 데 총력을 기울이게 된다.

부정적 마인드부터 몰아내라

두 남자가 아프리카에 도착했다. 이 두 사람에게 주어진 임무는 신발을 파는 것이다. 남녀노소 할 것 없이 모두가 맨발로 다니는 아프리카 사람들은 바라보며 두 사람은 탄성을 질렀다. 하지만 그 의미는 너무나 달랐다. 한 남자는 "말도 안 돼! 이곳에서는 도저히 신발을 팔 수 없어!"라며 탄성을 질렀고, 한 남자는 "우와! 이 사람들 모두에게 신발을 팔면 대박이 나겠군!"이라며 탄성을 지른 것이다. 상황은 같지만 전혀 다른 두 사람의 반응은 평소 그들의 마인드에서 기인한 것이다. 두 사람 중 누가 성공한 삶을 살았을지는 말하지 않아도 알 것이다.

'할 수 있다'는 긍정적 마인드를 개발하기 위해서는 우선 걸림돌이 되는 부정적 마인드부터 몰아내야 한다. 이는 농사를 짓기에 앞서 흙을 고르는 작업부터 하는 것과 같다. 자갈이나 쓰레기 등을 땅 속에 잔뜩 묻어둔 채 아무리 좋은 씨앗을 뿌리고 거름을 준다한들 풍작이 될 리 만무하다.

무언가를 자주 생각하면 그 일을 자초하는 효과가 있다. 인생이 힘들다고 생각하면 인생이 힘들어지는 상황이 자초된다. 돈 벌기 힘들다고 생각하면 돈 벌기 힘든 상황이 실제로 생기게 되고 돈에 대해 잘못된 결정을 내리게 된다. 배우자와의 관계가 희망이 없다고 생각하면 배우자와 늘 다투게 되고 이혼의 씨앗이 된다. 불행의 불씨는 생각보다 미미하지만 그것을 자꾸 꺼내어 헤집다 보면 점점 자라나 어느새 삶의 전체를 뒤흔들고 만다.

부정적 생각이 고개를 내밀 때마다 긍정적인 생각으로 이를 몰아내라. '안 된다', '할 수 없다'는 생각을 몰아내고 그 자리에 '된다', '할 수 있다'라는 긍정적 마인드를 심어넣는 것이다. '1%의 영감과 99%의 땀'이라는 에디슨의 유명한 말처럼 긍정적 마인드도 타고난 것이 아닌 노력에 의해 갖추어지는 스킬의 일종이다. 따라서 긍정적 마인드를 생활화하고 매사에 긍정적 확신을 가지면 실제 눈앞에 벌어진 부정적 상황조차도 긍정적으로 재해석될 수 있다.

언젠가 신실한 기독교 실업가를 만난 적이 있다. 교통사고로 왼팔을 잃었는데, 사고 후 병원에서 의식이 들자 왼팔이 없다는 것을 깨달은 그는 히스테리를 부리는 대신 기쁨의 눈물을 흘렸다고 한다. 가족들은 그가 실성했다고 생각했지만 그는 일할 때 필요한 오른팔이 무사한 것에 대해, 그리고 한 팔만 잃은 것에 대해 하나님께 감사했다고 한다. 긍정적 마인드가 그에게 좌절 대신 희망을 선물한 것이다.

엎질러진 물에 대해 괴로워한들 무슨 소용이 있겠는가? 건설적이고 긍정적인 렌즈로 미래를 보는 편이 낫다. 그래야 문제를 해결할 실마리가 보이고, 그 작은 실마리가 다시 성공의 희망을 되찾아준다.

10억 부자가 되는 것이 목표인데 현재 연봉이 1,000만 원이라면 어떻게 해야 할까? 일단 마인드부터 바꾸어야 한다. 특별한 경우를 제외하곤 대부분 현재의 마인드는 연봉 1,000만 원에 맞추어져 있을 것이다. 즉, 자기 자신에 대한 부정적인 이미지가 큰 경우가 대부분이다. 이런 부정적 이미지는 자신감을 상실하게 하고 스스로를 위축하게 만들어서 결국엔 10억 부자는커녕 마이너스 인생이 되지 않으면 다행인 삶을 살게 한다. 10억 부자가 되기 위해서는 마인드와 무의식 사고부터 바꾸어야 한다. 긍정적인 확신을 갖는다면 목표한 그 이상을 달성하는 것도 그리 힘든 일이 아니다.

긍정적 확신을 갖기 위해서는 무엇보다도 자신의 성공을 구체적으로 그리는 작업이 필요하다. 힐튼 호텔의 설립자 콘래드 N. 힐튼도 젊은 시절 박봉을 받으며 호텔 벨보이 일을 하면서도 세계에서 제일 큰 호텔의 사진을 벽에 걸어두고 호텔의 주인이 되는 꿈을 꾸지 않았는가. 성공을 구체적으로 그리고, 목표를 달성한 자신의 모습을 상상해보라. 이로써 긍정적 확신이 배가될 수 있다. 10억 부자가 되고 싶다면 10억 부자가 된 자신의 모습을 상상하며 확신을 키워야 한다. 이런 시각화 작업은 당신의 무의식 세계가 이미지를 생각과 연결시켜 좀 더 빨리 목표를 달성하도록 한다.

베인 앤드 컴퍼니의 한 수석 파트너 역시 이러한 긍정적 마인드의 효과를 톡톡히 누리는 인물이다. 그는 미국 정부에서도 유명한 인사였고 하버드 경영대학원 교수와 국무부 차관을 역임했으며, 유명한 경영 전략 컨설턴트로서 이병철 삼성그룹 회장과 이건희 회장의 자문을 맡기도 했다. 기업경영에 관해 많은 책을 집필한 베스트셀러의 저자이기도 한 그는 내가 베인 앤드 컴퍼니의 파트너가 되었을 때 첫 멘토가 되어주기도 했다.

가난한 집안에서 태어나서 가족 중 유일하게 대학에 진학한 그는 성장과정에서 많은 어려움이 있었지만 결국 자신의 꿈을 이루고 성공을 거두었다. 명석한 두뇌 덕분이기도 하지만 무엇보다도 그는 자신의 성공비결을 '구체적인 꿈을 꾸고 긍정적 사고를 통해 이를 실행했던 것'을 꼽고 있다.

실제로 그가 젊은 시절 작성했다는 한 장짜리 인생 계획서를 보면, 자신이 원하는 인생의 20개 목표가 개괄적으로 적혀 있다. 물론 이들이 100% 실현된 것은 아니다. 그는 이중 약 30%가 원대한 이상이었고 달성하지 못했다고 솔직히 인정했다. 그러나 약 50%는 계획한 시점과 비슷한 시기에 달성되었다. 그리고 3~4개 목표는 기대 이상으로 달성되었다. 그는 여느 누구와 마찬가지로 어려움이 있었지만 지속적인 긍정적 사고와 '할 수 있다' 정신으로 꿈을 달성했다고 자랑스럽게 설명했다.

행복하기를 바란다면 행복을 기다리기보다는 행복해지려고 노력해야 하고, 지금 이 순간의 작은 행복 또한 볼 수 있어야 한다. 비즈니스의 성공, 나아가 삶의 성공도 마찬가지다. 마냥 꿈꾸기보다는 할 수 있다는 마음으로 실천에 더욱 노력해야 하고, 지금 현재 자신에게 주어진 작은 성공 또한 감사할 줄 알아야 한다. 갖지 못한 것에 불평하기보다는 가진 것에 만족하는 긍정적인 삶의 태도가 결국엔 더 많은 것을 얻게 하는 원동력이 된다.

긍정은 긍정을 낳는다

최근 거울 신경세포 이론이 화제다. 이는 다른 사람의 감정을 거울처럼 반영한다는 이론이다. 예컨대 병원 신생아실이나 산후조리원에서 어느 한순간 한 아기가 울기 시작하면 조용하던 방이 갑자기 시끄러운 울음바다로 변한다. 한 아기가 울면 다른 아기들이 따라 울기 때문이다. 신기하게도 자신의 울음소리를 녹음하여 들어주면 아기는 울지 않는다. 즉, 다른 아기가 울어야만 따라 우는 것이다. 인간 두뇌에 위치한 이 독특한 신경세포에 대한 연구가 이제 막 시작되었다.

거울 신경세포 이론은 비즈니스 리더십에도 적용할 수 있는데, 리더의 행동과 사고를 모방하려는 인간 본능을 이용하여 리더가 먼저 열정과 자신감을 보이고, 솔선수범하여 주위의 변화를 이끌어내도록 하는 데 활용할 수 있다. 미국의 한 조사 기관의 발표에 따르면 잘 웃는 리더는 비즈니스 상대방에게서 '예스'를 이끌어내는 데 3배 더 효과적이고 부하 직원들로의 충성도도 높다. 웃음은 전염성이기 때문이다. 사우스웨스트 항공의 'We Care' 프로그램도 마찬가지다. 이는 부하 직원들을 미소로 칭찬하면 상사로부터 동일한 대우를 받을 수 있다는 것이다. 1970년대 스마일 배지를 활용한 '스마일 캠페인'도 비슷한 개념이다.

엔터테인먼트 산업에서는 이 개념을 꽤 오래 전부터 사용하고 있다. 1960년대부터 미국 시트콤 방송은 '웃음 트랙'을 사용하고 있다. 청중의 웃음소리를 녹음하여 결정적인 순간에 재생하는 것이다. 한국 TV에서 이 개념이 사용되기 시작한 것은 얼마 되지 않는다. 농담이 재미없더라도 웃음 트랙을 재생하면 시청자들이 따라 웃기 시작하고 재생하지 않으면 썰렁해진다는 것이다.

거울 신경세포 이론은 긍정적 사고 차원에서도 중요하다. 긍정적으로 사고함으로써 긍정적 마인드를 가진 사람들을 끌어당길 수 있기 때문이다. 비즈니스에서의 긍정적 사고도 이와 같다. 자신에게 긍정적인 에너지가 있어야 긍정적인 에너지가 있는 사람들을 끌어당기며 서로 시너지 효과를 발휘할 수 있다. 유능한 사람들이 주변에 있어야 성공할 수 있다는 것과 같은 맥락이다.

긍정은 삶의 역전승을 선물한다

비즈니스 인생은 4쿼터로 구성된 스포츠 경기에 비유될 수 있다. 각 쿼터는 10년씩이며, 보통 25세 때에 첫 쿼터가 시작한다. 25세 이전에 성공할 수 있다고 자신할 수도 있지만, 솔직히 말해서 25세 이전의 인생은 부모의 재력이나 운에 의존한다. 따라서 '비즈니스 인생'은 완전하고 독립적인 결정권이 있는 25세경부터 시작된다고 보는 것이 옳다. 1쿼터는 25세, 2쿼터는 35세, 3쿼터는 45세, 4쿼터는 55세에 시작하며 전체 '비즈니스 인생 게임'은 약 65세에 종료된다고 볼 수 있다. 물론 65세 이후에도 우리의 삶은 계속되지만 실질적인 비즈니스 인생은 이즈음에 끝난다고 보는 것이 일반적이다.

25세에 시작하여 65세에 종료되는, 각각 10년씩 주어진 이 4개의 쿼터에서 성공을 어느 시점에 이루는 것이 가장 멋진 삶일까? 물론 빨리 성공하고 최대한 오래 유지하는 것이 모든 사람들이 꿈꾸는 가장 이상적인 삶일 것이다. 하지만 비즈니스 인생의 첫 번째 쿼터에서 이른 성공을 거둔 사람들의 대부분이 얼마 가지 못해 나락을 경험한다. 이른 성공에 도취해 안일해진 탓에 비즈니스에 흥미를 잃거나 심지어는 다시 실패를 맛보기도 한다. 그들은 너무 일찍 샴페인을 터뜨린 탓에 정작 파티가 무르익을 즈음엔 김빠진 샴페인을 홀짝여야 한다.

실제 스포츠 경기에서도 초반에 승패가 확실히 갈리는 게임은 이내 흥미를 잃게 만든다. 초반 15분에 30대0이라는 점수가 나오면 관중은 물론이고 경기를 뛰는 선수들, 심지어 심판들조차도 맥이 빠지게 된다. 이런 경기는 결코 좋은 경기라 할 수 없다.

그렇다면 경기 종료 1분 전 쯤 아슬아슬하게 성공을 거두는 게임은 어떨까? 영어로는 '네일 바이터(Nail-biter) 게임'이라고 하는데, 마지막 1분, 마지막 슈팅, 마지막 페널티킥으로 최종 결과가 결정되는 경우이다. 손톱을 물어뜯을 정도로 조마조마한 경기에서 승리하면 다행이지만 질 경우 경기 내내 들인 모든 노력과 공이 물거품이 되고 만다. 물론 시청자와 관중에게는 스릴 만점이지만 선수들 입장에서는 그렇지 않다. 솔직히 마지막 슈팅으로 승패가 갈리는 것은 불공평하다. 이는 순전히 운 아닌가! 팀의 실제 실력이 정확히 반영되지 않는다. 이기면 좋고 지면 운이 없을 뿐이다.

비즈니스 인생에서도 커리어의 마지막 순간의 '운'에 모든 것을 거는 사람들이 있다. 평생 걸친 수고와 노력이 전혀 빛을 보지 못하고 4쿼터에서도 편안하게 은퇴할 수 없는 상황이다. 비즈니스 인생이 힘만 들었을 뿐, 성공하지 못했기 때문에 마지막 '행운의 여신'을 기다리는 경우이다. 이 또한 성공한 비즈니스 인생이라고 볼 수 없다. 운에 의해서 미래가 좌우된다면 노력은 무엇 때문에 하겠는가.

경기 중 가장 최악의 시나리오는 연장전까지 가는 것이다. 이는 모두가 힘들다. 비즈니스에 있어 연장전이란 4쿼터가 모두 끝난, 즉 65세가 지난 나이까지 일해야 하는 경우다. 물론 일하고 싶어서 일하는 것은 체력이 허락하는 한 행복하고 바람직한 현상이다. 하지만 생계를 위해, 그야말로 먹고살기 위해 어쩔 수 없이 일하는 것이라면 이야기가 달라진다. 그들은 경기가 계속되고 있다는 것 자체를 곤욕으로 느낀다.

그렇다면 가장 이상적인 비즈니스 인생은 무엇인가? 그렇다, 역전승이다! 누가 뭐라 해도 가장 재미있고 보람 있는 경기는 역전승 경기다. 지는 팀이 갑자기 경기를 뒤엎는 경우인데, 경기에 참여한 선수는 물론이고 이를 지켜보는 관중과 시청자, 심판, 심지어 스폰서들까지 경기에서 눈을 뗄 수가 없다. 혹시라도 중요한 플레이를 놓칠까 봐 모두들 숨죽이고 지켜본다.

비즈니스 인생에서는 역경을 극복하고 성공궤도에 올라서는 순간이 바로 역전의 순간이다. 그러나 여기서 끝나지 않고 상대팀을 앞서기 위해 계속 노력해야 한다. 충전된 자신감과 실력, 의지로 무장하여 다시 이기는 것이다. 오뚝이 같은 비즈니스 인생이다. 쉽지는 않지만 충분히 가능한 일이다. 이러한 인생을 살고 싶지 않은가? 인생의 역전승을 가능하게 만드는 것, 이것이 바로 긍정적 마인드의 힘이다.

그렇다면 언제 역전할 수 있는가? 하프 타임이 최고의 전환점이다. 하프타임 이후 전세가 역전되는 경우가 많다. 비즈니스에서도 2쿼터 이후, 즉 45세 이후에 실질적인 성공이 나타난다. 나이가 들어 40대가 지나면 경륜과 경험이 긍정적으로 작용하게 된다. 45세 이전의 커리어는 그 이후를 준비하는 훈련 및 인턴 과정이다. 젊은이들이여, 인생의 전반전에는 가능한 한 다양한 비즈니스를 경험하고 안전 제일주의보다는 어느 정도의 리스크를 실험해보라. 그리고 후반전에서 역전을 노리라. 긍정적 마인드를 잃지 않는 한 충분히 가능한 이야기다.

□ 비즈니스 인생의 4가지 쿼터마다 자신이 달성하고자 하는 목표를 정해보자.

	30대		40대		50대		60대	
직장								
가족								
경제								
기타								

[비즈니스 인생의 4가지 쿼터 목표 설정]

몇 주 전《죽을 때 후회하는 스물다섯 가지》라는 책을 읽었다. 사람들이 죽을 때 후회하는 것들에 대해 이야기한 책인데, 오래 전 병원에서 죽음을 앞둔 그룹 회장을 만났던 기억이 났다. 부와 명예를 모두 누린 그였지만 나는 혹시 그가 지난 삶에 후회나 회한이 있는지 조심스럽게 물었다.

그는 두 가지 종류의 후회가 있다고 했다. 첫째는 해서는 안 될 일을 한 것에 대한 후회였다. 성과 없었던 투자, 사업진출, 제품 출시 등 애초에 하지 말았어야 할 비즈니스였다.

둘째는 했어야 하는 데 못한 것에 대한 후회였다. 출시했어야 하는 제품, 진출했어야 하는 사업 등 용기를 내어 시작했어야 하는 비즈니스였다. 그는 이 두 가지 중 후자가 더욱 후회스럽다고 했다.

"써니, 내 유언이라고 생각하고 듣게. 야망을 가져. 죽을 때 '만약에 이랬다면 어땠을까?' 후회하지 말게. '만약'은 가장 괴로운 후회야. 하늘만이 한계야. 인생은 너무 짧아."

그의 낮은 목소리가 아직도 귓가에 생생하게 울린다. 그의 말처럼 하늘이 우리의 한계를 결정짓는 유일한 존재다. 그런데도 많은 사람들이 스스로 자신의 한계를 결정지어 버린다.

글을 맺으며 독자들에게 이렇게 전하고 싶다.

"그 일을 하기 전까지는 그것이 어떤 일인지 절대로 알 수 없다!"

꿈과 비전을 가지고 두려움 없이 도전하는 삶, 늘 '하면 된다!', '할 수 있다!'를 외치는 긍정의 삶이 주는 열매는 생각보다 훨씬 더 달콤하다. 그리고 우리 모두 그 열매를 가질 자격이 충분히 있다.

당신의 성공과 번영, 그리고 건승을 빈다.